国境に消える税金

本庄　資［著］

税務経理協会

はしがき

　主要国は，財政運営の目標として財政健全化を掲げ，歳出の抑制・削減のために努めているが，公然と増税策を打ち出す国は多くない。そのような状況の中で，歳入面で「財源なき増額措置なし」というペイ・アズ・ユー・ゴー原則や増税策を採った米国や財務警察による脱税の摘発などを実施したイタリアの動きは，光彩を放っている。財務省によれば，財政赤字を考慮に入れると日本の潜在的国民負担率は増加しているが，租税負担率は先進諸国の中で最も低い水準にあり，これに社会保障負担率を加味した国民負担率もなお低い。これでは，財政支出の規模もそれなりに低い水準に抑制しない限り，急速に財政赤字が増えていくことは当然の成行きということになる。

　さて，これらの負担率の算定の基礎となる国民所得の数字が日本の経済活動を適正に反映した統計による数字であると信じられるか。国民所得統計に表れない経済活動が相当の規模に達しているのではないかという疑問がある。政府が捕捉できない所得をもっと捕捉しようとする政策（税務職員の増加）を採らないのか。財政危機に陥った日本は，なぜ徒に公債依存度を高めているのか。租税負担率が低いのは，税制に原因があるのか，所得の捕捉等ができない税務行政に原因があるのか。税制に原因があるとすれば，なぜ増税策に訴えないのか。税務行政に原因があるとすれば，なぜ徴税の執行能力の強化策を講じないのか。そのような目でみると，税制に問題があることに気づく。日本企業が国際社会の中で競争していくために，また，日本が外国企業にとって魅力のある国であるために，国際的調和を考慮に入れながら，多様な税制上の措置が講じられ，これらが合法的な節税を通じて多額の歳入ロスを生じていることに気づく。

　このような租税特別措置や外国との租税条約を通じて政府の意図による租税減免措置によって生じる歳入ロスについては，その政策上の装置が歳入ロスの見返りとして国家が達成しようとした目的に現代もなお適合しているか。その

目的自体がもはや陳腐化していないか。歳入ロスの原因としての租税支出について普段の見直しと議会のチェックが必要である。課税対象である経済実態が，物造りからサービスへ，ソフト化といわれる道を辿り，生産，販売，金融，投資，サービスの国際化が進展するに伴い，税制が時代に合わなくなっていく。立法段階で新しい経済実態に合う新しい税制を整備する努力を怠る場合，経済実態と税制のずれが歳入ロスの原因となる。古い税制のまま，行政段階で法の解釈によって無理な法規の「当てはめ」を行うと，税制も税務行政も納税者の信頼を失う。最近のストック・オプションの所得分類をめぐる争いや匿名組合や航空機リースの取扱いなどをめぐる争いが示すように，それは，納税者が法的安定性と予測可能性を見失うからである。税法学者も慣れきって指摘もしないが，国内源泉所得の範囲を決める総合主義と租税条約の帰属主義の組合わせや非永住者の制度などいくつかの基本的な課税原則の中に歳入ロスの原因が潜んでいる。

「国境に消える税金」といえば，タックス・ヘイブンの誘惑に吸い込まれていく脱税マネーという印象を与えるかもしれない。しかし，本書は，タックス・ヘイブンそのものを研究対象とするものではなく，日本の課税管轄の中で納税者の懐から国庫に税金を運ぶメカニズム（税制と税務行政）に立法者の意図に反して穴があき，この穴を早く埋めないことには合法的または非合法的な方法で漏れ出す税金の喪失を防ぐことが困難になっているのではないかという視点で，いくつかの問題点を直視しようと試みる。

本書は，このような税法の基本原則を利用して海外へ税金が逃げ出すメカニズムを解明する。最近のように，事業体も取引も古い法制の既製品（法人概念や民商法の典型契約など）でなくこれらの類型にはまらないものが利用されると，これらの実態に合わない私法や税法の「当てはめ」について課税庁と納税者の食い違いが増えてくる。このような場合，新しい実態に適用する法制を迅速に立法することが分かりやすい税制を維持するために必要であり，行政もまた税務行政上発見した税法の不完全性について税制改正を迫るべきである。自主申告納税制度を採用していることを忘れて，分かりにくい税制や明文の法が存在

※はしがき

しない状態を放置したまま，行政が立法段階のサボタージュともいうべき分かりにくさを司法に「法解釈」技術で積極的に処理してもらうという本末転倒の考え方に汚染されるようなことがあってはならないのである。税法についての解釈は，文理解釈を基本としているが，これと対立する解釈方法である論理解釈（目的論的解釈または条理解釈）も，泉美之松元国税庁長官のいわれるように，税法の不完全性を補うために認められると考えられている。税法に解釈の指針として立法の目的または趣旨が規定されるときには，問題がないとしても，条文の表現から予測可能な範囲での合理的な解釈というところに論理解釈の限界がある。日本はコモンローの国ではないので，租税法律主義の下では，法律に書かれていないことまで課税物件に取り込むような論理解釈は認められていない。このことは，積極的な課税要件の充足だけでなく，課税要件を充足しないことの判定についても同様である。

　最近の報道によれば，モルガン・スタンレー・グループの不動産ファンドの不良債権売買の投資事業，銀行の外国税額控除余裕枠の利用，ローンスターの投資ファンドの匿名組合契約による利益の分配，野村バブコック＆ブラウンの航空機リース投資など，課税庁はかなり租税回避の否認に積極的になっているようにみえるが，租税回避の否認の方法をめぐって非常に重要な問題を提起している。

　米国では租税回避と濫用的租税回避（脱税）を区分する税法の明文化に努め，その法解釈の適否について個別事案のルーリングの公開によって税法への信頼度を確保しようと努めているが，日本では何が租税回避であるかの定義もない状態で，個別的否認規定のない場合に「法解釈による否認」と「事実認定による否認」や「私法上の法律構成による否認」などによって，租税回避の否認に類似の効果を実現しようとする傾向が顕著になってきたからである。事実認定もまた事実の解釈である。したがって，「法解釈」をめぐる紛争や「事実認定」という「事実の解釈」をめぐって紛争が生じている。日本では，新しい事象について立法レベルでは明確な個別的否認規定がなく，行政や司法レベルで確立された「法解釈」，確立された「事実認定」基準や確立された「私法上の法律

構成」がなお存在しない。このような状況の中で，漠然とした否認リスクは，さまざまな取引の機会の日本パッシングを招くおそれがある。

　本書は，租税回避による税金の喪失がどのように行われるかを日本の数少ない判決と米国で公表された数多のタックス・シェルターについて解明する。その原理と目的と手法によってタックス・シェルターを類型化し，その分析からこれをどうすれば阻止できるかという視点で問いかける。

　「日本には米国のようなタックス・シェルターはないよ」という人が少なくない。とはいえ，米国ベースの大手会計事務所や法律事務所が日本に進出し，租税回避スキームの市場開拓を進めているのではないか。現行の税法についてループホールが，優秀な頭脳によって調査研究され，アメリカン・タックス・シェルターの日本化が試みられる。このような事態に対処するため日本の行政レベルでも米国に倣って専門的に租税回避スキームの解明を担当する部門を新設した。よほど頭のいい陣容でなければ複雑かつ巧妙なスキームの存在にさえ気づかないであろう。具体的な租税回避スキームの否認は，個別的否認規定がないため，取引当事者の意思を問題にすることになるが，意思主義とはいっても，表示意思でなく内心的効果意思を認定し，その結果として虚偽表示（仮装行為）として契約を無効とする手法やその契約を私法上は有効と認めた上で「私法上の法律構成」を再構成する手法によって行われる。このような場合には，内心的効果意思の認定に係る客観的基準が確立されない状態で，立証したり認定することは困難であろう。国際的租税回避については，一連のステップ取引において国別に分けられた各ステップの各国内法に適合した鉄壁の契約を無効とするにはまず各国の情報収集が可能でなければ，単純な循環金融さえ見破ることはできない。これが困難な場合には，一連の取引のために利用された外国事業体の「法人格の否認」や「実体の否認」に走らざるを得なくなる。これも苦しい場合には，権利の濫用や実質主義という迷路に入ることになる。米国は，コモンローの国ではあるが，成文法で「利益の動機」「明瞭な所得の反映」原則，「現金主義の禁止」，「経済的パフォーマンス・ルール」，「アットリスク・ルール」，「パッシブロス・ルール」，「アーニング・ストリッピング・

※はしがき

ルール」をはじめ数多の対抗措置を規定し，判例原則となった「実質主義」，「ステップ取引原則」，「事業目的原則」，「経済実体原則」を成文法化することによって租税法律主義を確保している。日本では，そのような租税回避否認原則を成文法化せずに，いきなり裁判所で外国の判例原則を直輸入して日本の判決の積み重ねで「判例」を形成し，これを法源化しようとしているように伺える。なぜそのような原則を直截に成文化しないのか。なぜ裁判という迂遠な方法を採らねばならないのか。自主申告を要求している税法の否認原則を明確にするために，なぜ納税者に長期間の裁判という煩わしさを強いて，弁護士報酬のみを増加する方法を選択しなければならないのか。実際，優秀な頭脳が租税回避スキームの開発やその攻防をめぐって浪費されている。しかも，濫用的租税回避と認定されるならば，「見解の相違」として課税処分だけで済む話ではなく，米国ならばIRS-CIが動く事案となる。

本書は，租税回避それ自体は節税と同様に納税者の権利であるが，濫用的租税回避は脱税として処罰されるべきであることを主張する。この考えによれば，日本では濫用的租税回避の判定を国税調査官のみでなく，国税査察官が行うべきである。日本は，戦後，自主申告納税制度と抱合せで国税査察官制度を導入した。当時先輩たちが税収確保のために検察官の増員を含めて真剣に対処した原点を思い返さなければならない。納税道義は，税の知識の教育指導だけで培われるものでなく，犯罪には刑罰がつきものであり，金銭的・身体的・社会的制裁の恐怖によって支えられる側面がある。日本では一般に刑が軽いが，脱税の刑も諸外国に比較すると軽い。摘発件数も極端に少ない。なぜそうなのかをよく考えなければならないと思う。日本の税制には，一方では実質所得者課税の原則，租税条約では受益者のみに特典を与えるとしながら，他方ではフリンジ・ベネフィット課税，使途秘匿金制度，寄附金課税制度，交際費課税制度，不良債権処理問題など，真実の所得者でなく肩代わり課税を許容する側面がある。このような側面が裏社会の肥大化を促していないか。表の経済の国際化，電子化と同様に，裏の経済もまた国際化，電子化している。地下経済の不法利得が現実に課税されず，没収されずに「アンタッチャブルな存在」になれば，

課税される表の経済の資金力に比して，急速に膨張し，その強大な力は表の経済を凌駕し，支配することになろう。日本では，地下経済の摘発は主として司法警察に委ねられているが，日本の財務警察はどの程度これに対して抑止力となっているのだろうか。また，日本の国税査察官制度はどの程度これに対して抑止力となっているだろうか。

　米国は，この強大な地下経済に単独の法執行機関が対抗できないことを国家として自覚したのである。米国はそれぞれがすでに世界のどの国の法執行機関に比べても優れていると自負する検察庁，司法警察，麻薬取締局，沿岸警備隊，入国管理・関税取締局（バイスの名で有名），内国歳入庁犯罪捜査局（IRS-CI），アルコール・たばこ・火器局，シークレット・サービス，金融犯罪取締ネットワーク，連邦捜査局（FBI），中央情報局（CIA）など，連邦法執行機関や州・地方の法執行機関の総力を挙げて対抗する「国家戦略」を実施している。これには，USA PATRIOT Act という特別法の制定が必要であった。マネーロンダリングされる金は，適法利得の脱税マネーであったり，不法利得そのものであったりするが，不法利得の脱税も摘発され，没収または課税の対象とされる。国家戦略の下で，各省庁の単なる「連絡」，「協力」や「情報交換」の程度を越えて，各種のタスクフォースを組織して合同捜査を実施している。これは，「金融機関を通じるマネーロンダリング」のみに止まらず，「金融機関を通じないマネーロンダリング」をも対象とする戦略であり，現実に数多の実績を挙げている。その戦略は，単発の事件処理を目的とするものでなく，地下経済の規模を合理的に推計して，これを摘発するために政府職員を集中配分し，その業績の評価を行い，予算配分を行って作戦計画を実施するものである。

　日本においては，「金融機関を通じるマネーロンダリング」対策について，財務省から分離された金融庁が中心となって金融機関に協力を要請しているが，果たして単独組織で米国に匹敵する業績を挙げることができるのだろうか。本書では，米国における内国歳入庁犯罪捜査局（IRS-CI）のマネーロンダリングと脱税に対する摘発の状況とこれを可能にする制度や特別捜査官に付与された権限を確認することによって，日本の国税査察官制度の導入の原点である昭

※はしがき

和23年7月30日閣議決定がいうとおり常にマネーロンダリングや脱税の摘発を可能にするだけの検察官と国税査察官の増員を行うべきであり、現在の人員の規模に合わせた事件処理で満足すべきでないことを示唆する。日本において、源泉徴収制度に支えられた適正な自主申告納税制度を維持できるならば、きわめて効率的な税務行政が約束されることになるが、適正な自主申告納税制度をただで実現できると考えるのは虫がよすぎるのである。そのコストとして脱税の摘発にもっと金をかけなければならない。

本書は、適法利得の脱税だけでなく、不法利得の脱税を米国なみに査察立件することを可能にするために、何をすべきかという課題に対する答えを出そうと努めている。なお、本書では、タックス・ヘイブン、移転価格、電子商取引に係る記述を割愛するなど、記述に不十分な点があるが、それでもなお一つの刺激剤となり、税務職員、弁護士、公認会計士および税理士の先生方など税の実務に携わる方に租税回避や脱税とマネーロンダリングの問題について考えるときの参考にしてもらいたいと思う。また、ロースクールや大学院で租税回避と脱税を研究課題に取り上げる傾向が出始めている。この課題は、国際租税法の研究とも密接に関連している。研究者にとっても、具体的な租税回避スキームの原理、手法、目的による類型とこれを防止するための措置を知るだけでなく、その否認のために争点となる税法の解釈と事実認定のあり方、日本の裁判で外国事業体や国際取引の準拠法をどのように考慮に入れるべきか、などの基本的な問題についても、その関心を満たそうと努めている。本書がその研究の契機となれば、幸いである。

最後に、企画から校正までご協力いただいた宮下克彦編集局長、鈴木利美編集長、督永千晶の各氏をはじめ税務経理協会の方々にこの場を借りて深く感謝申し上げたい。

平成16年9月

著者

目次

はしがき

第1章 所得税制の支柱は腐食していないか

1 自主申告納税制度の導入 …………………………………………………… 1
2 「良心の税」と税負担の公平 ………………………………………………… 2
3 納税モラルを腐食するものは何か ………………………………………… 3
4 脱税に対する制裁は十分になされているか ……………………………… 5
　(1) 地下経済に潜り込む「適法利得の脱税」による資金 …………………… 6
　(2) 日本の地下経済の規模はどのくらいになっているのか ……………… 7
　(3) 脱税は必ず摘発されているか──一罰百戒の謎 ……………………… 8
　(4) 税務職員の守秘義務が脱税の摘発を妨げていないか ………………… 10

第2章 税法の認める租税の減免措置（政策的減免措置）による税収ロス

1 租税特別措置による税収ロス ……………………………………………… 21
2 租税条約による税収ロス …………………………………………………… 25

第3章 税法の基本原則を利用して海外へ逃避する税金──節税の巻

1 国民は日本の課税権から離脱できるか …………………………………… 31
2 日本の居住者や日本法人はどのように日本の課税権から離脱するか … 32
　(1) 外国にある恒久的施設から現地法人への変更
　　　──国外源泉所得の切り離し …………………………………………… 32

i

(2)　移住または本店の海外移転——日本法人の恒久的施設への変更
　　　（インヴァージョン）……………………………………………………………………………*33*
3　日本の居住者や日本法人はどのように海外へ所得移転を行うか…………*35*
　(1)　タックス・ヘイブンの利用制限とその規定を回避する方法…………*36*
　(2)　移転価格操作の利用制限とその規定を回避する方法…………………*37*
　(3)　過大な損金計上の利用制限とその規定を回避する方法………………*39*
　(4)　みなし外国税額控除（タックス・スペアリング・クレジット）制度
　　　の利用……………………………………………………………………………*41*
　(5)　外国税額控除の利用………………………………………………………*42*
　(6)　外国法人への現物出資等による所得移転………………………………*45*
4　非居住者または外国法人が利用できる非課税制度や
　　源泉徴収免除制度……………………………………………………………*46*
　(1)　国内法による非課税措置…………………………………………………*46*
　(2)　国内法による源泉徴収免除制度…………………………………………*46*
　(3)　租税条約による投資所得の非課税………………………………………*48*
　(4)　租税条約の「明示なき所得」条項による源泉地国免税………………*49*
　(5)　株式の譲渡益の非課税……………………………………………………*50*
　(6)　非法人による金融所得の非課税…………………………………………*51*
　(7)　非居住者・外国法人の恒久的施設に帰属する外国金融所得…………*52*

第4章
国民でも非居住者になって納税義務の範囲を小さくすることができるか

1　国籍ベースの納税義務と居住ベースの納税義務の差………………………*65*
　(1)　居住者の定義………………………………………………………………*66*
　(2)　非永住者という独特の地位を利用する外国人たち……………………*67*
　(3)　短期滞在者免税の利用と恒久的旅行者の地位の利用…………………*67*
2　非居住者の国内源泉所得の範囲………………………………………………*69*
　(1)　「使用地主義」による国内源泉所得の範囲の制限 ………………………*69*

(2)　非居住者・外国法人の事業所得……………………………………………70
　　(3)　非居住者・外国法人の課税方法の功罪——総合主義と帰属主義………72
　3　恒久的施設の範囲…………………………………………………………………73
　　(1)　「恒久的施設なければ課税せず」という原則……………………………73
　　(2)　恒久的施設の除外規定…………………………………………………………75
　　(3)　電子商取引における恒久的施設の意義…………………………………77
　4　所得分類の選択の可能性………………………………………………………78
　　(1)　非課税となる事業所得…………………………………………………………80
　　(2)　租税条約の特典の享受が可能な所得分類の選択………………………80
　5　課税事実の発生場所の移転……………………………………………………81
　6　多様な事業体の利用………………………………………………………………84
　　(1)　どの国でもパススルー・エンティティとして取り扱われる事業体……84
　　(2)　ハイブリッド事業体……………………………………………………………86
　　(3)　新日米租税条約におけるパススルー・エンティティおよび
　　　　ハイブリッド事業体の取扱………………………………………………………88
　　(4)　ハイブリッド事業体の取扱の問題点……………………………………90

第5章
租税回避行為による税金の喪失は阻止できるか

　1　日本における租税回避スキーム…………………………………………………97
　2　日本の判決にみる租税回避スキームの例……………………………………99
　　(1)　外国投資会社が日本企業に結成させた任意組合の短期償却可能な
　　　　映画フィルム・リースに係る減価償却費の早期計上・借入金の
　　　　支払利子の計上等による組合員の節税………………………………………99
　　(2)　特定現物出資により設立したオランダ子会社の自社株式の
　　　　第三者割当増資による所得移転…………………………………………………101
　　(3)　不動産の補足金付売買契約……………………………………………………104
　　(4)　迂回取引……………………………………………………………………………107

(5)　外国税額控除余裕枠の利用 ……………………………………… *110*
3　タックス・シェルターは租税回避行為として否認されるか ……… *117*
4　タックス・シェルターの原理的な類型 ………………………………… *118*
　(1)　第1類型　資産の取得価額に関する規定の利用 ……………… *119*
　(2)　第2類型　非法人の利用——パートナーシップの多彩なスキーム … *123*
　(3)　第3類型　会社から株主への資産の分配 ……………………… *129*
　(4)　第4類型　負債の引受の対価として取得した資産の取得価額 ……… *132*
　(5)　第5類型　金融資産の取引による課税繰延 …………………… *133*
　(6)　第6類型　仕組み取引 ……………………………………………… *135*
5　タックス・シェルターの目的別類型 ………………………………… *140*
　(1)　第1類型　所得移転型 ……………………………………………… *140*
　(2)　第2類型　課税繰延 ………………………………………………… *143*
　(3)　第3類型　課税排除型 ……………………………………………… *144*
　(4)　第4類型　所得分類変更型 ………………………………………… *146*
6　タックス・シェルターの手法別類型 ………………………………… *147*

第6章
脱税によって侵食される税収

1　加　算　税 ……………………………………………………………… *161*
　(1)　無申告加算税 ………………………………………………………… *161*
　(2)　過少申告加算税 ……………………………………………………… *161*
　(3)　不納付加算税 ………………………………………………………… *161*
　(4)　重　加　算　税 ……………………………………………………… *162*
2　脱税犯とその刑罰 ……………………………………………………… *162*
　(1)　租　税　犯 …………………………………………………………… *162*
　(2)　租税犯の刑罰 ………………………………………………………… *163*
　(3)　没収と追徴 …………………………………………………………… *163*
3　すべての脱税は必ず摘発しなければならない ……………………… *164*

※目次

- 4 摘発を免れた犯罪収益や脱税マネーで巨大化する地下経済 ……………… 165
- 5 犯罪の摘発状況と脱税の摘発状況 ………………………………………… 166
  - (1) 刑法犯（交通関係業過を除く） ……………………………………… 166
  - (2) 特別法犯 ……………………………………………………………… 168
  - (3) 脱税事犯 ……………………………………………………………… 170
- 6 重加算税を課されるが刑罰を科されない脱税 …………………………… 172

第7章
マネーロンダリングによって腐食される税収

- 1 国際社会のマネーロンダリング対策 ……………………………………… 182
  - (1) 米国のマネーロンダリング対策 ……………………………………… 182
  - (2) 金融活動作業部会（FATF）のマネーロンダリング対策 ………… 184
- 2 米国のマネーロンダリング／テロリスト・ファイナンスの摘発事例 … 189
  - (1) マネーロンダリング／テロリスト・ファイナンスに対する作戦の成功事例 ……………………………………………………………… 190
- 3 日本のマネーロンダリング対策 …………………………………………… 199
  - (1) 日本のマネーロンダリング対策法制度 ……………………………… 200
  - (2) 前提犯罪の範囲 ……………………………………………………… 201
  - (3) 金融機関等を通じるマネーロンダリング対策 ……………………… 202
- 4 伝統的な金融機関等を通じないマネーロンダリング …………………… 204
- 5 日本のマネーロンダリング対策の問題点 ………………………………… 206
- 6 日本における「伝統的な金融機関等を通じないマネーロンダリング」対策 …………………………………………………………………………… 207
  - (1) 代替的送金システム（オールタナティブ・レミッタンス・システム：ARS） ………………………………………………………………… 207
  - (2) 貿易ベースのマネーロンダリング …………………………………… 224
  - (3) バルクキャッシュの密輸 …………………………………………… 231
  - (4) サイバー・マネーロンダリング ……………………………………… 234

v

(5)　国際決済会社の利用 ………………………………………………… *238*

第8章
マネーロンダリングに挑戦する米国財務省・内国歳入庁の特別捜査官たち

1　IRC－CIの現状 …………………………………………………………… *246*
　(1)　2001年度の実績 …………………………………………………… *246*
　(2)　2001年度の実績の評価 …………………………………………… *247*
　(3)　IRC－CIの使命と戦略 ……………………………………………… *249*
2　IRC－CIの権限 …………………………………………………………… *257*
3　マネーロンダリングに関する犯罪捜査の根拠規定 ………………… *258*
　(1)　18USC1952（ゆすりのための州際・外国旅行または運輸） …… *258*
　(2)　18USC1956（金銭証券のロンダリング） ………………………… *259*
　(3)　18USC1957（特定の不法活動から生じる資産の金銭取引） …… *260*
　(4)　18USC1960（無許可送金業の禁止） ……………………………… *260*
　(5)　18USC2339A（テロリストに対する支援） ……………………… *261*
　(6)　18USC2339B（指定外国テロリスト組織に対する支援） ……… *261*
　(7)　18USC2339C（テロリスト・ファイナンスの禁止） …………… *261*
　(8)　31USC5324（報告要件を免れる取引の禁止） …………………… *262*
　(9)　31USC5331（非金融業の受け取る現金・通貨の報告） ………… *262*
　(10)　31USC5332（バルクキャッシュの密輸出入） …………………… *263*
4　IRS－CIのマネーロンダリングの脱税捜査 …………………………… *263*
　(1)　18USC1956および1957（マネーロンダリング捜査） …………… *263*
　(2)　31USC ………………………………………………………………… *264*
5　IRS－CIのマネーロンダリング捜査の現状 …………………………… *272*
　(1)　IRS－CIの組織犯罪捜査 …………………………………………… *274*
　(2)　麻薬犯罪捜査 ………………………………………………………… *276*
　(3)　マネーロンダリング捜査 …………………………………………… *277*

※目　次

6　IRS-CIの捜査手法の特徴 …………………………………… *279*
　(1)　行政捜査と大陪審捜査 ………………………………………… *280*
　(2)　捜　査　技　法 ………………………………………………… *281*

索　　　引 …………………………………………………………… *291*

凡 例

ARS 代替的送金システム (Alternative Remittance System)
BICE 米国入国管理関税取締局 (Bureau of Immigration and Customs Enforcement)
BSA 銀行秘密法 (Bank Secrecy Act)
CFC 被支配外国法人 (Controlled Foreign Corporation)
CTR 通貨取引報告 (Currency Transaction Report)
DEA 米国麻薬取締庁 (Drug Enforcement Administration)
EU 欧州連合 (European Unit)
FASIT 金融資産証券化投資信託 (Financial Asset Securitization Investment Trust)
FATF 金融活動作業部会 (Financial Action Task Force)
FBI 米国連邦捜査局 (Federal Bureau of Investigation)
FinCEN 金融犯罪取締ネットワーク (Financial Crimes Enforcement Network)
GDP 国内総生産 (Gross Domestic Product)
IRC 米国内国歳入法典 (Internal Revenue Code)
　　　IRC100は，米国内国歳入法典第100条を意味する。
IRS 米国内国歳入庁 (Internal Revenue Service)
IRS-CI 米国内国歳入庁犯罪捜査局 (Internal Revenue Service-Criminal Investigation)
IVTS 非公式価値移転システム (Informal Value Transfer System)
LLC 有限責任会社 (Limited Liability Company)
MSB マネーサービス・ビジネス (Money Service Business)
OCDETF 組織犯罪麻薬取締作業部会 (Organized Crime Drug Enforcement Task Force)
OECD 経済協力開発機構 (Organization for Economic Cooperation and Development)
PE 恒久的施設 (Permanent Establishment)
PT 永遠の旅人 (Perpetual Traveler)
REIT 不動産投資信託 (Real Estate Investment Trust)
REMIC 不動産モーゲージ投資導管 (Real Estate Mortgage Investment Conduit)
SAC 担当特別捜査官 (Special Agent in Charge)
SAR 疑わしい活動報告 (Suspicious Activity Report)
SPC 特別目的会社 (Special Purpose Company)
SPV 特別目的媒体 (Special Purpose Vehicle)
USA PATRIOT Act テロリズム防止措置による米国統一強化法
　　　(Uniting and Strengthening America by Providing Appropriate Tools Required to Intercept and Obstruct Terrorism Act of 2001)
USC 米国法典 (United States Code)

第1章

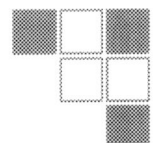

所得税法の支柱は
腐食していないか

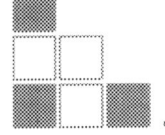

1　自主申告納税制度の導入

　戦後日本が民主国家に生まれ変わり，昭和21年に日本国憲法[1]が制定されるに伴い，昭和22年の全面的な税制改革が行われ，直接税について申告納税制度が導入された。すべての制度が民主化された中でも，納税者が自らその所得および税額を計算して申告納付する制度は，戦後米国から移植された民主的納税思想に基づく税制の象徴ともいうべき改革であった。日本がインフレまみれの混乱の中から経済復興をめざすために必要な歳入を外国の援助に頼らずできるだけ自力で確保し，財閥解体など財政民主化を進めるため富の再分配に配慮する必要があった。

　戦後の日本税制の基本的な骨格は占領政策の下で形成されつつあったが，昭和24年シャウプ勧告[2]に基づく昭和25年の全面改革によって確立されたといえよう。このシャウプ勧告には，直接税中心主義，総合累進所得税の推進，所得税・法人税の統合，富裕税の創設，相続税・贈与税の一元化，租税特別措置の廃止，地方税の充実強化などの重要な勧告が含まれていたが，注目すべき点は税負担の公平を図るには税制のみならず税務執行における公平の維持を重視し，

税務行政の改善,申告納税制度の定着,脱税の防止,制裁の強化,納税者の権利保護等を勧告していることである。

　戦後の混乱期にあって税収確保という国家としての至上命題について,国家の課税権の行使という権力的アプローチでなく,国民の良心に全面的に信頼を置く自主申告納税制度[3]をもって対応したことは,重要な意味をもつものであった。申告納税の基盤は,正確な帳簿記録への記載,正しい税の知識および税法を遵守して正直に申告するモラルである。敗戦直後の荒廃した国土と人心を前にして,これらの基盤が全く整っていない状況で,直接税による自主財源確保の枠組みの基礎を納税者の自主申告と自主納付に置いたことは,国家として大きな賭けであったといえよう[4]。

　世界的に有名になった青色申告制度[5]は,シャウプ勧告により導入されたが,その提案は,数少ない税務職員で対処すべき急増する納税者の申告水準を向上させ,自主的な納税協力を実効あるものとするため,正しい記帳慣行を普及するための優れた知恵であった。

2　「良心の税」と税負担の公平

　自主申告納税制度における所得税はまさに「良心の税」といわれる。申告納税の基盤のうち,青色申告制度の普及に伴う記帳慣行や税知識の普及など納税環境の整備のため,税務行政としては各種の納税協力団体の育成,記帳指導,納税教育や税務広報などさまざまな努力を行ってきた。申告水準は,着実に改善されてきたといわれる。

　日本の申告水準がどの程度であるかという問題について,日本では,政府や学界でもまだ米国のような申告水準測定モデル[6]が開発されていないので,科学的または統計学的アプローチによって議論されることは稀であるが,次第に精緻になった源泉徴収制度に比較して,完全な自主申告に委ねられる自営業,農業,政治家などとの所得種類別の所得捕捉の較差があるのではないかという観点から,「良心の税」の申告水準[7]と「税負担の公平」が深刻な問題となっ

てきた。

　米国の租税理論を体系化したシャウプ勧告税制は，近代国家としての理想的な租税制度であったといえるが，現実には富裕税，相続税・贈与税の一元化，附加価値税などの廃止，租税特別措置の増加など，シャウプ勧告税制の修正が続き，高度成長期における所得税減税，低成長期における赤字体質の慢性化の歯止めとしての選択的増税などの繰り返しにより，日本の税制は多くの歪みを含み，著しく複雑化し，特定の納税者や特定の種類の所得を優遇するなど不公平化してきた。

　このような税制の歪み，不公平感，複雑さは，これらの排除をめざしたシャウプ勧告の理想からほど遠いものになっており，自分が構成員となっている共同社会の費用を構成員として共同で負担する納税義務を果たすべき納税者の良心を麻痺させる大きな原因になっている。

3　納税モラルを腐食するものは何か

　敗戦直後の初心に帰ろう。膨大な財政赤字を抱えた日本が外国からの財政支援に依存せず自主財源で国家運営を行う決意で税収を確保すること，そのために自主申告納税制度を堅持するのであれば，納税者に理解されるよう税制を簡素化し，良心的な納税者が「正直者が馬鹿をみる」と感じるようなことのないよう税制および税務執行を公平化すること，さらに日本企業が国際社会において競争力を備えるよう税制および税務執行の国際的調和を図ることが現代の課題となっている。

　納税者が税法を遵守する動機は何か。ハーバード大学教授オリバー・オールドマン[8]は，各国の自主的な税法遵守の水準は，政府による納税者の洗脳，納税者の罪と恥の感情，法的なペナルティその他の制裁，納税者の抱く政府像，納税者の所属する社会の目的達成に貢献すべき道徳的義務感によって決定されると述べている。

　これは，適正な自主申告納税は，税法で納税者に申告納税の義務を命じるだ

けで実現されるものでなく，所得税が「良心の税」といわれるように，何よりも納税者が自分の帰属する共同社会の必要な費用を構成員の一人として共同負担することにつき道徳的義務感を他の構成員と共有することが大切である。この道徳的義務感は，国家権力によって無条件に強制されるべきものでなく，自分の帰属する共同社会の象徴である政府像について，満足しているとき，政府の諸政策特に歳出方針に満足しているとき，税制と税務執行による税負担の配分が歳出方針と関連づけて公平であると感じるとき，帰属社会の一員として自覚されるものである。帰属社会の一員として道徳的義務感を自覚する場合にはじめて納税者は自分だけが負担を免れ，共同社会の恩典をフリーライダー[9]として盗み取ることに「罪と恥」を感じるとともに，自分の能力に応じて積極的に応分の寄与をしたいという義務感に駆られるのである。だからこそ，脱税は単に国家の課税権の侵害や租税債権という財産権に損害を与える行政犯として発覚したときに事後的に納税し罰金を支払えば済むという性質の犯罪でなく，反社会性・反倫理性をもつ破廉恥罪ともいうべき刑事犯とされ[10]，罰金のみでなく懲役刑（実刑）を科されるべきものとされるのである。

　もし，納税者がその課税主体である共同体に対する帰属意識をもたない場合，政府の腐敗や政府職員の不詳事件の続発などで悪い政府像を描いている場合，政府の税金の使途について疑惑を抱いている場合，さらに税の不公平を強く感じている場合などには，その道徳的義務感は著しく減退する。犯罪者がその犯罪事実の摘発を恐れて犯罪収益の申告をしない場合やそれ以外の脱税者が適法に稼得した利得についても「ほ脱の意思」をもって「偽りその他不正の行為」によって租税を免れる場合を除き，善良な納税者の納税モラルも上に例示した場合には腐食される。この道徳的義務感は，自己閉鎖的なものでなく，共同体の構成員としての道義心であるので，自分が共同体に対する応分の負担を免れて他の構成員に負担のしわ寄せをすることを自分に許さないと同時に他人がその応分の負担を免れてそのしわ寄せが自分に及ぶことも許さないとするものである。その意味で，税制にせよ税務執行にせよ「税の不公平」が納税モラルを腐食する諸原因の中でも最悪の元凶であるといわなければならない。

4　脱税に対する制裁は十分になされているか

　日本では，直接税のほ脱犯についてみると，これに対する刑罰は「5年以下の懲役若しくは500万円以下の罰金に処し又はこれを併科する」こととされている[11]。

　米国では自由刑は5年以下で日本と同じであるが，罰金刑は個人の場合10万ドル以下で日本の2倍超，法人の場合50万ドル以下で日本の10倍超となっている[12]。

　日本の罰金刑はなぜ軽いのか。これまでの租税の歴史の中で日本では脱税犯を課税庁の課税権の侵害，国を欺き国庫に損害を与えたこと，国の租税債権という財産権の侵害などに対する罪とする考えが有力であり，国の債権を回収することができれば「行政犯」としてもよいという考えが有力であったが，次第に財産の侵害や詐欺に対する「刑事犯」とする考え方に変わってきた。それでもこの考えはほ脱犯の刑罰の保護法益をなお国の課税権や租税債権とする域を出ない。

　しかし，民主的租税思想から自主申告納税制度を基本とした日本の税法では，納税義務に反することが示す脱税者の反社会性と反倫理性に対し他の犯罪と同様に共同社会の中でその費用を負担すべき義務を免れその負担を他人にしわ寄せすることを「刑事犯」とすべきであるという考えが出てきた。そのように考えると，脱税の罪は，本来刑法において規定しても差し支えない犯罪といえるのである。

　一般に，「脱税」という用語は，犯罪者（組織犯罪組織やテロリスト資金供与者を含む）の犯罪収益等の「不法利得に係る脱税」やいわゆる正業に就いている者が稼得した「適法利得の脱税」の双方を含み，「脱税者」という用語は，「不法利得に係る脱税者」と「適法利得の脱税者」の双方を含む[13]。ここでは，適法利得の脱税に限定して，議論を進めることにしよう。

(1) 地下経済に潜り込む「適法利得の脱税」による資金

　神の見えざる手に需給調整を委ねることにより人類の願望の総体が実現されるという自由市場の理想は，富める経済社会を生み出すと同時に地下市場・地下経済も生み出した。いまや地下経済（アングラ経済ともいう）の存在を疑う人はいないであろう。地下経済の呼称もさまざまであり，その定義についても定説はないが[14]，本書では，課税面に着目して，「税制その他の政府規制から逃れ，政府に帳簿，記録または報告によって捕捉されない経済活動」をいうと定義する。すると，これには，①犯罪などの非合法な活動と②合法的な活動であるが税務当局が捕捉していないものが含まれる。

　租税理論では，課税対象とすべき「所得とは何か」という問題について，(i)支出型所得概念と(ii)発生型所得概念とが対立してきたが，支出型所得概念は収入のうち財貨サービスの購入に充てられた部分のみを所得とするので投資・貯蓄の奨励に役立つが多くの難点があるので実際にはどの国でも採用されず，収入等の形で取得する経済的価値を所得とする発生型所得概念が採用されているが，これはさらに(iii)制限的所得概念と(iv)包括的所得概念とに分かれた。

　現在の通説は包括的所得概念であり，担税力を増加させるすべての経済的利得を所得とする考え（純資産増加説という）である。この考えの下に，所得はその源泉，形式，合法性の有無を問わず，課税対象となると解される。すなわち，適法利得のみでなく不法利得も課税対象となる所得である[15]。

　判例は，不法利得は利得者が私法上有効に保有し得る場合のみでなく私法上無効であっても現実に利得者の管理支配下に入っている場合には課税対象となると解している（最判昭和46年11月9日民集25巻8号1120頁，最判昭和46年11月16日刑集25巻8号938頁）。租税理論および税制上，適法利得と不法利得は公平に課税されるべきことになっていることは明らかにされたが，問題は，不法利得について税法の適正な執行によりどのように脱税を防止することができるかという点にある。

　税務当局に捕捉されず地下経済に流れ込む適法利得や犯罪収益等もともと地

下経済において発生している不法利得はどの位あるのだろうか。これについては、公的な統計資料はもとより信頼に値する推計値さえ未だ政府筋から公表されていない。

(2) 日本の地下経済の規模はどのくらいになっているのか

　地下経済の規模は、各国により異なるが、これまでの推計の試みによって、すでに膨大な規模になっていることが推測される。経済学者や統計学者の多くは、正規の国民所得統計に表れない地下経済の規模の推計や推計モデルの研究開発に真剣に取り組んでこなかったといわざるを得ない[16]。「地下経済はそもそもその実態を捕捉できないが故に地下経済といわれるのであって実態の規模を測定することはできない」と嘯（うそぶ）いている者さえいるが、政府も学者もこのような非科学的な態度を続けると、適切な対策が遅れ、徒に地下経済の巨大化を放置することになり、課税の公平は著しく損なわれ、自主申告納税制度の根幹の腐食を加速することになる。

　これに対し、米国は、『マネーロンダリングに対する国家戦略』[17]において地下経済の規模の推計計算モデルの開発に本格的に取り組むことを宣言した。それまでは、IMFの Michel Camdessus の推計[18]を拠所としてマネーロンダリングの世界規模が世界のGDPの2％ないし5％、6,000億ドルないし1兆8,000億ドル程度とみてマネーロンダリングとの戦いの具体的な目標、目的および作戦を立てている。

　日本のマネーロンダリングの規模は、世界の平均的なものと仮定すれば、10兆円ないし25兆円になるだろう。

　地下経済の規模の推計方法としては、これまで①通貨の供給量・流通速度、実際の通貨使用量と税務申告所得金額との差額、通貨需要の変化などの通貨的アプローチ法と②摘発された脱税所得総額などにより個別の地下経済活動の推計値を合計する個別推計法が用いられた。残念ながら、現在その推計の精度について評価できる者は誰もいない。

　エリック・シュローサーはその著書『リーファーマッドネス』でフリードリ

ヒ・シュナイダーの推計[19]を引用し，米国の地下経済の規模が1970年GDPの2.6%ないし4.6%から1994年GDPの9.4%に拡大しており，英国では12.5%，イタリアでは27%，市場経済移行国の場合にはさらに大きく，ロシアでは45%，ウクライナでは51%，腐敗度の高い国ではさらに大きく，ボリビアでは65%，ナイジェリアでは76%と圧倒的な規模に達している。

日本の地下経済の規模については，門倉貴史『日本地下経済白書』[20]が通貨アプローチによる推計では2001年GDPの4.8%，24.2兆円，個別推計法では2000年度20.3兆円になるという。

租税理論からみれば，適法利得と不法利得の双方が課税対象とされるべきであり，課税を免れている点で所得の源泉が適法か不法かを問わず脱税所得とされるので，日本のアングラマネーの規模20.3兆円が同時に脱税所得の規模ともいえるが，門倉氏はこのアングラマネーのうち暴力団，セックス産業，闇金融業者，産業廃棄物不法投棄等の非合法利得が26.9%，狭義の脱税マネーが69.5%を占めると述べている。

(3) 脱税は必ず摘発されているか――一罰百戒の謎

租税処罰法では，脱税は，犯罪であり，その制裁もかつてのように単なる行政罰でなく，罰金刑または自由刑を含む刑事罰を科されるとされている[21]。かつては，脱税犯に対する刑罰については，国庫の被害が回復されれば保護法益の侵害が回復するという考えで脱税が発見されたときに修正申告・納付を行わせ行政罰として重加算税，刑事罰として罰金刑を科すことにより国家の損害が賠償されるとし，定額財産刑主義が採用されていた。

しかし，昭和22年に直接税の申告納税制度の導入に伴い，その脱税について定額財産刑主義が廃止され，脱税の反社会性・反倫理性に着目して自然犯・刑事犯として懲役刑を含めて，ほ脱の動機，脱税の手段・方法，証拠隠滅の有無，ほ脱税額，ほ脱率，犯則所得の使途，改悛の情の有無などを考慮して量刑が行われることになった。

よく新聞報道などでは「所得申告漏れ」とか「所得隠し」や「脱税」という

用語が厳密に区別されずに使われているが，後述するように，日本の税法では同じ税務職員の調査であっても，国税調査官が行政処分として課税処分（更正・決定）を行うための任意調査において行使する質問検査権と，収税官吏たる国税査察官が脱税という犯罪捜査を目的とし刑事告発を行うための犯則調査（査察調査という）において行使する質問検査領置権および裁判所の令状を得て行う強制調査権（臨検，捜索または差押え）とは峻別される[22]。

国税庁は，「脱税は社会公共の敵」というキャンペーンを行っている。財務省の『国税庁が達成すべき目標に対する実績の評価書』において明らかにしているように，国税庁は「大口・悪質な納税者に対する厳正な対応」を業績目標とし，平成14年度の『事務運営の報告』においても国税庁査察調査の使命が，「大口・悪質な脱税者の刑事責任を追及しその一罰百戒効果を通じて申告納税制度を守る「最後の砦」としての使命」であるといい，「一罰百戒的効果の最大限発揮を確保すべき的確な立件・告発に努めた」と報告している。

門倉氏の推計では日本のアングラマネーは不法利得の脱税分と適法利得の脱税分を合計すると毎年約20兆円ないし24兆円に達しているが，ほ脱犯として刑事罰を科すための査察調査では公訴維持に必要な緻密な調査を要求され，かつ，行政改革の名の下で人的資源の制約を受けるため，国税庁の必死の努力にもかかわらず摘発件数は増加せず，処理事績の脱税額[23]も2001年度309億円，2002年度357億円，2003年度336億円と余りにも小さい。

では，摘発を受けなかった残りの20数兆円規模のアングラマネーは，野放しにしておいてよいのか。通常の刑事犯は，罪刑法定主義の下で構成要件該当性，違法性および有責性を充足する場合に成立するのであり，その量刑は裁判における問題であるが，脱税という犯罪については量刑どころか，「大口・悪質」という行政段階の基準で起訴や告発もされないこれほど大規模な犯罪収益や脱税マネーを手つかずのまま放置せざるを得ないという現状がある[24]。

脱税という犯罪について「一罰百戒」という不公平な取扱を容認することは，すべての脱税が等しく罰せられるべきことを要求する租税処罰法を100％遵守することにならない。脱税者にとっては「脱税は必ず罰せられる」という法執

行体制の下では，刑事罰が夜も寝られないような恐怖感を与える抑止力をもつが，摘発件数が毎年一定であり，大口・悪質なものでなければ刑事罰を科されないという現実の法執行体制の下では，刑事罰を定めた法規も制裁としての抑止効果を減殺され，正直な納税者の心に「脱税しても大口・悪質のレッテルを貼られなければほとんど発覚しないのではないか」という誤った感覚が芽生え，毎年200件台程度の摘発件数や70％程度の告発率をみた善良な納税者が「正直者が馬鹿をみる」という気持ちに陥る危険性を内蔵している。

　少額といえども，誠実に複雑化する税法を勉強し，あるいは有料で税理士の指導を受けて，正確な記帳に努め，一生懸命良心的な自主申告に努めている多くの納税者は，同規模以上の税負担を免れている隣人が脱税で刑事犯として追及されないことをみて「税負担の不公平」を痛感するのであり，このような「不公平感」が納税モラルを腐食するのである。

　このような現状の問題を解決するには，国税庁査察組織に思い切った人的資源を傾斜配分し，適法利得の脱税のみでなく，組織犯罪の犯罪収益等不法利得の脱税について犯罪捜査が可能になるように措置する必要がある。

(4)　税務職員の守秘義務が脱税の摘発を妨げていないか

　公務員でありかつ税務職員である者は，職務上知ることのできた秘密を守る義務を負い，守秘義務に違反した者は，国家公務員としては「１年以下の懲役又は３万円以下の罰金」[25]，所得税，法人税または消費税等の調査事務に従事している者または従事していた者がその事務に関して知ることのできた秘密を漏らしまたは盗用したときは「２年以下の懲役又は30万円以下の罰金」[26] に処される。

　現在，税務職員は，一般公務員よりも過重された刑罰により重い守秘義務を負うが，公務員法の「職務上知ることのできた秘密」には「職務上の秘密」のみでなく「職務上知ることのできた私人の秘密」も含まれる。各税法の「その事務に関して知ることのできた秘密」は，判例において，税務調査に関連して得た納税者その他の私人の秘密をいうと解されている。

情報公開法[27]は、①個人に関する情報で特定個人を識別できるものおよび②法人等に関する情報および個人事業に関する情報でそれらの権利、競争上の地位その他正当な利益を害するおそれのあるものを公開対象から除外している。

税務調査の権限は、確実に税額の確定と徴収を行うためにだけ認められるものであり、納税者その他私人の秘密が外部に漏れると、納税者等の税務協力を得ることが困難になる。このように、守秘義務により税務職員は納税者等の秘密を他の者に漏らしてはならないとされ、他方、刑事訴訟法により官吏はその職務を行うことにより犯罪があると思料するときは告発しなければならないとされる[28]。税務職員は税務調査の過程で知ることになった脱税の事実について日本の異なる国法により守秘義務と告発義務という矛盾する義務を科されることになる。

さらに、各税法は、税務職員の質問検査権について「犯罪捜査のために認められたものと解してはならない」と規定し[29]、「課税処分のための税務調査」と「脱税についての犯則調査」を峻別しているので、通説では税務職員の守秘義務が公務員の告発義務に優先するものと解されている[30]。その結果、税務職員は税務当局内部で担当した事案について税額の確定と徴収を行うために必要な範囲で上司や一緒にその事案を担当する他の職員に知らせることは例外的に許されるが、税務当局内部でも犯則調査を担当する部局等や外部の政府機関に納税者の秘密を漏らしてはならないと解する説[31]がある。

実務では税務調査に際して一定金額以上の課税漏れ所得が見込まれるときは国税局の資料調査課に報告し、統括国税調査官にはほ脱犯の事件の管理権限が与えられているので調査課が査察課に連絡し、引き継がれて査察立件が行われることがある。法人税法156条の「犯罪捜査のために認められたものと解してはならない」という規定の意義について判例は「税務調査中に犯則事件が探知された場合にこれが端緒となって収税官吏による犯則事件としての調査に移行することを禁じる趣旨のものと解し得ないとする。

原判決の判断は正当であってこのように解しても憲法38条1項に違反しないことは、最高裁昭和44年(あ)第734号同47年11月22日大法廷判決(刑集26巻9号

554頁）の趣旨に徴して明らかであるばかりでなく，本件の場合法人税法に基づく質問検査権を犯則調査もしくは犯罪捜査のための手段として行使したと認めるに足りる資料はないから憲法38条1項に違反するとの主張は採用できない」と判示している。そこで，この判例に基づき，税務調査により過少申告金額が多額である場合に事件を資料調査課に回付し査察部に連絡し査察立件を行うことは許容されると解する説と，犯則調査のための手段としてまたは犯罪捜査を有利に行うために質問調査権を行使し税務調査に藉口して証拠資料を収集することは許されず，単に「収税官吏が税務調査の結果犯則事件があると自ら探知して査察立件しても違憲でない」と判示しただけで査察課に連絡することまで容認するものではないと解する説が対立している。

「質問検査によって得た資料は関係者の刑事責任追及のために利用することはできず，また，刑事手続において証拠能力をもたないと解すべきである」とする説は有力であるが，課税庁が多額の過少申告があると認めて課税処分（更正・決定）を行い，「仮装・隠蔽」という所得秘匿工作の事実を認めて重加算税を賦課決定した場合に「偽りその他不正の行為」があると嫌疑をもち，査察課に連絡することは，課税の公平や適正な法手続の原則に照らし，これを禁止するものと解することは，徒に脱税犯の刑事訴追の道を封殺することにつながる。査察調査によって国税査察官が知ることになった脱税の事実に関する資料情報を通常の課税処分のために利用することができるかという問題がある。

刑事訴訟法により起訴便宜主義[32]が認められ，国税庁が「大口・悪質な脱税の摘発」を査察調査の使命としている結果，査察調査の対象事案をすべて告発する訳でなく，告発率は，2001年度の処理事績では71.2％，2002年度では74％であるため，大口・悪質という告発基準に合わず告発に至らなかった事案について，税務調査と犯則調査との峻別と，税務調査は犯罪調査のために認められるものではないという原則により，査察調査によって収集した資料情報を課税処分に利用することができないとする説[33]がある。この説によれば，脱税の摘発を目的とする査察調査がその処理件数の約3割について脱税者を逆に課税処分から保護する聖域を作り出すという奇妙な結果を生ずることになってしまう。

この点について学説は積極説と消極説の対立を示している[34]が，積極説を支持する判例（最判昭和63年3月31日月報34巻10号2074頁）があることに留意すべきであろう。

　税務職員が裁判所や国会で証言を求められることがある。その場合，「職務上の秘密」については民事訴訟法，刑事訴訟法，国家公務員法，議院証言法などで監督官庁の承諾等一定の条件の下で例外として守秘義務の解除が認められているが，「納税者等の秘密」についてはこのような例外は認められていない。新聞社等マスコミの取材においても，税務職員は守秘義務により納税者等の秘密を漏らすことを禁じられている。納税者の査察調査の結果を検察庁に告発する前に新聞社の取材に応じて公表したことに対して国家賠償を請求した事件がある。この判決は，「収税官吏の守秘義務はこれを免除すべき正当な理由があれば免除される」と判示した[35]。

　国民は税制や税務行政については納税者として「知る権利」を有し，マスコミはこれに応えるため「取材の自由」「報道の自由」を保障されている。マスコミは，国税庁内に記者クラブを有するが，精鋭の記者たちから「沈黙の集団」と呼ばれる国税庁の守秘義務の鉄壁に守られた個別の課税事案についての取材活動には苦労するのである。しかし，脱税事件については，実際に，検察庁への告発の段階の報道が多い。

　国税庁は，査察調査の使命について「すべての脱税の訴追」ではなく「一罰百戒的効果の最大限確保」と定めている。すでに述べたように，門倉氏の推計によれば約20兆円ないし24兆円の規模に達したアングラマネーのうち，査察調査は非常に限られた脱税事案を取り上げて公訴維持可能な緻密な調査を行って告発に至る苦労に満ちたものである。この苦労話は，立石勝規の『東京国税局査察部』『田中角栄の「逃税学」税法のあらゆる穴を知っていた男』『マルサの秘密』『国税査察官』などの著作や落合博美の『徴税権力国税庁の内幕』などの著作において活写されている。

　納税者等の秘密についての守秘義務は，通常の税務職員と査察調査に従事する収税官吏では異なるのか。収税官吏には告発することができるのであり，ま

た，告発することが職務でもある。万一脱税嫌疑事実を把握しながら告発を怠った場合には，逆に不正の疑いを抱かれる原因となるであろう。

　国税庁は公表資料で査察定員を明らかにしていないが，米国内国歳入庁犯罪捜査局（IRS－CI）[36]に比べてかなり制限され，米国と異なり丸腰で精一杯の努力をしている。つまり「すべての脱税の訴追」に必要なマンパワーを与えられていない状態である。

　そもそも「一罰百戒」というからには，脱税という犯罪を行えばこういう制裁を受けるのだということ，どういうことが脱税とされるのかということを広く公衆に知らせる必要がある。さもなければ，脱税という反社会的・反倫理的な破廉恥行為を犯せば，単に刑罰を科されるだけでは済まないこと，「公衆に知られること」によりその名誉や社会的地位を脅かされ，世間の嘲笑と軽蔑の的になることが，「戒め」となり，他の納税者に対して抑止効果をもち，脱税者本人に対する再発抑止効果をもつと考えられる。もし，国税査察官の苦労が，数多の脱税者のごく一部だけの摘発と密かに本人を処罰することのみを目的とするものであるとすれば，巨大化するアングラマネーに対して，査察調査の存在意義は余りにも小さくなってしまう。制約された人的資源をもってこの巨大な悪の世界に挑戦する意義は，脱税者の末路を個別に広く公衆に知らせ，「百戒」の実を挙げることにある。公表の時期は，査察立件の時，告発の時，起訴の時または各審の判決の時など選択の余地があるが，最大限の効果がある時期を選択すべきであろう。

　その意味では，大物政治家でさえ脱税をすれば摘発されるという事実を示したいくつかの事件は，高く評価される。同じ視線は，大企業といえども脱税すれば摘発されるという事実が示されることを期待している[37]。高度の知能集団である大企業の複雑巧妙な手口に挑戦することは至難の業であろうが，これに対処できる高度な知能集団を査察組織に与え，その国際的な手口を解明することによって国外に消えていく得べかりし日本の税収を確保することが急務となっている。このことは，組織犯罪をはじめとする地下経済の脱税マネーへの摘発についても，同じである。財政危機にあって，日本としては，行政改革の

名において財政基盤を支えてくれる査察組織の定員を一律カットするような愚行は決して犯してはならないことなのである。

〔注〕
1) 日本国憲法は，昭和21年11月3日に公布され，昭和22年5月3日に施行された。租税については，第30条が「国民は，法律の定めるところにより，納税の義務を負う」と定め，第84条が「あらたに租税を課し，又は現行の租税を変更するには，法律又は法律の定める条件によることを必要とする」と定めた。第30条は，主権者たる国民が帰属する国の維持および活動に必要な費用を負担すべきであるという民主的納税思想を宣言したものと解される。また，第84条は，憲法原理として租税法律主義を宣言したものと解される。
2) 第一次シャウプ勧告は，昭和24年「シャウプ使節団日本税制報告書」を意味し，第二次シャウプ勧告は，昭和25年「シャウプ使節団日本税制報告書」を意味する。シャウプ使節団は，コロンビア大学教授カール・シャウプ博士を団長とし，租税法の専門家7人で構成され，占領軍総司令部（GHQ）の要請を受けて，日本税制全般の長期的なあり方を勧告した。使節団は昭和24年5月10日に來日したが，その準備を整えたハロルド・モスの働きかけでGHQは米国流の徴税機構をモデルとして昭和24年5月4日に「日本国政府の国税行政の改組」という覚書により国税庁の創設を日本政府に迫っていた。国税庁は，昭和24年6月1日に発足した。
3) 占領下で日本国憲法が制定され，これに伴う昭和22年全面的税制改正が行われたとき，所得税，法人税および相続税等の直接税の分野で申告納税制度が導入された。
4) 占領軍総司令部（GHQ）は，申告納税制度の導入に伴い，国税査察官制度の創設を日本政府に要請した。昭和23年7月5日に国税査察官制度が導入された。昭和23年7月30日閣議決定「脱税その他租税犯罪に対する処罰の厳正な適用について」において「最近における税制改革により民主的な申告納税制度に改められ，納税者の自覚と責任において税法に定められた税金を納税者が自発的に納める建前となり，納税の実が挙がるか挙がらないかは納税者の違法観念，納税道義の如何にかかわることとなったので，税制民主化を促進するためにも，租税負担を免れようとする悪質違反者に対しては厳にその責任を追及する必要がある」と述べ，政府は「租税罰則適用の強化および促進方実施要領」を決定した。昭和24年6月1日国税庁発足とともに，国税査察官の組織機構は，大蔵省主税局査察部から国税庁調査査察部に移管された。
5) シャウプ勧告により提案され，昭和25年に創設された制度であり，帳簿書類を備え付け，記帳する慣行を定着させ，これを基礎とする納税者が青色申告書を用いて申告することを認め，これに種々の特典を与える制度である。現在，青色申告者は，個人495万人，法人261万社に達している。
6) 米国内国歳入庁（IRS）は，タックス・コンプライアンス・メジャーメント・プログラム（TCMP）を開発している。

7) Richard Bird, Amaresh Bagchi and A. Das—Gupta, *What Determines Taxpayer Compliance ? An Economic Approach to Tax Administration Reforms* Chapter 3 , Discussion Paper No. 3 , International Center for Tax Studies, Faculty of Management, University of Toronto, Canada, November 1995. pp. 31—37.

Milka Casanegra de Jantscher, *Types of Tax Non-compliance* The Paper presented at the XVI General Assembly of the Inter-American Center for Tax Administrators, Asuncion, Paraguay, 1982.

Carlos Silvani, *Improving Tax Compliance* Improving Tax Administration in Developing Countries, eds. Richard M. Bird and Milka Cassanegra de Jantscher (Washington. D. C. International Monetary Fund, 1992) pp. 276—287 ; 293—297 ; 301—303.

U. S. Internal Revenue Service, *Income Tax Compliance Research : Gross Tax Gap Estimates and Projections for 1973~1992,* Publication 7285, March 1988, p. 3 .

John S. Carroll, *How Taxpayers Think About Their Taxes:Frames and Values.* Why People Pay Taxes. Tax Compliance and Enforcement. Ed. Joel Slemrod (Anne Arbor, MI : University of Michigan Press. 1992) pp. 45—49.

S. Richupan, *Determinants of Income Tax Evasion:Role of Tax Rate, Shape of Schedules and Other Factors,* Supply—Side Tax Policy : Is Relevance to Developing Countriesed ed. V. P. Gandhi (Washington, D. C. : International Monetary Fund, 1987) pp. 161—171.

Glenn P. Jenkins and Edwin Forlemu, *Enhancing Voluntary Compliance by Reducing Compliance Costs:A Tax payer Service Approach.* Tax Administration Review CIAT, Number 12, March 1993, pp. 10—23.

U. S. GAO Report, Tax Administration : *Tax Compliance of Non-Wage Earners* (August 28, 1996) GAO／GGD—96—165.

8) Oliver Oldman *Controlling Income Tax Evasion* in "Problems of Tax Administration in Latin America" Johns Hopkins, 1965.

Oliver Oldman *Income Tax Compliance, Economic Sanctions and the Design and Use of a Penalty System* in Liber Amicrum—J. P. Lagae (Ced. Samson, 1998).

9) フリーライダーとは，公共財の生産等において他人の費用負担が自己に便益をもたらす場合，負担配分が各人の選好に依存するとき，各人は享受できる便益を過少に表明して費用負担を回避する誘因をもつことを意味する。

10) 板倉宏『租税刑法の基本問題』勁草書房，1961，p.99，藤木英雄『行政刑法』学陽書房，1976，p.324，松沢智『租税処罰法』有斐閣，1999，p.15。

刑事犯と行政犯という区別は，刑法学の領域で古くから議論されてきた自然犯と法定犯という区別にほぼ相当する。理念的には，自然犯は法規によるまでもなく罪悪性を有する犯罪であり，法定犯はそれ自体として罪悪性を有しないが法規により犯罪と

されるものであり，英米法の「それ自体の悪」(mala in se) と「禁じられた悪」(malaprohibita)の区別に相当する。古い行政法学では行政犯と刑事犯との差異を強調し刑法理論と異なる原理を主張したが，刑法学では社会通念により当然反倫理的行為とされる犯罪を自然犯とし，それ以外の犯罪を法定犯とする考えがある。学説の中には基本的生活秩序に違反する犯罪を自然犯とし，派生的生活秩序に反する犯罪を法定犯と考える説もある。社会経済の複雑化，価値観の多様化，社会通念の流動化などにより，「それ自体の悪」とは何か，「基本的秩序」は何か，「社会通念」とは何か，を確定することが困難になってきた。行政法学では行政犯について「刑法総則の適用除外」を主張し，税法の罰則において刑法総則の適用除外を定めていた。しかし，税法の罰則においても法治国家において刑罰を科す以上，刑法総則が適用されるとする考えが支配的になった。その意味で，税法の罰則でも，税法違反について反倫理性が問われるのであり，その代わりに，有責性が考慮されるべきことになった。

11) 直接税のほ脱犯については5年以下の懲役もしくは500万円以下の罰金に処しまたはこれを併科すること（所得税法238条1項，法人税法159条1項，相続税法68条1項），間接消費税のほ脱犯および間接脱税犯については5年以下の懲役もしくは50万円以下の罰金に処しまたはこれを併科すること（酒税法54条，55条および57条，たばこ税法28条1項，揮発油税法27条1項），不納付犯については3年以下の懲役もしくは100万円以下の罰金またはこれらの併科（所得税法240条1項），滞納処分免脱犯については3年以下の懲役もしくは50万円以下の罰金またはその併科（国税徴収法187条1項）と定められている。

12) 米国内国歳入法典（IRC）75章「犯罪その他の違反および没収」サブチャプターA「犯罪」は，1部（一般規定）と2部（一定の租税に適用すべき罰則）から成るが，1部においてIRC7201は，「租税をほ脱しまたは無効にする試み」(Attempt to evadeor defeat tax) について，「方法のいかんを問わずこのタイトルによって課される租税またはその納付をほ脱しまたは無効にすることを故意に試みる者は，他の法定の罰則に加えて，重罪（a felony）につき有罪とされ，その判決があるとき，100,000ドル（法人については500,000ドル）以上の罰金もしくは5年以下の禁固刑に処せられ，または併科されるものとする」と規定する。

13) 本庄資「日本のマネーロンダリングと脱税に対する税務行政の役割（上）」税経通信59巻10号，税務経理協会，2004，p.140。

14) 金森久雄・荒憲治郎・森口親司編『経済辞典（第4版）』有斐閣，2002，p.823。

15) 三木義一「不法利得課税論」『所得税の理論と課題（二訂版）』税務経理協会，2001，p.97。

16) 有斐閣『経済辞典（第4版）』は，「地下経済」の項目において，「地下経済で動くカネすなわちアングラマネーの規模はアメリカでGNPの10％をはるかに上回るともいわれるが日本では非常に小さい」と記述しているが，「日本では非常に小さい」と断定する根拠が不明である。根拠もなく重要な判断を下している点は問題である。

17) Secretary of the Treasury & Attorney General "U.S. National Money Laundering Strategy 2002, and 2003".

18) Ibid, pp. 3, 5。
19) エリック・シュローサー，宇丹貴代実訳『巨大化するアメリカの地下経済』草思社，2004，pp.9-12。
20) 門倉貴史『図解誰も知らなかった日本地下経済白書』祥伝社，2003。
21) 租税処罰法についても，特別刑法として，憲法原理である罪刑法定主義が適用される。犯罪と刑罰は法律によって規定されなければならない。「法律なければ犯罪なし，法律なければ刑罰なし」という刑法の基本原則は多くの国で認められている。旧刑法2条および旧憲法23条は，罪刑法定主義を定め，日本国憲法31条は「何人も，法律の定める手続によらなければ，その生命若しくは自由を奪われ，又はその他の刑罰を科せられない」と規定し，39条は「何人も，実行の時に適法であった行為（中略）については刑事上の責任を問われない」と規定し，さらに73条6号ただし書は「政令には，特にその法律の委任がある場合を除いては，罰則を設けることができない」と規定している。その有名な例としては，刑法235条は「他人の財物を窃取した者は，窃盗の罪とし，10年以下の懲役に処する」と規定するが，「他人の利益」を窃取する行為を処罰する規定がないので，他人に無断でその財産上の利益を取得する行為（利益窃盗，権利窃盗）は犯罪にならない。
22) 税務調査と犯則調査との峻別を主張する説としては，小島健彦『直税法違反事件の研究』司法研修所，1979，p.224，山田二郎『税法講義』信山社出版，p.202。
23) 本書第6章5(3)を参照。
24) 本書第6章6を参照。
25) 国家公務員法100条1項，109条12号。
26) 所得税法243条，法人税法163条，相続税法72条，消費税法69条。
27) 行政機関の保有する情報の公開に関する法律（平成11年5月14日法42）5条。
28) 刑事訴訟法239条2項。
29) 所得税法234条2項，法人税法156条，相続税法60条4項，消費税法62条5項，租税特別措置法66条の4，10項。
30) 金子宏『租税法（第九版）』弘文堂，2003，p.666。ただし，「法の衝突」が生じた場合にその優先順位を定める明文の法規が存在しないとき，守秘義務優先説と告発義務優先説の対立を生じる。マネーロンダリングに対する金融活動作業部会（FATF）の防止策として各国が遵守すべき国際基準としてマネーロンダリングに関するFATF40勧告およびテロリスト・ファイナンスに関するFATF8特別勧告が公表され，日本もこれを遵守する義務を負う。この勧告においては金融機関のみならず弁護士，会計士等の専門的自由職業にも「疑わしい活動の報告」（Suspicious Activity Report：SAR）義務を課すため，職務上の守秘義務との衝突が起こる。弁護士等は，ゲートキーパー論により，日本がこの勧告に従うことに抵抗している。これらの守秘義務と告発義務（または報告義務）との法の衝突については，国際的な調和が必要な状況において，これまでのように学者の法解釈に委ねて済む状況ではない。
31) 小島健彦，前掲書，p.224，山田二郎，前掲書，p.202。
32) 刑事訴訟法248条。

33) 小島健彦，前掲書，p.224, 松沢智，前掲書，p.119。
34) 金子宏，前掲書，p.667。
35) 東京高判昭和59年6月28日月報30巻12号2573頁。
36) 本書第6章7および第8章を参照。
37) 大企業の脱税の査察調査については，脱税額の規模では「大口」の基準を満たすと考えられるが，その手口が複雑巧妙であることや取引の国際化により取引の全貌の解明が困難であること，「犯意」の立証を困難にする逃げ道として法解釈の多様性や大組織内部の責任の所在が不明確にされること，「悪質」の立証に用いる「ほ脱率」が小さくなることなどを理由として，一般に困難視されがちである。多数の事業部門を有する大企業について，各事業部門単位の査察調査の適否についても検討を要する。米国では，節税や租税回避を原則として納税者の権利として認める一方で，「濫用的租税回避」(Abusive Tax Avoidance) は脱税として許さないという立場をとり，IRS－CIがこれを捜査することにしている。このため，米国では何を濫用的租税回避とするかという認定基準を明確にしている。日本ではモデルとした米国に比較して，国税査察官制度は未分化の状態にあり，国税庁レベルでも調査査察部という単位で，行政処分を行う調査課と犯則調査を行う査察課を管轄しているが，大企業の課税処分を所掌する調査課は大企業の脱税について発見したとしても刑事訴追を行うことはできないので，米国流に考えれば当然査察課が犯則調査を実施すべきである。

日本では学者が税務調査と犯則調査の峻別を主張しているが，米国では税務調査部門が脱税嫌疑のある事案について犯則調査を委任する制度が公式に認められている。

第2章

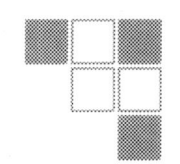

税法の認める租税の減免措置（政策的減免措置）による税収ロス

1 租税特別措置による税収ロス

　申告納税制度の下では納税者が理解して自分で所得計算を行い，税額を申告することができる程度に簡素な税制でなければならない。日本の税制の基盤を形成したシャウプ勧告は，公平の原則に反するものとして租税特別措置を排除したが，昭和26年以降各種の特別措置が導入され，資本蓄積と経済成長のためのものが多く，昭和32年改正で大きい存在となった。

　先進国の仲間入りを果たした昭和40年以降，特別措置に対する批判が強くなり，整理合理化が行われたが，中小企業対策，公害対策，地域振興対策等の諸政策による特別措置が新たに導入され，多様な特別措置が存在している。特別措置は，特定の納税者または特別な所得を優遇するものであり，公平負担の原則，中立性の原則および簡素の原則に反するものであるから，私的意思決定を歪めて特定の方向に納税者を誘導することを正当化する政策に基づくものでなければならない。

　租税優遇措置は，税負担の軽減を内容とするものであるので，租税誘因措置ともいわれる。それらは，所得税法や法人税法などの一般法に定められている

ものもあるが，大部分は租税特別措置法[38]によって定められている。

米国では，租税支出予算制度[39]があり，「租税優遇措置によって失われる税収」を減収見込額として議会に提出している。

日本では，租税特別措置による減収額は，平成15年度3兆5,590億円と見込まれている[40]。

(単位：億円)

区　　　分	減　収　額	
〔所得税〕		
住宅ローン控除	5,810	
生命保険料・損害保険料	2,540	
配当所得課税の特例	1,390	
老人等のマル優	1,230	
そ　の　他	1,850	12,820
〔法人税〕		
試験研究税制	6,490	
ＩＴ投資促進税制	5,170	
留保金課税の特例	1,740	
中小企業投資促進税制	1,710	
そ　の　他	2,810	17,920
そ　の　他	4,850	35,590

税法では，一定の所得を非課税所得とするほか，課税標準の計算において数多の課税の特例を定めている。そのため，これらの制度によって多額の税収ロスが生じている。例えば，所得税については代表的な特例として次のようなものがある。

第2章 ※ 税法の認める租税の減免措置（政策的減免措置）による税収ロス

1. 利子所得	① 老人等の郵便貯金の利子（元本350万円まで）の非課税 ② 老人等の少額貯蓄の利子（元本350万円まで）の非課税 ③ 老人等の少額公債の利子（元本350万円まで）の非課税 ④ 勤労者財産形成住宅貯蓄・年金貯蓄の利子等（元本550万円まで）の非課税 ⑤ 納税準備預金の利子の非課税 ⑥ 振替国債の利子の課税の特例 ⑦ 民間国外債の非居住者・外国法人の利子の非課税 ⑧ 特別国際金融取引勘定に経理された預金等の利子の非課税
2. 配当所得	① 老人等の特定公募公債等運用投資信託の収益の分配に係る配当所得（元本350万円まで）の非課税 ② 勤労者財産形成住宅・年金貯蓄の利子等（元本550万円まで）の非課税
3. 不動産所得	① 優良賃貸住宅・都心共同住宅の割増償却 ② 高齢者向け優良賃貸住宅の割増償却
4. 事業所得	① 青色申告特別控除 ② 中小企業者の少額減価償却資産の取得価額の必要経費算入 ③ 社会保険診療報酬の所得計算の特例 ④ 肉用牛の売却による農業所得の免税
5. 給与所得	① 住宅資金貸付等を受けた場合の経済的利益等の非課税 ② ストック・オプションの権利行使による株式取得に係る経済的利益の非課税
6. 譲渡所得	① 収用交換等の譲渡所得等の特別控除（5,000万円） ② 特定土地区画整理事業のために土地等を譲渡した場合の譲渡所得の特別控除（2,000万円） ③ 特定住宅地造成事業等のために土地等を譲渡した場合の譲渡所得の特別控除（1,500万円） ④ 農地保有合理化等のために農地等を譲渡した場合の譲渡所得の特別控除（800万円） ⑤ 居住用財産の譲渡所得の特別控除（3,000万円） ⑥ 相続等により取得した居住用財産の買換え・交換の場合の長期譲渡所得の課税の特例 ⑦ 特定の居住用財産の買換え・交換の場合の課税の特例（非課税） ⑧ 特定の事業用資産の買換え・交換の場合の譲渡所得の課税の特例（非課税）

		⑨ 特定の交換分合により土地等を取得した場合の課税の特例（課税の繰延） ⑩ 大規模な住宅地等造成事業の施行区域内にある土地等の造成のための交換等の場合の課税の特例（非課税） ⑪ 認定事業用地適正化計画の事業用地の区域内にある土地等の交換等の場合の譲渡所得の課税の特例（非課税） ⑫ 特定中小会社が発行した株式に係る譲渡所得等の課税の特例 ⑬ 株式交換・株式移転に係る課税の特例（非課税） ⑭ 特定上場株式等に係る譲渡所得等の非課税 ⑮ 国等に対して財産を寄附した場合の譲渡所得の課税の特例 ⑯ 物納による譲渡所得等の非課税 ⑰ 国等に対して重要文化財を譲渡した場合の譲渡所得の非課税
7. 特別償却・割増償却	数多の減価償却の特典が認められている	
8. 引当金・準備金		
9. 特別税額控除	① 住宅借入金等を有する場合 ② 試験研究費の額が増加した場合等 ③ エネルギー需給構造改革推進設備を取得した場合 ④ 中小企業者が機械等を取得した場合 ⑤ 事業基盤強化設備を取得した場合 ⑥ 情報通信機器等を取得した場合 ⑦ 政治活動に関する寄附をした場合 ⑧ 沖縄の特定中小企業者が経営革新設備等を取得した場合	

　法人税についても，受取配当等の益金不算入，少額減価償却資産および一括償却資産の損金算入の特例，数多の特別償却，固定資産等の圧縮記帳，引当金・準備金，特定損失等に充てるための負担金の損金算入，特定基金に対する負担金等の損金算入の特例，沖縄の認定法人の所得の特別控除，農業生産法人の肉用牛の売却に係る所得の課税の特例（非課税），株式交換・株式移転に係る課税の特例（課税の繰延），特別国際金融取引勘定において経理された預金等の利子の非課税，振替国債の利子等の非課税，組織再編成による移転資産等の譲渡損益の取扱の特例，繰越欠損金等の損金算入，各種の特別税額控除，連結納

税制度などにより多額の税収ロスが生じている。

このように一般税法や特別措置法に定められた特典は，実に多い。しかし，これらは，国家の政策として認められるものであるから，法定要件を満たすことによってこのような特典を享受することは，税法の趣旨に適合した節税[41]として認められる。

2　租税条約による税収ロス

租税条約[42]において，非居住者・外国法人に対するインバウンド課税について，配当，利子および使用料などの投資所得，不動産・事業用資産等以外の資産の譲渡所得，一定の条件を満たす人的役務提供の対価，役員報酬，教授・学生・事業修習生などの所得，外交官・領事などの所得，国際運輸業所得，源泉地国免税とされる「明示なき所得」は，減免されている。特に，新日米租税条約[43]では，配当，利子および使用料について免税となる範囲が大幅に拡大された。これにより多額の税収ロスが生じている。また，国際礼譲の慣行を尊重して外国に対する主権免税，国際機関に対する各条約に基づく免税，日米安保条約に基づく免税などにより多額の税収ロスが生じている。

居住者・内国法人に対する全世界所得課税を行う場合，国際的二重課税を排除するため，国内法において片務的に，また，租税条約において双務的に，外国税額控除を適用する。この外国税額控除によって多額の税収ロスが発生する。さらに発展途上国との租税条約において，タックス・スペアリング・クレジット[44]が認められている。これは，これらの発展途上国が自国の経済発展のために外資導入，輸出振興，地域振興等の政策目的に合致する場合に租税の減免を認めるとき，日本の全世界所得課税のメカニズムによりそれらの国の減免税分が日本の課税ベースに吸収されることとなる結果，それらの国のタックス・インセンティブの効果が減殺されることから，日本の課税上実際に納付していない外国税を納付したものとみなして，外国税額控除を行うという制度である。これは，純粋の租税理論では，負担の公平の原則からも，認め難いものとされ

る。

　このように，国家の意思に基づいて多額の税収ロスが発生しているが，本来ならば国家の意思による税収ロスの規模が国民にとってブラックボックスにならないように，租税支出として予算管理を行い，国民の代表である議会が承認し得る仕組みを作ることが望まれる。

〔注〕

38) 租税特別措置法（昭和32年3月31日法26）が定める租税特別措置は，担税力等は同等の状況にあるが，政策目的の達成のために一定要件を満たす場合に税負担を軽減する租税優遇措置と加重する租税重課措置に分かれる。これは，課税の公平に反するものであるが，憲法14条1項に違反するか否かは，その政策目的の合理性，その目的達成にとっての有効性，公平性の損傷の程度などによって個別に判断すべきものとされる。

39) 金子宏，前掲書，p.93，畠山武道「租税特別措置とその統制」租税法研究18号，有斐閣，p.1，渡辺徹也「租税優遇の規制と法人ミニマム・タックス」税法学538号，清文社，p.71。

40) 永長正士編『図説日本の税制』財経詳報社，2003，p.131。

41) 節税とは，租税法規の定めるところに従って税負担の減少を図ることをいう。

42) 本庄資『国際租税法（三訂版）』大蔵財務協会，2002，pp.216-302。日本の締結した租税条約は，45であり，適用対象は55ヶ国・地域である。現在日本の租税条約は，所得条約と相続税条約の二種類であるが，所得条約は二重課税条約ともいわれるように，国際的二重課税の防止のために課税権の配分，国際的二重課税の排除，脱税または租税回避の防止のための国際的協力，課税紛争処理等課税秩序の確立などを目的として締結される。

43) 新日米租税条約は，2003年11月7日にワシントンで調印され，2004年3月30日に東京で批准書の交換が行われた。これにより本条約は同日に発効し，源泉徴収される租税に関しては2004年7月1日以後に租税が課される額，源泉徴収されない所得に対する租税および事業税に関しては2005年1月1日以後に開始する各課税年度の所得について適用される。この条約では，投資交流促進のため，投資所得（配当，利子，使用料）に関する源泉地国課税を大幅に軽減している。配当については，持株割合50％超の親子会社間の配当について源泉地国免税とし，持株割合10％以上50％以下の親子会社間の配当について源泉徴収税率を5％に，ポートフォリオ配当（持株割合10％未満）について源泉徴収税率を10％に軽減した。利子については，金融機関等が受け取る利子について源泉地国免税とした。また，直前3課税年度において負債の50％超が金融市場における債券発行または有利子預金から成り，資産の50％超が非関連者に対する貸付である者が受け取る利子について源泉地国免税とした。使用料については，

第2章※税法の認める租税の減免措置(政策的減免措置)による税収ロス

一律に源泉地国免税とした。特許等使用料の対米支払は，2002年6,262億円であるので，旧条約(軽減税率10%)による源泉地国課税626億円の税収が本条約により失われることになった。

44) 本庄資『ゼミナール国際租税法』大蔵財務協会，2002，pp.149－153，460－461。

外国税額控除に係る納付外国法人税額
(業種別：平成11年2月期から平成12年1月期)

区分 業種	直接納付税額	間接納付税額	合計	左のうちみなし 外国法人税額
製造業	億円 1,360	億円 920	億円 2,280	億円 230
卸売業	260	260	520	40
金融保険業	490	110	600	10
鉱業等	400	20	420	0
合計	2,510	1,310	3,820	280

(注) 本表は，原則として資本金が300億円以上の法人に係る控除対象外国法人税額(納付外国法人税額から所得に対する負担が高率な部分の金額を除いた金額)について集計したものである。
(税制調査会提出資料基礎小22－4，平14.10.22)

わが国がみなし外国税額控除を供与する国

平成14年10月現在

	供 与 国	最終改訂署名日（注1）	供与期限（注2）
1	パキスタン	1960. 6. 28	
2	スリ・ランカ	1967. 12. 12	
3	ザンビア	1970. 2. 19	
4	アイルランド	1974. 1. 18	1981年から適用なし
5	スペイン	1974. 2. 13	1979年から適用なし
6	ブラジル	1976. 3. 23 (1967. 1. 24)	
7	フィリピン	1980. 2. 13	
8	インドネシア	1982. 3. 3	1985年から適用なし
9	中国	1983. 9. 6	
10	インド	1989. 3. 7 (1969. 4. 8)	
11	タイ	1990. 4. 7 (1963. 3. 1)	
12	バングラデシュ	1991. 2. 28	
13	ブルガリア	1991. 3. 7	2001年
14	トルコ	1993. 3. 8	2004年
15	シンガポール	1994. 4. 9 (1961. 4. 11)	2000年
16	ヴィエトナム	1995. 10. 24	2010年
17	メキシコ	1996. 4. 9	2005年
18	韓国	1998. 10. 8 (1970. 3. 3)	2003年
19	マレイシア	1999. 2. 19 (1963. 6. 4)	2006年

(注) 1．最終改訂署名日欄のカッコ書きは，最終改訂以前に，みなし外国税額控除の供与を最初に盛り込んだ条約の署名日を示す。
　　 2．アイルランド，スペインおよびインドネシアについては，先方の国内法の改正により，事実上失効している。
(税制調査会提出資料基礎小22－4，平14.10.22)

第3章

税法の基本原則を利用して海外へ逃避する税金
――節税の巻

　脱税者は民主社会の敵であるとして，米国内国歳入庁犯罪捜査局（Internal Revenue Service－Criminal Investigation：IRS－CI）は脱税捜査に従事しているが，その際，脱税と租税回避を区別することが必要である。この点について，特別捜査官ハンドブックは次のように特別捜査官に説明している[45]。

　「租税回避は刑事犯罪ではない。合法的な手段で租税を軽減し，回避し，最小化しまたは緩和しようとする試みは許されるべきである。租税回避と脱税の差異は十分明確である。租税を回避する者は，隠蔽せずまたは偽りを述べない。彼は税額を軽減しまたは排除するように出来事を税法に適合させ，その出来事が起こったときこれを完全に開示する。他方，脱税は詐欺，誤魔化し，偽装，隠蔽，出来事を歪め，若しくは曖昧にし，または物事をありのままでないものにみせかける試みを意味する」

　個別的否認規定のない事案について，コモンローの国としての米国で租税回避行為の否認に関するリーディング・ケースとなった1935年米国最高裁判決（ヘルヴェリング対グレゴリー）[46]は，「別段の定めがない限り，課されることとなる税額を法令の認める方法により減少させまたは回避させる納税者の合法的な権利は，疑いのないものである」と判示している。

また，法律家の立場からマーシャルJランガー[47]は，租税回避について「何人も法の要求するより以上に多くの税を支払う義務を負わない。租税は任意の拠出でないので，不当な要求を強制されない。連邦所得税が法制化されて以来納税者と顧問はループホールを探し求め，合法的な形態の課税問題の調整について徹底的な研究を行い，公的義務の最小限度を追及してすべての税法を解釈してきた。その努力は「租税回避」といわれ，たとえ失敗するとしても合法的なものである」と主張している。日本においても，節税行為は合法的な行為として受け入れられる。

　節税は，すべての国で合法的で正当な行為として受け入れられている。節税とは，税法の定めるところに従って税負担の軽減を図ることをいい，租税回避とは異なる。節税と租税回避とを区別する基準は，「立法の意図」である。節税は，立法の意図が「課税上自由な領域」を設定することである場合に，その規定により税負担の軽減を試みることであって，その行為は立法の意図に合致するものであるが，租税回避は，立法の意図が「課税する領域」を設定することであり，課税要件を設定したつもりであったが，不完全な用語などにより必要かつ十分な課税要件を設定できなかった場合に「立法上の抜け穴」を利用し，立法の意図に反して課税要件の充足を回避することであって，形式的には違法な行為といえないが，「立法上の抜け穴」の利用が複雑かつ人為的な脱法行為または税法の潜脱を暗示するものである。

　このように考えると，「立法の意図」を明確に規定する責任は，立法府にある。立法府がこの責任を十分に果たさず，法解釈[48]の名においてその明確化の作業を税務行政や司法に安易に委ねることは，租税法律主義の原則[49]の下では，許されることではないのである。

　本章では，主として国際課税の分野で税法や租税条約の規定に従って行われる節税について，その基本原理を考えることにしよう。

1 国民は日本の課税権から離脱できるか

　人や企業が外国に移動することができない鎖国時代には自分の国がどれほど税金の高い国であっても外国に逃げ出すことはできなかった。これは，戦争状態にある国でも同じである。一般に，人や企業が外国に移動しないで，その利益や資産を外国に移動させ，高い税金を免れようとする場合，外国投資規制や為替管理規制などの政府規制が強い国から利益や資産を外国に移動させることは容易でない。高税率の課税を免れるため，初歩的な租税回避の方法として高税率国から低税率国への所得移転がさまざまな工夫を凝らして行われる。また，同一国内においても，高税率国内部では高い累進税率の適用を免れるため，複数の子会社等への所得分割が行われる[50]。

　日本の場合，税率が高すぎると高額所得者の脱税を誘発するため税務執行が困難に陥ることを考慮して，シャウプ勧告が税率構造について20％～85％14段階であった当時の所得税制を20％～55％8段階に改正させたことは，財閥解体のため富の再分配に力点を置いていた当時の状況において，「人心の機微」に通じた賢明な措置であったといえよう。とにかく税務行政において税法の遵守（タックス・コンプライアンス）を妨げるような内容の税法は，執行困難を招きやすい。

　現在，所得税の税率構造は10％～37％の4段階となっている。法人税についてシャウプ勧告はそれまでの法人実在説の立場[51]から法人擬制説の立場[52]に変更するとともに税率を35％に一本化した。法人擬制説の立場では，法人税を所得税の前取りとし，法人段階と個人株主段階の二重課税を排除する必要があると考え，その方法として個人株主段階における配当控除制度や法人株主段階における法人間配当益金不算入制度を設けたり，法人段階で法人所得のうち配当分について留保分より軽減された税率を適用する支払配当軽減課税制度を設けたりしてきたが，その後この調整方法は個人段階の配当控除制度に一本化し，法人間配当については親子会社間配当を除き，20％は益金算入することになっ

た。

　法人税率[53]は，所得税等との均衡を図って決定されるが，国際競争力，企業活動の活性化などの観点から漸次引き下げられ，現在，基本税率30％，軽減税率22％となっている。いま日本の法人税率は主要先進国とほぼ同じ水準にあるが，タックス・ヘイブン[54]などにおける「有害な税の競争」[55]など外国企業を誘致するための税率引下げ競争や先進国においても外資導入のための「有害税制」といわれる租税優遇措置があり，これらの国・地域の実効税率に比べれば，日本の税率はなお相対的に高く，国際的に日本企業は不利な条件で競争せざるを得ないという理由で経済界からさらなる税率引下げを望む声[56]が出ている。

　多国籍企業がその本拠地や衛星企業群をどの国に配置するかによってグループ全体の税負担を最小化するため，他の国に比較して日本の税負担が重いと判断すると，日本の課税権からの離脱[57]が現行税制の下で可能かどうかを検討し始める。日本の税負担を軽減するために，企業が試みる合法的な節税策についてその原理を中心に考えてみよう。

2　日本の居住者や日本法人はどのように日本の課税権から離脱するか

(1)　外国にある恒久的施設から現地法人への変更
　　　――国外源泉所得の切り離し

　日本の税法では，国籍にかかわらず，日本の居住者[58]（非永住者[59]を除く）や日本法人（税法上「内国法人」[60]という）は，その全世界所得に対して日本で課税される[61]と規定している。個人が居住者に該当し，法人が内国法人に該当する場合，その個人や法人は，国内で稼得した所得（「国内源泉所得」という）だけでなく，国外で稼得した所得（「国外源泉所得」という）に対しても，日本で課税されるのである。この全世界所得課税ルールは多くの国々で採用されている。例えば，日本法人が外国に支店等を設置してその外国で製造・販売を行う場合，その事業から生じる所得に対し，その本店所在地のある日本で課税される。そ

の事業所得に対しては，当該支店等の所在地国でも国内源泉所得として課税されるが，その税額については，本店所在地国で二重課税を排除するために外国税額控除[62]の適用を受けることができる。もし，この日本法人がこの外国支店等の事業所得について日本で課税されたくないと考える場合，どのような方法が考えられるだろうか。

素朴な方法としては，外国支店等から現地法人へ進出形態を変更することを選択できる。外国子会社は，租税条約においても，日本法人に支配されているという事実のみによって恒久的施設とされないと規定されているように，その利益を親会社に配当しない限り，日本の課税権から切り離されることになる。これは，原理的には配当を受け取るまでの「課税繰延」であるが，外国に利益留保を意図している場合には「課税権の遮断」による合法的な「課税排除」となる。

(2) 移住または本店の海外移転──日本法人の恒久的施設への変更（インヴァージョン）

スポーツ選手，芸能人，著述家や技術者等が世界的規模で高額所得を取得する場合，これらの者は，累進税率の課税を避けて無税国や低税率国に税法上の「住所」を移転し，税法上の地位を日本の居住者から非居住者に変更し，日本の課税所得の範囲を，居住者の場合の「全世界所得」から非居住者[63]の「国内源泉所得」[64]に変更し，「国外源泉所得に対する課税の除外」を行うことができる。また，日本法人は，例えば中国に進出し，中国支店や中国工場において生産販売活動を行い，現地製品を日本へ輸入し国内販売する場合，これらの中国源泉所得を含めて全世界所得に対し日本で課税されるが，その「本店」を日本から中国に移転し，元の日本本店を中国法人の日本支店に格下げすると，その瞬間に日本における地位は内国法人でなく外国法人となり，支店等の恒久的施設に対する日本の課税所得の範囲は国内源泉所得に限定され[65]，その結果，中国源泉所得は日本の課税権から切り離される。

現行税制の下ではこれを規制する規定もなく，本店の海外移転は合法的であ

り，租税回避にも当たらない。しかし，米国やドイツの税法ではこのような移住による「課税権の遮断」を租税回避として特別な規定を設け，一定の期間，追掛課税ができるよう対抗措置を定めている[66]。この点について，日本の税法はまだ無防備であるが，今後明確な規定が必要になるであろう。

日本法人が本店をタックス・ヘイブンに移転し，自らはその子会社になると，タックス・ヘイブン対策税制[67]の適用が回避される。米国では，これを「インヴァージョン」と呼び，これに適切な対抗策を講じるため真剣な議論が行われている。日本のように税法にこれを阻止する規定がない場合，これもまた，合法的な行為である。例えば米国では，保険会社がタックス・ヘイブンに設立した法人を親会社とし，自らはその米国子会社となり，米国リスクの保険契約による保険料収入に対する米国課税を回避するため，親会社と再保険契約を締結し，再保険料を損金計上すると，米国子会社には課税所得がなくなり，タックス・ヘイブンに移転した利益に対しても，タックス・ヘイブン対策税制は外国子会社に留保した利益を親会社の所得に合算課税する制度であって，外国親会社に留保した利益を子会社の所得に合算課税する制度ではないので，米国の課税権は遮断されることになる[68]。

日本のタックス・ヘイブン対策税制においても，タックス・ヘイブンに親会社があり，その子会社が日本法人であるという関係会社間の所得移転に対しては無力な対抗措置となっているので，日本法人の利益を経費項目の損金計上の形で抜き取り，タックス・ヘイブンに移転することを阻止するためには，税法上このような損金を不算入とする個別的否認規定が必要となる。このような対抗措置としては，法人の居住地国の判定[69]を「形式的な登録の場所」のみによる本店所在地主義でなく，一定の基準により「実質管理支配が行われる場所」をも本店とする本店所在地主義に変更することも一案であろう。

OECDモデル条約で採用している法人の居住地国判定基準は実質管理支配地主義である。実質管理支配地主義にもどのような基準を満たす場合に実質管理支配地国と判定するかという問題をめぐって各国の制度にはバリエーションがあり，議論の余地も少なくないが，現在の本店所在地主義では，形式的な本

店所在地を国外に移転することにより，実際は日本の国内で管理支配が行われているにもかかわらず，税法上「外国法人」[70]となる元日本法人を「内国法人」として日本の課税管轄に引き戻すためには，実質管理支配地主義の考えも有効な選択肢になるであろう。

3 日本の居住者や日本法人はどのように海外へ所得移転を行うか

日本の居住者や日本法人が外国へ利益を送金する場合，日本では「送金税」に類する課税は行っていない。その利益が計上され，利益処分として配当の形で海外に移転される場合には源泉徴収が要求される。問題は，その利益の算定において，本来利益となるべきものが益金の過少計上や損金の過大計上によって海外に移転されることである。

国際取引における商品やサービス等の価格操作（低廉譲渡や高価買入），「含み損益のある資産」の売買，さまざまな費用および損失の形の「利益の抜き取り」が行われる。極端な場合は，売上除外や架空経費などによる脱税を行い，アングラマネーと化した資金を海外へ移転する。その方法として，キャッシュや無記名債券の形で海外に持ち出す原始的なマネーロンダリング[71]から，海外の決済機関における「見えない口座」を通じた債権債務の相殺という方法で「支払」の事実や痕跡を残さないもの[72]まで，海外への所得移転には幅広い方法が用いられる。

アングラマネーの場合，基本的には，課税庁が国境の出口でその資金が海外へ出たという事実を把握できなければ，海外で自由な経路をとり始めた資金をトレースすることは外国当局のよほどの協力が得られない限り，至難の業となる[73]。特に多国籍企業が海外のマルチ・ネッティング機関[74]で相殺処理を行う「外－外取引」の利益を全世界所得課税のネットに絡めることは，特別な立法措置を講じなければ無理になる。とはいえ，各国は情報交換や国際的税務協力を推進しており，国内法レベルでも，タックス・ヘイブン対策税制，移転価格

税制，過少資本税制などの所得移転防止税制を整備している。

今後は，各国の課税庁による金融システム，国際決済システムなどの情報やタックス・ヘイブン国・地域の情報へのアクセスを可能にする措置を講じなければ，「外－外取引」による利益の捕捉が困難な状態を放置することになる。

本書では，国内法で措置が講じられた主な対抗措置を取り上げて，その問題点を指摘することにする。

(1) タックス・ヘイブンの利用制限とその規定を回避する方法

日本の居住者や日本法人は，国外源泉所得を含む全世界所得に対して課税されるが，国外源泉所得に対する課税権を遮断するためにその海外進出形態を外国支店等から外国子会社に変えることを選択することができる。すると，その外国子会社はその所在地国で全世界所得に課税されることになるが，企業グループの税負担を軽減するために，さらに外国子会社の所在地国として全く課税しない国や低税率国であるタックス・ヘイブンを選択することができる。例えば，日本法人が中国支店を通じて部品販売を行っていたが，この中国支店を直接自らの中国子会社に昇格すると中国子会社は日本の課税権から離脱するが，日本の代わりに中国で全世界所得に課税されることになるので，これも嫌う場合にはどうするか。選択肢の一つとして，国外源泉所得に課税しない香港に子会社を設立してその香港子会社の中国支店とすることによって，日本の課税権からの離脱と中国の課税をその源泉地国課税のみに限定し，かつ，香港における居住地国課税をゼロにする方法がある。香港では域外源泉所得には課税しないことになっているからである。

このような節税策によって日本の税金が失われることを阻止するために，日本はいわゆるタックス・ヘイブン対策税制を導入し，税負担が25％以下の国・地域[75]の特定外国子会社に留保した利益を日本親会社の所得に合算して課税できることにしたので，この場合においても，香港子会社が日本税法に定めるタックス・ヘイブン対策税制の適用除外の条件に合致するように工夫することによって，日本の合算課税の対象外となることが可能になる。

「税負担が25％以下の国・地域」については，これを緩和するよう税法改正を求める声が経済界から出ている。表面税率でみると，近年法人税率が25％以下の国・地域が多くなってきた。アジアのスリランカ25％，シンガポール24.5％，台湾25％，中南米のブラジル25％，チリ15％，ヨーロッパのブルガリア20％，ハンガリー18％，アイスランド18％，アイルランド12.5％，リヒテンシュタイン15％，ルクセンブルグ22％，ルーマニア25％，ロシア24％，などは，日本にとって重要な国であるが，税法上はタックス・ヘイブンとなる。

(2) 移転価格操作の利用制限とその規定を回避する方法

現在の国際取引の大半は，多国籍企業のグループ内部取引[76]である。グループ内企業間取引では，特殊関連のない者（「非関連者」という）間取引や非関連者との間の取引と異なり，商品等の取引価格を操作して輸出価格を過少にしたり，輸入価格を過大にすることにより日本の利益部分を減らし，日本から外国に利益を移転することが行われやすい。

多国籍企業としては，ある取引を行う場合，私的自治・契約自由の原則に基づきグループ全体としての利益の最大化，税負担の最小化のためにどの国で損を出しどの国で利益を出すべきかを考えて価格決定を行うことは，タックス・プランニングやコーポレート・ファイナンス[77]では至極当たり前のことであり，このような価格決定に係るその契約は私法上有効である。しかし，このような契約による海外への所得移転が放置されると，その所得移転に伴い日本の税金が失われることになるので，日本はいわゆる移転価格税制[78]を導入し，税法上その取引が「実際の移転価格」でなく，「独立企業間価格」[79]（アームス・レングス・プライス）で行われたものとみなして，日本の所得計算をし直して課税することにした。

したがって，グループ内企業間取引については，この移転価格税制の適用条件に抵触しないように行われなければ，税法上その所得移転を否定されることになる。移転価格税制の目的は，原理的には，日本における「益金」を減らす関連企業間取引の価格決定を否定し，その取引が独立企業間価格で行われたも

のとして，通常の取引について計上すべき「益金」を回復することである。そこで，多国籍企業のグループ内部取引については，タックス・プランニングにおいて移転価格税制の適用条件に該当しないように工夫が凝らされることになる。日本の税法では，米国の税法と異なり，移転価格税制は，国内取引には適用なく，国際取引のみに適用される。

関連企業間取引について適用される移転価格課税を回避するために，米国のタックス・シェルター事例の中に資本関係，人的関係および取引依存関係のない第三者をアコモデーション・パーティとする取引を利用するスキーム[80]が目立ってきた。税法において移転価格課税回避方法としてのアコモデーション・パーティ・スキームに対する対抗措置を講じる必要がある。

中小企業の国際化が進み，生産地の海外移転のみならず，消費地を海外市場に求める時代に入り，現地法人の設立が盛んになる。海外子会社等の経営陣を現地でそろえることは急にできることではないため，親会社の人材が海外子会社の常勤または非常勤の役員となる場合が多くなる。役員報酬に対する課税についてはOECDモデル条約ではこれを支払う法人の実質管理支配地国に第一次課税権を付与しているが，役務提供地国の課税権を排除している訳でなく，また，これを支払う法人は法的にその海外子会社であるはずであるが，現実には非常勤役員の場合，無償のケースが少なくない。

この場合，親会社の所在地国である日本としては親会社が海外子会社の報酬を負担しているとみなしその損金算入を否認するかまたは海外子会社に対する寄附金として認定することになり，海外子会社の所在地国としては，無償を認めず一定の金額を役員報酬として認定して課税することになる。このような人的役務報酬の課税についての移転価格課税が問題になることが予想される。

米国では「株式報酬」[81]（ストック・コンペンセーション）により損失の二重控除を行うタックス・シェルターがあるが，親会社が海外子会社の役員にストック・オプションを付与する場合，親会社における損金計上と海外子会社の役員の報酬の課税との関係について，その金額をめぐって移転価格問題を生ずる可能性がある。

現在，日本では海外親会社が日本子会社の役員に付与したストック・オプションの所得分類について争う議論[82]があるが，日本親会社が海外子会社の役員，特に非常勤役員に付与するストック・オプションについて，単なる資本等取引とみるか，現地における所得分類や所得金額の算定のほか，日本親会社における支払報酬としての損金算入の可否とその金額の算定が問題になる可能性がある。

(3) 過大な損金計上の利用制限とその規定を回避する方法

海外への所得移転は，一般に高税率国から低税率国に向けて行われると信じられているが，「ステッピング・ストーン」[83]という手法も用いられる。たとえ高税率国であっても，利益の額を減らすために損金の額を自由に計上できるならば，課税ベースを限りなくゼロにすることができるので，実質的には税負担は低税率国と同様に小さくなる。たいていの国は，低税率国への支出について損金計上を拒むかもしれないが，その場合でも，低税率国との間にこのような高税率国を介在させる取引について，最終的に低税率国への所得移転となる支出を容易に認めてしまうことがある。この介在国を「飛び石」（ステッピング・ストーン）という。

例えば，日本法人の英国支店がタックス・ヘイブンにある子会社からの借入金に対する支払利子によって英国の利益を減らす場合には，英国ではこの支払利子の損金性について精査されると仮定しよう。この精査を避けるため，日本法人は次のような高税率国を利用したタックス・プランニングを考案する。タックス・ヘイブン子会社が支払利子の損金計上に甘い他の高税率国にその子会社（日本法人の孫会社）を設立し，その子会社に対し英国支店に貸し付けるべき金額を貸し付け，高税率国の子会社が英国支店にこれを貸し付けると，英国支店がこれに支払う利子は英国政府の疑問を生じることなく損金性を認められ，高税率国の子会社はその受取利子をそのままタックス・ヘイブン子会社に対する支払利子とするとき，この高税率国では計算上課税所得は生じない。この結果，英国支店の利益は支払利子に相当する額だけ減少し，ひいては日本法人の

全世界所得が減少する形でタックス・ヘイブンに所得移転が行われたことになる。

したがって、このタックス・ヘイブン子会社の留保所得に対してタックス・ヘイブン対策税制が適用されない場合には、日本で全世界所得課税の対象となるべき英国支店の利益は英国からタックス・ヘイブンへ移転され、ひいては日本の課税管轄からタックス・ヘイブンへ移転されてしまう。このような支払利子の損金計上による利益減らしを防止するため、過少資本税制[84]を導入する国が少なくない。

親会社が外国子会社に出資するか融資するかは、本来それぞれの企業の経営判断に委ねられるべき選択肢である。外国子会社は親会社に対し出資の場合には利益分配として配当を支払い、融資の場合には利子を支払うことになる。税法上その配当は利益処分であるが、その利子は損金となるので、外国子会社の課税上融資の方が出資よりも有利であると信じられており、同額の資金供給・資金調達をする場合、過度に貸付金・借入金に依存する傾向がある。

過少資本税制は、子会社の所在地国の課税上、資本・負債比率が一定割合を超える場合には、「借入金」を「出資金」とみなし、その借入金に係る支払利子の損金計上を否認する制度である。このような制度は、これを採用する国によって資本・負債比率の決め方や損金性を否定された金額を「みなし配当」とするか否かの点でかなりの相違がある。いずれにせよ、タックス・プランニングにおいて過少資本税制を有する国で支払利子によって利益減らしを図る場合には、その適用条件に該当しないように工夫を凝らすことになる。

日本の税法ではトリーティ・ショッピング防止規定[85]がないため、名ばかりの日本子会社が日本の租税条約の特典を条約相手国で得る目的で利用されたり、海外への経費の支出や経費配賦によって税務調査の対象とされないように日本子会社が赤字法人化される形で、日本が第三国の「ステッピング・ストーン」として利用される場合がある。今後、このように日本が利用されないように、過少資本税制のほかにも、適切な対抗措置を講じる必要があると思われる。

(4) みなし外国税額控除（タックス・スペアリング・クレジット）制度の利用

　発展途上国は，一般的に自国の経済発展のために外国からの資本や技術の導入を促進したり，特定の地域振興政策や特定産業または特定企業の育成・強化政策のために外国からの資本や技術の導入を奨励するが，その政策手段として一定期間の租税の免除・軽減を認める租税優遇措置（タックス・インセンティブ）を定めることが多い。例えば通常の法人税率が40%である発展途上国が5年間の免税（タックス・ホリデー）を認める場合，この租税誘因措置の魅力に惹かれて日本法人が支店形態でこの国に進出すると，この国では確かに租税を免除されるが，日本法人はその国の免税所得を含む全世界所得に対して日本で課税されるので，この国の得べかりし税収が日本に移転される結果を生じ，企業サイドからみると，納税先がこの国から日本に変更になるだけであり，このままでは発展途上国が企業誘致のために歳入ロスという犠牲を払うタックス・インセンティブの魅力が失われてしまう。そこで，発展途上国から日本への税収移転が生じないように，日本の課税権を遮断する方法として，現地法人のみに租税優遇措置を与えるように制度設計がなされることがある。この場合でも，日本親会社が現地子会社からその利益を配当の形で吸い上げるとき，これに対し日本で課税されると，発展途上国のタックス・インセンティブの魅力は失われることになる。

　そのような結果にならないよう，これまで，発展途上国は，資本輸出国である先進国に対してその経済発展のための租税優遇措置について先進国課税に取り込まないように理解と協力を要求してきた。租税条約交渉において，発展途上国は自国において認めた免税により日本法人が実際には納付していない税金を納付したものとみなして日本の課税上外国税額控除制度を適用できる「みなし外国税額控除」（タックス・スペアリング・クレジット）[86]を約束するように要求し，日本政府は発展途上国の経済支援の一環としてこれを認めることとしてきた。そのために，公然と外国の免税額を納付したものとして日本の税額を減らす制度が存在し，これによって日本の税金は空に消え，両国でこの特典を享受

する企業の懐を潤すことになっている。

近年，この制度については，好ましくないとする考えが有力になっている。今後は，どの国にこのような特典を与えるかという問題について政策的によく吟味されることが必要である。

(5) 外国税額控除の利用

日本の内国法人が外国で事業活動や投資活動を行い，その事業や投資から生じた所得に対して源泉地国で課税される場合，日本ではこれらの国外源泉所得を含む全世界所得に対して課税される。その国外源泉所得について国際的二重課税が発生するので，その救済方法として外国税額控除制度[87]が認められる。この外国税額控除は，無制限に認められるものではなく，法人税額から控除される外国税額は，控除限度額[88]（法人税額に当期の全世界所得に国外源泉所得が占める割合を乗じて計算した金額）を限度として認められる。

内国法人が複数の外国から所得を得る場合の控除限度額の計算は，国別限度額方式でなく，一括限度額方式による。外国税額のうち控除限度額を超える部分は，繰越控除限度額[89]（前3年以内の各年度の控除限度余裕額の繰越金額）を限度として当期の税額から控除することができる。控除限度余裕額[90]（控除対象外国税額が当期の控除限度額に満たない部分）は繰越控除対象外国税額[91]（前3年間の各期の控除対象外国税額のうち控除限度額を超えて控除しきれなかった部分）を繰り越して控除限度余裕額の範囲内でその年度の税額から控除する。

外国税額控除による日本の税負担の減少を大きくするために，この控除限度額をできるだけ大きくしようと考え，国外源泉所得の額を増やすこと[92]が行われた。実際に外国税が課されない国や課されても名目だけの国の源泉所得を大きくする取引を行い，一括限度額方式のもつ「外国税のミキサー」となる「国外源泉所得」を増加させ，高率の外国税も控除できるようにするスキームが用いられた。これに対し，国外源泉所得の中に外国税が課されない所得があるときはその3分の2の金額を除外すること[93]にした。私見では，外国税が課されない所得は，この国外源泉所得の範囲から除外すべきであり，外国税が課され

る所得であっても何らかの基準で名ばかりの外国税であれば，国外源泉所得に算入される部分を制限すべきであろう。また，外国税額のうち負担が高率な部分[94]（法人税については課税標準の50％を超える部分，利子等に対する源泉徴収税については利子等の金額の10％を超えて課される部分をいう）は，日本の税負担水準を超える部分については二重課税は存在しないと考え，控除対象外とされる。

このように，内国法人が外国税額控除を利用して日本に納付すべき税額を減少させるためには，控除対象外国税額や当期の控除限度額を大きくしようとするが，そもそも「外国税」として救済すべきでないものについてまで外国税額控除を適用する傾向がみられた。このような傾向に対処し，租税回避を防止するため，次のものは控除対象となる外国税に含まれないことが明文化された[95]。

> ① 税を納付する者がその税の納付後任意にその金額の全部または一部を請求することができる税
> ② 税の納付が猶予される期間をその税を納付することとなる者が任意に定めることができる税
> ③ 法人税法24条1項各号（配当等の額とみなす金額）に掲げる事由により交付を受ける金銭の額またはその他の資産の価額に対して課される税
> ④ 法人の所得の金額が租税条約実施特例法7条1項（取引の対価の額につき租税条約に基づく合意があった場合の更正の特例）の規定により減額される場合において同条2項に規定する相手国の居住者に支払われない金額に対し，これを利益の配当または剰余金の分配とみなして課される税
> ⑤ 外国税に附帯して課される附帯税に相当する税その他これに類する税

税法は，租税回避を防止するため，次の「通常行われる取引とは認められないもの」に起因して生じた所得に対して外国税を納付することとなる場合には，外国税額控除は認められないことを明文化した[96]。

① 内国法人が，その内国法人が金銭の借入をしている者または預入を受けている者と特殊の関係のある者に対し，その借り入れられまたは預入を受けた金銭の額に相当する額の金銭の貸付をする取引（貸付に係る利率その他の条件が，その借入または預入に係る利率その他の条件に比して特に有利な条件であると認められる場合に限る）

② 貸付債権その他これに類する債権を譲り受けた内国法人がその債権の債務者（内国法人に対し債権を譲渡した者と特殊の関係のある者に限る）からその債権に係る利子の支払を受ける取引（内国法人が譲渡者に対し当該債権から生ずる利子の額のうち譲渡者が当該債権を所有していた期間に対応する部分の金額を支払う場合にその支払う金額が次の額の合計額に相当する額であるときに限る）

 イ 当該債権から生ずる利子の額から債務者が住所または本店等を有する国・地域において内国法人が当該利子につき納付した外国税の額を控除した額のうち，譲渡者が当該債権を所有していた期間に対応する部分の額

 ロ 当該利子に係る外国税の額（みなし外国税の額を含む）のうち，譲渡者が当該債権を所有していた期間に対応する部分の額の全部または一部に相当する額

　日本では銀行の外国税額控除余裕枠を利用した租税回避行為について訴訟が提起されている[97]。そのスキームの一例は，外国法人Aがメキシコに子会社Bを有し，Bが現地法人を買収する資金をAから借り入れ，約束手形を差し入れた。日本法人はAからこの約束手形を譲り受けて，自己の外国税額控除の余裕枠を用いてメキシコの源泉徴収税を日本に納付すべき税額から控除するというアイデアである。このスキームについて，税務当局は「外国法人税を納付することとなる場合」の「納付」とは租税回避目的以外に「事業目的」がない取引の場合には外国税の納付に当たらないと主張して外国税額控除の適用を否認した。この訴訟については，地裁判決は納税者勝訴，高裁判決は国側勝訴となっ

ている。

(6) 外国法人への現物出資等による所得移転

日本では現物出資による資産の移転は通常の資産の譲渡として時価が帳簿価額を上回っている場合には譲渡益に対して課税されるが，企業の組織再編が課税によって阻害されないよう「特定現物出資」[98] としての一定の要件を満たす場合にはその譲渡益の圧縮記帳が認められていた。このため，日本法人が外国子会社を設立する場合にその含み益のある国内資産を外国子会社に現物出資する方法で日本で譲渡益課税を受けずに外国に移転し，外国子会社がこれを第三者に譲渡する段階で含み益が実現されるので，外国への所得移転が行われることになっていた。

日本では組織再編税制の導入に伴い，特定現物出資の圧縮記帳の規定が廃止された。今回導入された組織再編税制は，外国子会社に対する現物出資や事後設立などの国境を越えた組織再編に対しても適用されると解されるが，政令で定める国内にある資産および負債を外国法人に移転するものを除くこと[99]とされた[100]。しかし，タックス・プランニングにおいては，単純に日本から外国への含み損益のある資産の現物出資に限らず，外国の税法上時価でなく帳簿価額を引き継ぐことが可能な資産移転の制度を利用して，高税率国においては譲渡益を認識せず，譲渡損を認識し，低税率国で譲渡益を認識する方法を探究することにより，高税率国では黒字法人段階の課税の繰延，非課税法人，赤字法人または外国法人の段階における譲渡益の認識を図り，または低税率国への所得移転を図ろうとする試みが考案される。これらに対して抑制措置を立法化しなければ，合法的な取引として是認せざるを得ないため，税金が失われることが決して少なくない。

旧法人税法51条（特定現物出資による譲渡益の圧縮記帳）を利用した租税回避スキームについて見解が分かれ，訴訟で争われている[101]。

4 非居住者または外国法人が利用できる非課税制度や源泉徴収免除制度

(1) 国内法による非課税措置

　日本の金融システムは国際金融システムと不可分の存在であるため、日本の租税制度が国際金融システムにおいて「租税の障害」(タックス・バリヤー)問題を生じないように、非居住者や外国法人が受け取る一括登録国債の利子や民間国外債の利子および発行差金、特定の短期国債または政府短期証券の償還差益、特別国際金融取引勘定(「オフショア勘定」という)において経理された預金等の利子、外国金融機関等の債券現先取引に係る利子については、原則非課税とされ、源泉徴収が免除される措置[102]が講じられている。これらは、政策的に是認された税収ロスである。執行上の問題としては、これらの制度が予定していない居住者や内国法人の利用、すなわち、これらの課税上の特典を不当に享受するために非居住者や外国法人という偽装を用い、俗に「黒い目の外国人」といわれるようなポジションをとることを防止しなければならないことである。このチェックが甘いと、政策の意図に反して、税収ロスが生ずることになる。

(2) 国内法による源泉徴収免除制度

　非居住者や外国法人に対する課税については、日本の税法は国内源泉所得の種類に応じて異なる課税方法[103]を定めている。国内源泉所得は、非居住者については①事業所得および資産所得、②土地等の譲渡の対価、③人的役務提供事業の対価、④不動産賃貸料等、⑤利子等、⑥配当等、⑦貸付金利子、⑧工業所有権の使用料等、⑨給与その他の人的役務提供の報酬等、⑩事業の広告宣伝のための賞金、⑪生命保険契約等・損害保険契約等に基づく年金、⑫定期積金の給付補塡金等、⑬匿名組合契約等に基づく利益の分配という13種類、外国法人については⑨を除き上記と同様の12種類と定められている。

　源泉徴収の要否についてみると、①については源泉徴収不要とされ、②～⑬

までは必要とされている。課税方法をみると、①の事業所得は恒久的施設がない場合には非課税であるが、恒久的施設がある場合には確定申告が必要になる。①の資産所得および②は確定申告が必要とされる。③〜⑬については恒久的施設がある場合には確定申告が必要であるが、恒久的施設がなければ、源泉分離課税とされ、確定申告は不要である。

　この課税ルールをみて、一般に、確定申告不要の源泉分離課税で課税関係が完結することが選好されると信じられているが、実際にはグロス課税（必要経費の控除を認めず収入金額に課税することをいう）となる源泉徴収を嫌う者が多い。次の国内源泉所得については、源泉徴収不要とされる。

（ⅰ）　源泉徴収免除証明書の交付を受けた非居住者等に対してその証明書の提出を受けて支払われるもの

（ⅱ）　土地等の譲渡対価でその額が1億円以下でかつ自己またはその親族の居住の用に供するために譲り受けた個人から支払われるもの

（ⅲ）　ユーザンス金利とされる貸付金利子で資産の譲渡対価等に係る債権のうち発生日から債務の履行日までの期間が6ヶ月を超えないもの

（ⅳ）　公的年金等で外国法令等に基づいて支給されるもの

（ⅴ）　映画・演劇の俳優、音楽家その他の芸能人または職業運動家の人的役務の対価または報酬で不特定多数の者から支払われるもの

（ⅵ）　非居住者等が有する土地若しくは土地の上に存する権利または家屋の貸付による対価でその土地家屋等を自己またはその親族の居住の用に供するために借り受けた個人から支払われるもの

（ⅶ）　分離税の対象とされる非居住者に対して支払われる給与または報酬でその者がその支払の時までにすでに納付した所得税の額の計算の基礎とされたもの

（ⅷ）　外国法人たる公共法人等に対して支払われるもの

　この源泉徴収不要とされる場合のうち、源泉徴収を嫌う者にとって（ⅰ）が重要である。（ⅰ）を認める理由は、国内にある恒久的施設を通じて事業活動を行っている非居住者等については、居住者または内国法人と同様の状況にある

ことおよびその国内源泉所得がその者の総合課税の対象に含まれることを考慮に入れて，居住者または内国法人に対して源泉徴収の対象とされない所得（人的役務提供事業の対価，不動産賃貸料等・船舶航空機の貸付による対価，貸付金利子，使用料等，事業の広告宣伝のための賞金，人的役務報酬，生命保険契約等に基づく年金）については非居住者等に対しても同様の取扱をすることであるが，源泉徴収を嫌う者はあえて恒久的施設を国内に設け，源泉徴収を避けて，必要経費の控除を可能にし，その結果として課税が生じないようにすることができることになる。例えば外国法人が日本法人に機械設備リースを行う場合，国内法では使用料として源泉徴収税の対象となり[104]，OECDモデル条約ではこれを使用料でなく事業所得とする改正が行われた[105]が，日本の締結した租税条約では使用料として源泉徴収すると規定しているので，源泉徴収を嫌うとき，本国からの投資を集めてタックス・ヘイブンのSPC（特別目的会社）を設立し，その資金と銀行借入によって購入した機械設備を日本に設置した支店等を通じて日本法人にリースしてリース料を得ると，本国から恒久的施設なしに同様の機械設備をリースして同額のリース料を得るときと比較して，源泉徴収を回避し，ネット課税とすることにすることが可能になり，借入金利子や減価償却費の計上により，課税所得を生じないことになる。

このような観点から，日本では外国法人の恒久的施設が実体を有するものか，単なるペーパーPEか[106]を常にチェックしなければ，グロス課税で課税関係を完結する源泉徴収制度の利点が失われる。

リースを利用した租税回避スキームは多彩であるが，パススルー・エンティティを用いる場合には，非居住者・外国法人のみならず，居住者・内国法人が投資家としてスキームに参加することもあり，パススルー・エンティティ自体の課税と投資家の課税について見解が分かれ，訴訟で争われることになる[107]。

(3) 租税条約による投資所得の非課税

配当，利子および使用料などの投資所得については，租税条約において相互主義の下で源泉地国の減免税が規定される。これまでに日本の締結した租税条

約では，主権免税の規定を除けば，投資所得について軽減税率を定めることが普通であり，免税を約束したものはなかった。しかし，32年ぶりに改定した新日米租税条約（平成16年3月30日発効）[108]では配当および利子については一定の条件の下で源泉地国免税，使用料については無条件に源泉地国免税とする画期的な約束をした。

　新日米租税条約は今後の日本の租税条約モデルとなることが予想されるので，非居住者や外国法人に対して源泉地国としてこれまで日本が課税してきた税金は，日本では失われ，それらの本国たる居住地国へ移転されることになる。これによって米国から日本への投資，融資および技術移転がさらに促進されることが望まれる。しかし，二国間租税条約において特定の所得について免税規定を定める場合には，両締約国が予定した適用対象者以外の者がこの特典を享受することを企図することが当然予想される。これは，一般に「租税条約の濫用」「トリーティ・ショッピング」といわれる。制度上および執行上，これらを防止する措置を講じて，自国または相手国の課税ベースが侵食されないように努める必要がある。

(4) 租税条約の「明示なき所得」条項による源泉地国免税

　OECDモデル条約では，租税条約において明示した所得分類に応じて課税権を配分しているが，租税条約において具体的に明示されない所得に対する課税権については居住地国のみに配分（言い換えれば源泉地国免税）している[109]。この点について，日本の条約例は，①OECDモデル条約に準じて居住地国のみに課税権を配分するもの（源泉地国免税）[110]，②源泉地国に課税権を配分するもの[111]または③条約上課税権を配分しないもの[112]（各国内法どおり課税）という類型に分かれる。

　実際，この規定のもつ意味は非常に重要である。例えば米国法人がオランダ子会社を設立し，このオランダ子会社が日本における営業者と匿名組合契約を結び，匿名組合員として匿名組合の利益の分配を受ける場合，日本とオランダとの租税条約においては「匿名組合の利益の分配」は「明示なき所得」に該当

し,「明示なき所得」については居住地国のみで課税（源泉地国免税）と定めているため, 日本ではこれに対して課税できないことになる[113]。しかし, このオランダ子会社が実体のないペーパーカンパニーであることが明らかになれば, 匿名組合の利益の分配は実質的にそのペーパーカンパニーの所有者である米国法人に帰属すると判断される。そうなると, 日米租税条約が適用されることになる。

旧日米租税条約では「明示なき所得」について特別な条文を置かず, 各国内法の定めるところにより課税すべきことになるので, 米国法人は日本で課税されることになる。法的には外国法人の実体の有無を判定すること[114]は, さほど容易なことではない。実体を認定する基準（もしくはみなし要件）または実体を否認する基準（もしくはみなし要件）を法定すべきであろう。また, できるだけ問題のある新しい所得については, 租税条約上の所得分類を明らかにし, その取扱を規定するよう努める必要がある。税法上明確な所得分類が定められないために混乱を招いているストック・オプションの付与についても, せめて二国間条約における所得分類を定める必要がある[115]。

(5) 株式の譲渡益の非課税

株式の譲渡益は, OECDモデル条約やこれに準じる日本の租税条約では居住地国のみで課税されることと定められ, 源泉地国免税とされている[116]。しかし, この原則は, 不動産の証券化, 債権の証券化, さまざまなビジネス・モデルの証券化[117]などの流行によって, どこまで適用されるか。租税条約や国内法に明文化されていない場合には, 解釈が分かれる問題を生じる。例えばOECDモデル条約は, 不動産の譲渡益について, 第一次課税権を不動産の所在地国に配分している[118]が, 不動産を売買する場合, 不動産所在地で課税されることを避けるため, 直に不動産を売買せず, この不動産を具象化する証券を売買するとき, 取引の実態が不動産の譲渡であったとしても取引の法形式は証券の譲渡であり, その法形式を尊重すれば不動産所在地国では課税できなくなる。

米国財務省モデル条約は, 定義条項において「不動産」には, ①米国不動産

持分および②条約相手国に存在する不動産における持分が含まれると定義することによって、この点についての解釈上の疑義を生じないようにしている[119]。

新日米租税条約において、米国のFIRPTAと同様に不動産保有法人（その資産の価額の50％以上が法人所在地国の不動産から直接または間接に構成される法人）の株式等の譲渡益には原則として不動産所在地国で租税を課すことができると規定したほか[120]、破綻金融機関の処理に公的資金が投入された場合、外国法人がその金融機関の株式を取得し、短期間で負債を処理し経営の健全化を図って、再生後その株式を譲渡するとき得た譲渡益について、源泉地国非課税の原則を一部修正し、資金援助が行われてから5年以内に行われた譲渡に限り、源泉地国に課税権を配分している[121]。このような規定はこれまでの租税条約には存在しなかったので、外国法人は破綻金融機関等の株式を二束三文で取得し、再生後これを処分して譲渡益を生じたとしても、このような規定がなければ日本では課税されなかったであろう。また、このような規定がある場合には、5年経過後に譲渡されたときは、課税されないことになる。

(6) 非法人による金融所得の非課税

日本の税法では納税義務者は個人または法人に限定されている。そのため、非居住者や外国法人は、日本において納税義務を課されない多様な事業体を利用して事業活動や投資活動を行う。このような事業体として多用されるものには、信託や投資ファンドなどの集団投資媒体のほか、民法上の任意組合[122]や商法上の匿名組合[123]がある。これらの事業体は、それ自体が納税主体とならない意味でパススルー・エンティティという。これらの事業体の投資家、組合員および匿名組合員が非居住者や外国法人である場合にはこれらの事業体にその損益や投資家、組合員および匿名組合員の持分などについて情報申告を義務づけない限り、投資家、組合員および匿名組合員に単なる申告義務を課すだけでは実質所得者の捕捉さえ危ぶまれ、適正な課税は困難である。

これらの投資家、組合員および匿名組合員が個人であって事業体の損益をパススルーされる場合の所得分類[124]についても、現在、明確な法制がないため、学

説は事業所得説，配当説，利子説，雑所得説など諸説紛々たる状況である。いずれにせよ，税法でこれらの事業体とその投資家，組合員および匿名組合員に係る課税ルールを明確に定める必要がある[125]。租税条約の適用について考えれば，これらの事業体レベルの適用の可否を明確にしなければならない[126]。仮に，これらの事業体に租税条約アクセスを認めないことが明らかになれば，投資家，組合員および匿名組合員ごとに租税条約の適用関係を明らかにしなければならない。その場合に，租税条約上の所得分類を明確にしなければならない。現状[127]のように，所得分類の解釈について，税務当局の恣意的な取扱に委ねられるか，逆に，共同事業による事業所得説により恒久的施設なければ課税せずの原則を主張したり，法人格がなくても事業体が稼得した利益を分配されたものとみて配当とみなす説により源泉地国課税とするか，利益の発生地国を源泉地国とするか，事業体の所在地国を源泉地国とするかによって異なる主張をしたり，どの所得分類にも属さない所得として雑所得とする説により租税条約上明示なき所得として源泉地国免税と主張するなど，解釈が多岐に分かれたまま，ケースバイケースという都合のよいルールに委ねるべきではない。非法人との組み合わせスキームにおいて，法人格を有する事業体もベースカンパニーや導管会社として利用されることが多いので，これらの課税上の取扱についても明確なルールを定めなければならない[128]。

(7) 非居住者・外国法人の恒久的施設に帰属する外国金融所得

非居住者や外国法人が日本に支店等の恒久的施設を有する場合[129]であっても，その国外源泉所得については，国内法上の原則として課税されない。この原則を利用して日本支店等を通じて国外にある者に対する金銭貸付，投資その他これに準ずる行為を行い，これにより生ずる所得（利子，配当等の金融所得）を取得することが多い。原則どおりであれば，このような国外源泉所得は日本では課税されないことになるところであるが，日本の税法はこれを阻止するため，このような金融取引が行われた外国（源泉地国）で課税されない場合には，日本支店等に帰属する国外源泉の金融所得を日本の「国内源泉所得」として日

本において課税することとしている¹³⁰⁾。

　この規定は，タックス・ヘイブンに本店等を有し，形式的には単なる恒久的施設であるが国内で実質的に管理支配している企業などが国外で免税企業に投資，融資，リースその他の行為を行う租税回避によって「課税の真空地帯」（double non-taxation）が発生することを防止するものであるが，「外国税が課されない場合」と「きわめて低率で外国税が課される場合」は実際は紙一重であるが，きわめて低率の課税が行われる国を選ぶことによって，日本の課税を免れてしまう。

〔注〕

45) Internal Revenue Manual Part9. Criminal Investigation 9.1 CI Mission, Authorities, Organization and Directives 9.1.3 CriminalStatutory Provisions and Common Law 9.1.3.3 Title 26 − Criminal Penalties Applicable to Fraud 9.1.3.3.2 IRC 7201. Attempt to Evade or Defeat Tax 9.1.3.3.2.1 Avoidance Distinguished from Evasion.
46) 本庄資『アメリカン・タックス・シェルター基礎研究』税務経理協会，2003, pp. 299−300，本庄資編著『タックス・シェルター事例研究』税務経理協会，2004, pp. 378−379。
47) 本庄資『租税回避防止策―世界各国の挑戦』大蔵財務協会，1998，p.78。
48) 法解釈は，具体的事実に法を適用するため法の意味内容を明らかにする作用である。租税法は侵害規範または強行法規であるからその解釈は原則として文理解釈によるべきであり，その意味内容を文理解釈で明らかにすることが困難である場合には趣旨・目的解釈による。租税回避は，課税要件の充足を免れる行為である。文理解釈では租税法の構成要件に該当するといえない当事者の法形式を否定する「租税回避の否認」を行うにはこれを正当化する別の根拠法規（個別否認規定または包括的否認規定）の存在が必要である。このような根拠規定が存在しない場合に，なお，法解釈により「法の趣旨」を明確にすることができるならば，明文の根拠規定に代えて当事者の選択した法形式を否定すべきものかどうかを判断する基準とすることが可能になる。この場合も，何が「法の趣旨」であるかを立法レベルで明文化を図ることが望ましく，徒に行政や司法レベルの法解釈に白紙委任するような態度は，原則として文理解釈によるべき租税法については望ましいものではない。節税と租税回避との限界を不明確な「社会通念」概念に委ねる態度は，解釈の限界を越え，行政や司法が立法の領域に踏み込んでいる危険性を容認することに繋がる。
49) 租税法律主義とは，法律の根拠に基づくことなく国家は租税を賦課徴収することが

できず，また，国民は租税の納付を要求されないとする原則をいう。明治憲法62条1項および日本国憲法84条は租税法律主義を規定している。その内容としては，課税要件法定主義，課税要件明確主義，合法性の原則，手続的保障の原則，遡及立法の禁止および納税者の権利保護が含まれる。

50) 本庄資『国際租税計画』税務経理協会，2000，pp.249-296。
51) 法人実在説は，法人独立課税主体説ともいい，法人は独自の担税力を有し，個人とは別の納税主体であるとする考えである。
52) 法人擬制説は，株主集合体説ともいい，法人は個人株主の集合体であり，法人税はそれらの個人株主の所得税の前取りであるとする考えである。シャウプ勧告は，法人擬制説の立場で，法人課税と個人株主課税の二重課税を排除するため，個人株主段階の配当控除制度，法人株主段階の法人間配当益金不算入制度を採用した。昭和36年には法人段階の支払配当軽減課税制度を採用したが，昭和63年度改正で個人段階の配当控除に調整の一本化を行った。
53) 現在の法人税率は，普通法人または人格のない社団等については30%（資本金1億円以下の普通法人または人格のない社団等の所得金額のうち年800万円以下の金額については22%），協同組合等または公益法人等については22%である。国税と地方税を合わせた税率水準を示す「実効税率」は，40.87%であるが，平成16年度以降は39.54%になる。主要先進国の実効税率をみると，米国40.75%，英国30%，ドイツ39.69%，フランス34.33%となっている。
54) 本庄資『ゼミナール国際租税法』大蔵財務協会，2002，pp.165-170。タックス・ヘイブンとは，一般に，法人の所得または法人の特定の所得に対する税負担がゼロまたは低い国・地域をいうが，講学上，タックス・パラダイス，タックス・リゾート，タックス・シェルターなどをいう。各国の国内法においてタックス・ヘイブンの認識基準はまちまちであるので，世界の統一的な基準はまだ確立されていない。各国の識別方法を整理すると，指定方式としてブラック・リスト方式とホワイト・リスト方式があり，客観的基準として課税上の基準と課税以外の基準がある。課税上の基準としては，①外国の所得課税に適用される税率によって認定する方法，②税負担が所得の一定割合以下であれば低税制と認定する方法，③外国子会社の実際の税負担が居住地国の税負担の一定割合以下であれば低税制の存在を認識する方法，④外国子会社の課税状況と内国法人の課税状況の類似性を考慮する方法，⑤一定所得，特に持株の処分によるキャピタル・ゲインや金融所得などの減免措置など課税所得を軽減する制度を低税制として識別する方法などがある。課税以外の基準としては，租税条約の不存在，情報交換規定の不存在，銀行秘密の存在などがある。OECDは1998年「有害な税の競争」報告書においてタックス・ヘイブンの判定基準を次のとおりに定めた。

　次の①に該当するものであって，②〜④のいずれかに該当する場合にタックス・ヘイブンと判定すること。
　① 金融，サービス等地理的な可動性の大きい経済活動から生じる所得に対して無税または名目的な課税しか行わないこと
　② 他国と実効的な情報交換を実施していないこと

③　税制などの法制度が透明性を欠如していること
　　④　誘致する金融，サービス等の活動について実質的な活動が行われることを要求していないこと
55)　経済のグローバル化，国際的資本移動の自由化，通信・情報革新などにより経済活動の可動性が高まる中で，金融その他のサービス業などを外国から誘致するために税の引下げ競争が起こり，他国の課税ベースの浸食，資本移動や経済活動の歪曲をもたらす傾向がある。このような「有害な税の競争」には単独では対処できないので，国際社会として対応する必要がある。OECDは，1998年に次の「有害な税の競争」報告書を公表した。
(1)　閣僚理事会の勧告
　①　国内法の措置
　　外国子会社留保所得の合算課税の導入と強化等
　②　租税条約の措置
　　情報交換の強化，タックス・ヘイブンとの租税条約の再検討等
　③　国際協力の強化
　　（ⅰ）　OECD加盟国に対するガイドライン
　　　　有害税制の新規導入の禁止
　　　　既存の有害税制の廃止
　　　　加盟国の有害税制リストの作成等
　　（ⅱ）　タックス・ヘイブン・リストの作成
　　（ⅲ）　非加盟国に対する協力の勧奨
(2)　有害税制の判定基準
　次の①に該当するものであって，②～④のいずれかに該当するものを有害税制と判定すること。
　①　金融，サービス等，地理的な可動性が大きい経済活動から生じる所得に対して無税または低税率で課税していること
　②　優遇税制が居住者または国内市場から遮断されていること
　③　優遇税制の運用について透明性が欠如していること
　④　優遇税制を利用する納税者について他国と実効的な情報交換を実施していないこと
56)　(社)日本経済団体連合会は，「平成16年度税制改正に関する提言」(2003.9.16)の「具体的提言内容」法人所得課税(4)において，法人実効税率の引下げにつき，次のように5％程度の引下げを要求している。
　「租税と社会保険料を合わせた企業の公的負担が高い経済においては，個々の企業の競争力が低下するだけに止まらず，産業の空洞化と海外資本の逃避を通じて，経済全体として必要な雇用を維持することが不可能となる。こうした現実を深刻に受け止めた国々においては，既に法人税の引下げ競争が始まっている。法人実効税率は，かっては40％が国際標準とされたが，いまやヨーロッパ諸国では30％前半が標準となりつつある。また，わが国が直接競合するアジア諸国も，もともと税率が低いところに加

え，さらに引下げに動いており，諸外国に比べてわが国企業は相対的に劣位の環境に置かれている。そこで，引き続き企業収益が改善し，わが国経済を回復軌道に乗せていく中で，次なる課題として，法人実効税率の引下げ（5％程度）を断行すべきであり，少なくとも，ヨーロッパ主要国なみの水準への引下げが必要である」

57) 本庄資『国際租税計画』税務経理協会，2000，pp.18−20。
58) 居住者とは，国内に住所を有しまたは現在まで引き続いて1年以上居所を有する個人をいう（所得税法2条1項3号）。
59) 非永住者とは，居住者のうち国内に永住する意思がなく，かつ，現在まで引き続いて5年以下の期間国内に住所または居所を有する個人をいう（所得税法2条1項4号）。
60) 内国法人とは，国内に本店または主たる事務所を有する法人をいう（所得税法2条1項6号，法人税法2条3号）。
61) 所得税法7条1項1号および法人税法5条。
62) 法人税法69条。
63) 非居住者とは，居住者以外の個人をいう（所得税法2条1項5号）。
64) 所得税法161条，162条，163条および164条。
65) 所得税法7条1項3号。
66) 本庄資『租税回避防止策―世界各国の挑戦』大蔵財務協会，1998，pp.389−395。
67) 租税特別措置法66条の6（内国法人の特定外国子会社等に係る所得の課税の特例―内国法人に係る特定外国子会社等の留保金額の益金算入）。
68) 本庄資『アメリカン・タックス・シェルター基礎研究』税務経理協会，2003，p.73。
69) 本庄資『国際租税法（三訂版）』大蔵財務協会，2002，pp.65−77。
70) 外国法人とは，内国法人以外の法人をいう（所得税法2条1項7号，法人税法2条3号）。
71) ジョン・グリシャム『法律事務所』新潮社，1992，橘玲『マネーロンダリング』幻冬舎，2002。
72) エルネスト・バックス＆ドウニ・ロベール『マネーロンダリングの代理人』徳間書店，2002。
73) 本庄資「マネーロンダリングとテロリスト・ファイナンスに対する対抗措置」税経通信，59巻4号，税務経理協会，2004，pp.109−130，59巻6号，pp.115−137，59巻7号，pp.127−145。
74) 大塚順次郎編『国際財務戦略』有斐閣，1991。
75) 本庄資『ゼミナール国際租税法』大蔵財務協会，2002，pp.169−175。
76) 本庄資『国際租税計画』税務経理協会，2000。
77) リチャード・ブリーリー＆スチュワート・マイヤーズ『コーポレート・ファイナンス』日経BP社，2002。
78) 租税特別措置法66条の4（国外関連者との取引に係る課税の特例）。
79) 租税特別措置法66条の4第2項。

80) 本庄資『アメリカン・タックス・シェルター』税務経理協会, 2003, pp.55, 56, 61, 142, 145, 149, 324, 327, 328, 本庄資編著『タックス・シェルター事例研究』税務経理協会, 2004, pp.14, 27, 29, 30, 177, 185, 287, 295。
81) 本庄資編著『タックス・シェルター事例研究』税務経理協会, 2004, pp.15, 114, 116, 151, 199, 277。
82) ストック・オプションについては,所得税法および法人税法において明文の規定がないため,その権利行使利益の所得分類をめぐって100件近い税務訴訟が続発している。巷間,海外親会社から付与されたストック・オプションによる利益は「一時所得」との国税庁の一課長補佐の見解が伝えられ,平成6年の東京国税局課税一部長監修・所得税課長編『回答事例による所得税質疑応答集』において「一時所得」とする解説が出ていることなどを踏まえて,平成10年ころに税務上これを「給与所得」とする取扱に変更されたことから,多くの訴訟が発生した。日本では,平成8年度改正で新規事業法による特定新規事業または通信放送開発法による通信放送新規事業の実施計画の認定を受けた株式会社について一定の要件の下でオプション行使利益に対する課税を株式譲渡時まで繰り延べる制度が導入され,さらに平成9年度商法改正によるストック・オプション制度の導入に伴い,平成10年度税制改正でストック・オプションの行使利益について一定要件の下で一定範囲まではその行使時に課税せず,株式の譲渡時に譲渡所得として課税することとされた。外国親会社から付与されたストック・オプションの行使利益の所得分類について,地裁判決は,一時所得とするものと給与所得とするものに分かれている。平成16年2月19日,25日に東京高裁は「給与所得」とする国側の主張を認め,「一時所得」とした原判決を取り消している。これまでに公にされた学説を分類すると,「一時所得」とするものとしては,三木義一「ストック・オプション地裁判決とその問題点」税理46巻2号p.10, 大淵博義「米国親会社のストック・オプションに係る権利行使利益の所得区分と税法解釈の限界」税務事例35巻6号p.1, 7号p.1および8号p.1, 武田昌輔「ストック・オプション判決についての所感」国際税務23巻10号p.16などがあり,「給与所得」とするものとしては,品川芳宣「外国親会社から付与されたストック・オプションの権利行使利益は一時所得か」T&Amaster 平成15年3月17日号p.16, 一高龍司「ストック・オプション等インセンティブ報酬と税制—東京地裁平成14年11月26日の判決の検討を中心に」法律時報75巻4号p.30, 水野忠恒「ストック・オプション税務訴訟」国際税務23巻8号p.39などがある。
83) 本庄資『ゼミナール国際租税法』大蔵財務協会, 2002, p.487-488。OECD「導管会社の利用」報告書(1986年11月27日)。
84) 租税特別措置法66の5(国外支配株主等に係る負債の利子の課税の特例)。本庄資『ゼミナール国際租税法』大蔵財務協会, 2002, pp.238-254。
85) 本庄資『国際租税法(三訂法)』大蔵財務協会, 2002, pp.398-406, 同『ゼミナール国際租税法』大蔵財務協会, 2002, 485-491。
　新日米租税条約では,米国モデル租税条約の特典制限条項(limitation on benefits : LOB)として知られるトリーティ・ショッピング防止規定を採用した。投資所得の

源泉地国課税の大幅減免を認める一方で，第三国居住者がこの条約の濫用により締約国の課税を免れる租税回避を防止するため一定の要件を満たす「適格居住者」のみに条約の特典の享受を認めることにしたのである。この要件は，適格者基準，能動的事業活動基準および権限ある当局の認定のいずれかと定められた。適格者基準をみると，条約相手国の居住者が個人，政府，一定の公開会社，一定の公益法人，一定の年金基金および所定の要件を満たしたその他の法人または団体を適格者とする。ここで，「一定の公開会社」とは株式が公開され，直前の課税年度中に公認の有価証券市場で発行済株式総数の平均6％以上が取引されているものである。「一定の公益法人」とは宗教，教育，慈善，科学，芸術，文化等に従事する法人である。「一定の年金基金」とは受益者等の50％超が日米のいずれかの居住者であるものである。「その他の法人または団体」は，居住地国の適格者によってその者の各種株式等の50％以上が所有されること（支配基準），第三国居住者に当該課税年度の総所得の50％以上の所得移転が行われないこと（ベース・エロージョン基準）をともに満たすものである。

　能動的事業活動基準をみると，居住地国で営業・事業活動に能動的に従事していること，源泉地国で取得する所得が居住地国で行う能動的事業活動に関連・付属すること，個別の所得ごとに規定する条約上の要件を満たすこと，のすべてを満たすことを要するが，源泉地国に恒久的施設または子会社を有する場合，居住地国で行う営業・事業活動が実質的なものであることを要する。

　権限ある当局の認定は，適格者基準および能動的事業活動基準のいずれにも該当しない居住者について，条約の特典を受けることを主目的とするものではないと判断する場合に条約の特典の享受を認めるものである。

　日本の今後締結する租税条約においても，このようなトリーティ・ショッピング防止規定が採用されることになるであろう。

86) 本庄資『国際租税法（三訂版）』大蔵財務協会，2002，pp.33，37，149，195-207。
87) 本庄資，前掲書，pp.148-215。
88) 法人税法69条1項，同令142条および142条の2。
89) 法人税法69条2項。
90) 法人税法69条3項。
91) 法人税法69条3項。
92) 法人税法施行令142条1項および3項。
93) 法人税法施行令142条3項および5項。
94) 法人税法69条1項，同令142条の3第1項および2項。
95) 法人税法施行令141条3項。
96) 法人税法施行令141条4項。
97) 本書第5章2(5)。
98) 旧法人税法51条。
99) 法人税法2条12の14，法人税法施行令4条の2第7項。
100) 現在の法人税法上，「外国法人に対する現物出資」を適格現物出資の定義から除外しているが，商法上の擬制外国会社（内国会社と同一の規定に従う外国会社）を活

用して，外国子会社（外国で設立した会社）でも日本に本店を設けることが可能であることを規定する商法482条により，税法上これを否定する規定がない以上税法上の内国法人として認めざるを得ないので，「内国法人に対する現物出資」として取り扱わざるを得なくなる。また，日本で設立した内国会社であっても，デラウエア州法でこれをドメスティケーションにより米国法人となり得るが，このような場合，どのように取り扱うべきかという問題について明確にする必要があるであろう。

101) 東京地裁平成12年（行ウ）第99号平成13年11月9日判決，東京高裁平成14年（行コ）第1号平成16年1月28日判決。

102) 租税特別措置法5条の2，同令3条，同法6条4項，同令3条の2，同法7条，同法41条の13，同令26条の21，同法42条の2，同令27条の2。

103) 所得税法161条，162条，163条および164条，法人税法138条，139条および140条。

104) 所得税法161条7号ハ，法人税法138条7号ハ。

105) OECDの報告書「産業上，商業上または学術上の装置のリースから生じる所得の課税」。日本は，ニュージーランド，ポルトガル，スペインおよびトルコとともに産業上，商業上または学術上の装置のリースから生じる所得に対し源泉課税する権利を留保している。

106) 所得税法11条2項，180条および214条，同令303条の2および328条。

107) 大阪地裁平成8年（行ウ）第103号ないし107号平成10年10月16日判決。野村バブコップ＆ブラウンの航空機リース事業投資について課税庁が課税逃れ商品と認定したとの報道がある（読売新聞，平成16年3月16日）。航空機リースについては，千石克「航空機ファイナンス」『ファイナンス法大全』商事法務，2003，pp.432-441。

108) 本庄資「米国財務省発表―調印した新日米租税条約」税経通信59巻1号，税務経理協会，2004，pp.147-163，同「新日米租税条約の実務上の重要ポイント」税経通信59巻2号，pp.138-158，同「調印した新日米租税条約における各界の改正要望事項の実現度」税経通信59巻3号，pp.135-160，淺川雅嗣「日米新租税条約の署名について」ファイナンス，2004.1，同「日米新租税条約の主な改正点」租税研究，2004.4，長谷川芳孝「投資所得に対する源泉税の減免」経理情報，2004.4.26，品川克己「新日米租税条約の留意点（後編）」国際租税24巻2号。

109) OECDモデル条約21条。

110) 英国，イタリア，インドネシア，オランダ，韓国，スイス，スペイン，チェコ・スロヴァキア，デンマーク，ドイツ，ハンガリー，フィリピン，フィンランド，フランス，ヴィエトナム，ベルギー，ポーランド，ソビエット。

111) イスラエル，インド，カナダ，シンガポール，スウェーデン，タイ，中国，トルコ，ノルウェー，バングラデシュ，ブラジル，ブルガリア，マレイシア，南アフリカ，メキシコ，ルクセンブルグ。

112) 旧米国，エジプト，オーストラリア，オーストリア，スリランカ，ニュージーランド，パキスタン，ルーマニア。

113) 米国医療機器販売会社ガイダント・コーポレーション・グループのオランダ法人の「匿名組合契約の利益の分配金」について恒久的施設を認定した課税事案の報道

(朝日新聞, 平成15年10月10日), 米国ローンスターの投資ファンドの「匿名組合契約の利益の分配金」についての恒久的施設を認定した課税事案の報道(読売新聞, 平成15年7月16日)がある。

114) 本庄資『国際租税計画』税務経理協会, 2000, pp.35-39。

115) 新日米租税条約議定書パラ10。遠藤達也「ストックオプション利益の二重課税の解消」経理情報, 2004.4.20, 品川克己「新日米租税条約の留意点 (後編)」国際税務24巻2号, 淺川雅嗣「日米新租税条約の主な改正点」租税研究, 2004.4。

116) OECDモデル条約13条パラ4。株式の譲渡益についてOECDモデル条約は居住地国のみの課税(源泉地国免税)と規定しているが, これに倣う日本の条約としては, アイルランド, イタリア, インドネシア, ザンビア, スイス, スペイン, チェコ・スロヴァキア, ドイツ, ハンガリー, フィンランド, ブラジル, ベルギー, ポーランド, ルーマニアがあり, これと異なり源泉地国課税とする条約としては, イスラエル, インド, エジプト, スリランカ, カナダ, タイ, フランス, 中国, トルコ, ノールウエー, バングラデシュ, ブルガリア, マレイシア, 南アフリカ, ルクセンブルグ, ソビエットがある。事業譲渡類似株式の譲渡益について源泉地国課税とする条約としては, 英国, オーストリア, 韓国, シンガポール, デンマーク, フランス, ヴィエトナム, メキシコがあり, 不動産化体株式の譲渡益について源泉地国課税とする条約としては, 韓国, シンガポール, フィリピン, フランス, ヴィエトナム, メキシコがある。米国との新条約では不動産保有法人の株式の譲渡益について不動産所在地国が課税できること, 組合, 信託財産, 遺産の持分(これらの資産が国内に所在する不動産から成る部分に限る)の譲渡益について不動産所在地国で課税できることを定める。

117) 前田敏博・小口光・上野元・斉藤創・野中敏行「証券化・セキュリティゼーション」『ファイナンス法大全』商事法務, 2003, pp.6-263。

118) OECDモデル条約13条パラ1。

119) 米国モデル条約13条パラ2。

120) 松田結花「不動産関連所得に関する新規定」経理情報2004.4.20, 品川克己「新日米租税条約の留意点 (後編)」国際税務24巻2号。日本の国内法では外国法人が行う「不動産保有法人株式の譲渡益」と「一般法人株式の譲渡益」を区別する規定がないので, 国内に恒久的施設を有しない外国法人が内国法人の株式等を譲渡する場合, その発行済株式総数等の25%以上を譲渡事業年度終了日以前3年以内のいずれかの時に保有しかつ一事業年度に発行済株式総数等の5%以上を譲渡した場合だけ課税される。したがって, 条約上の「不動産保有法人株式の譲渡」に該当するとしても, 国内法の株式等譲渡益課税の条件を満たさない場合には, 日本で課税することはできないと解される。米国モデル条約13条パラ2は, 合衆国不動産持分を「国内に所在する不動産」とみなしているので, この考えによれば, 「不動産保有法人株式」そのものを「不動産」とみなすことになるが, 本条約では「不動産保有法人株式」は株式としての属性を失っていない点が米国モデル条約と異なる。

121) 新日米租税条約13条パラ3。

第3章 ※ 税法の基本原則を利用して海外へ逃避する税金－節税の巻

122) 民法667条および688条。民法上「組合」は「組合契約」であって事業体ではない。組合は契約にすぎないため，それ自体は税法上納税義務を負うものではないが，実務上納税義務を負わない事業体として利用されている。
123) 商法535条および542条。商法上「匿名組合」は「匿名組合契約」であって事業体ではない。匿名組合は契約にすぎないため，それ自体は税法上納税義務を負うものではないが，実務上納税義務を負わない事業体として利用されている。
124) 匿名組合契約に基づいて受ける利益の分配は，国内源泉所得とされ，源泉徴収の対象とされる。所得税法161条12号および212条，法人税法138条11号。
125) 日本公認会計士協会租税調査会研究報告第9号（中間報告）『匿名組合に係る税制について』2003.7.22。本庄資『国際租税計画』税務経理協会，2000，pp.39-50。
126) 新日米租税条約議定書パラ13は，「条約の適用上，合衆国は，匿名組合契約またはこれに類する契約によって設立された仕組みを日本国の居住者でないものとして取り扱い，かつ，当該仕組みに従って取得される所得を当該仕組みの参加者によって取得されないものと取り扱うことができる。この場合には，当該仕組みまたは当該仕組みの参加者のいずれも，当該仕組みに従って取得される所得について条約の特典を受ける権利を有しない。条約のいかなる規定も，日本国が，匿名組合契約またはこれに類する契約に基づいてある者が支払う利益の分配でその者の日本国における課税所得の計算上控除されるものに対して，日本国の法令に従って，源泉課税することを妨げるものではない」と規定した。匿名組合契約を利用した租税回避が日米間で生じないよう日本における匿名組合契約に基づき米国から取得する所得および日本の匿名組合から米国の匿名組合員に支払われる利益の分配については，日米両国において国内法令に従って課税を行うことにした。
127) 課税逃れスキームの例として朝日新聞（2003.7.16）の匿名組合スキームをみると，国内法令や租税条約の規定に適合した「節税」であって，必ずしも「租税回避」と断定できない点がある。報道によれば，米国投資銀行Mの不動産ファンドは，日本・オランダ租税条約の「明示なき所得」条項（源泉地国免税）を利用するため，オランダ子会社Xを設立し，日本法人Yを営業者とし，Xが投資者（匿名組合員）となる匿名組合契約を結んだ。営業者は，日本企業の不良債権を低廉価額で入手しその担保不動産の処分益を出資者Xに分配した。匿名組合契約に基づいて受ける利益の分配は，日本・オランダ条約において明示なき所得となり，OECDモデル条約と同様に源泉地国免税とされる。これを受け取るXは，国外投資所得に対する優遇措置を適用され，オランダにおける課税を受けない。その後，XはこれをMの不動産ファンドに分配を行った。これは，日本およびオランダの各国内法と租税条約の規定に従って「節税」を行う完璧なスキームであり，法的な視点ではこれを否定する個別的否認規定がないので非難すべきものではない。しかし，課税当局は，旧日米租税条約には「明示なき所得」条項がない点に着目し，オランダ法人Xが実体のないペーパーカンパニーであるという事実認定により日本・オランダ租税条約の適用を否定し，この匿名組合契約に基づく利益の分配を受けたのはXでなく，Mのファンドであるとして，2000年までの2年間について180億円の追徴課税を行った。本件のよう

なケースについては，外国法人の「実体」の有無についての判定基準を明確にする必要がある。
128) OECD報告書「ベースカンパニーの利用」(1986.11.27) およびOECD報告書「導管会社の利用」(1986.11.27)。
129) 最近の課税逃れスキームの例として朝日新聞 (2003.7.10) の米国ローンスターのLLCスキームをみると，恒久的施設の認定が問題である。報道によれば，米国デラウエア州のローンスターは，日本に関連法人を有するが恒久的施設を有しない。投資案件ごとに米国にLLC (Limited Liability Company) を設立し，これが日本の不良債権ビジネス等で巨額の利益を上げていた。LLCは，米国の国内法ではチェック・ザ・ボックス規則で法人として課税されるか，パートナーシップとしての取扱を受けるかを選択できることになっているが，日本ではこれを州法によって設立された法人として取り扱うという国税庁の意向が公表されている。日本が米国ＬＬＣを法人と考えると，その日本国内源泉所得たる事業所得に対して恒久的施設がなければ課税できないことになる。課税当局は，ローンスターが日本関連法人が債権回収などの不良債権ビジネスには関与していないと主張しているにもかかわらず，「日本における社員等」を通じてこのビジネスを行っていることを理由として恒久的施設の存在を認定し，2001年までの400億円の申告漏れについて追徴課税を行った。本件のようなケースについては，「恒久的施設」の認定についての判定基準を明確にする必要がある。
130) 所得税法施行令279条5項，法人税法施行令176条5項。

第4章

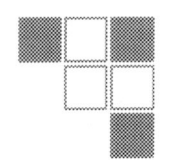

国民でも非居住者になって納税義務の範囲を小さくすることができるか

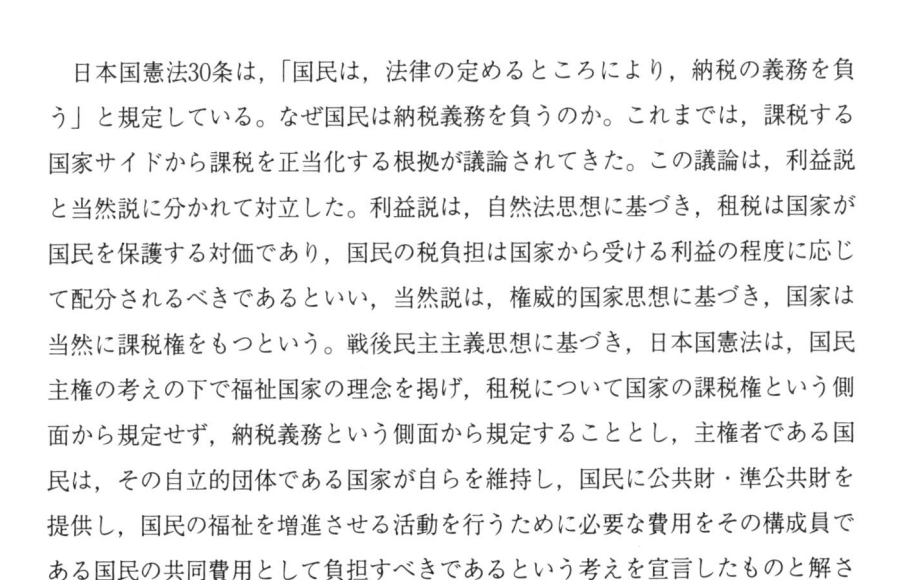

　日本国憲法30条は，「国民は，法律の定めるところにより，納税の義務を負う」と規定している。なぜ国民は納税義務を負うのか。これまでは，課税する国家サイドから課税を正当化する根拠が議論されてきた。この議論は，利益説と当然説に分かれて対立した。利益説は，自然法思想に基づき，租税は国家が国民を保護する対価であり，国民の税負担は国家から受ける利益の程度に応じて配分されるべきであるといい，当然説は，権威的国家思想に基づき，国家は当然に課税権をもつという。戦後民主主義思想に基づき，日本国憲法は，国民主権の考えの下で福祉国家の理念を掲げ，租税について国家の課税権という側面から規定せず，納税義務という側面から規定することとし，主権者である国民は，その自立的団体である国家が自らを維持し，国民に公共財・準公共財を提供し，国民の福祉を増進させる活動を行うために必要な費用をその構成員である国民の共同費用として負担すべきであるという考えを宣言したものと解される。

　憲法30条は，「国民は法律の定めによらない課税について納税義務を負うものでない」ことを明確に宣言している。この原則は，租税法律主義といい，日本国憲法84条は，「あらたに租税を課し，又は現行の租税を変更するには，法

律又は法律の定める条件によることを必要とする」と規定している。日本国憲法10条は，国民たる要件は，国籍法の定めるところによると定めている。

租税については，国際的に受け入れられたOECDモデル条約においても，国民の定義[131]は①国籍を有するすべての個人だけでなく，②法令によりその地位を与えられたすべての法人，パートナーシップ及び団体をいうと定めている。憲法には，国民の納税義務についての規定はあるが，外国人の納税義務[132]について規定はない。外国人には納税義務はないのか。外国人の納税義務について国際法ではどのような原則を定めているのか。この点については，国際法により日本はその主権として領域内において排他的に自由な統治を行う権能である「領域権」を有し，「統治権」に基づく権力作用である「管轄権」を認められている。管轄権の配分の基準は場所的範囲であるが，これに付随する管轄の人的範囲が重要視され，国家の領域内にある人は，その国籍を有する国民だけでなく外国人も原則として国家の排他的な管轄権に服すべきものとされる。

外国人の納税義務について憲法は明文の規定を設けていないが，国家は原則として自由に外国人の法的地位を定めることができるのである。とはいえ，外国人の特殊な地位を考慮して，日本も外国人の権利義務について国際法の原則に従うべきものと解される。国際法によれば，外国人も特別な条約規定がない限り居住地国の税法に従い国民と同様の納税義務を負担すべきものとされる。日本の税法は国籍基準でなく居住基準で課税ルールを定めている[133]。

米国をみると，米国人（市民権を有する個人および米国法に準拠して設立された法人）は，居住者であるか非居住者であるかを問わず，その全世界所得に対して米国で課税される。つまり，米国は国籍基準の課税ルールを採用しているのである。米国のように国籍基準によれば，国民としては世界のどの国に居住していても常に本国に対して納税義務を負うことになる。

日本の居住基準を基本とする課税原則に潜む主要なループホールを抽出して議会の意図したルールの中で日本の税金のロスが生ずるメカニズムを明らかにしてみよう。

第4章※国民でも非居住者になって納税義務の範囲を小さくすることができるか

1 国籍ベースの納税義務と居住ベースの納税義務の差

　日本国憲法は，国民の納税義務について規定しているが，外国人の納税義務については，直接規定を設けていない。では，外国人には納税義務はないのか。外国人に有利な課税を認める国・地域は，地球上に多数存在する。タックス・ヘイブンや経済発展のために外資導入奨励策の目玉としてタックス・ホリデーを認める発展途上国などがその典型である。

　日本は戦後経済復興を国家の政策とした時代にはこの種の国・地域のような税制を有していたことを否定できないが，1964年OECD加盟後は先進国グループのメンバーとして租税優遇措置の濫用を自制している。数々の経済障壁や保護政策について経済開国を声高に要求する欧米諸国から非難を浴びた日本は，もはや閉鎖経済の影を残さず，まぎれもない開放経済の国であり，投融資を含む経済活動は国境を越えて自由に行われている国である。人や財貨はもとより，資本や技術，サービスは自由に国際的に移動している。

　日本を中心にみると，日本人や日本企業が海外に進出し，投資し，融資し，技術移転を行っており，また，外国人や外国企業が日本に進出し，投資し，融資し，技術移転を行っている。米国の税法は，市民権を有する個人である米国人については世界のどこに居住し，世界のどこで稼得した所得についても米国の課税権が及ぶという無制限納税義務を課しているが，日本の税法は，国籍ベースでなく，居住ベースの課税原則を定め，日本の国民については，日本の「居住者」である場合には国内で稼得した利得だけでなく外国で稼得した利得（全世界所得）についても納税義務を負い，日本の「非居住者」である場合には日本に源泉のある所得（国内源泉所得）のみについて納税義務を負うことを定めている[134]。すなわち，日本の居住者はその全世界所得に課税されるが，日本の非居住者はその国内源泉所得のみに対して課税される。外国人もまた日本人と同様に日本の「居住者」である場合にはその全世界所得に対して課税されるが，日本の「非居住者」である場合にはその国内源泉所得のみに対して課税される。

日本では課税上国籍差別はないのである。そこで，日本における納税義務の範囲は，税法で定める居住者の範囲，裏返せば非居住者の範囲によって決まることになる。このルールの中に税金が合法的に日本から外国に逃げる初歩的なループホールが潜んでいる。なぜならば，居住者と非居住者の定義は税法上定められているが，そのどちらの地位であるかは，基本的には国民である納税者の選択にかかっているからである。

(1) 居住者の定義

日本の無制限納税義務者としてすべての所得（全世界所得）について納税義務を負う「居住者」とは，「国内に住所を有し又は現在まで引き続いて1年以上居所を有する個人」をいい，「住所」とは各人の「生活の本拠」を意味するものと定められている[135]。合法的に無制限納税義務を免れるために，このような所得課税の基本的仕組を利用して，「住所」を有しないようにすること，「居所」[136]を1年以上有しないようにすることを考える者があるので，課税の第一線では，国内に住所を有するかどうか，引き続き1年以上居所を有するかどうかという事実認定[137]が最も基本的な問題となる。

現代人のライフスタイルは昔ほど単純でなくなり，例えば数ヶ国に住宅を有し，日本で投資コンサルタントや著作物の出版で多額の収入を得ている人が，香港やハワイの豪邸で数ヶ月を暮らし，中国などの株式投資や株の売買で多額の利益を得ているような場合に，日本に生活の本拠があると認定されるときは，無制限納税義務者としてこれらすべての収入について日本で課税されるべきであるが，外国に生活の本拠があると認定されるときは，非居住者として日本の国内源泉所得のみについて日本で課税されるべきであり，その事実認定によって納税義務の範囲は大きく違うことになる。

このように重要な基準が民法上の住所，生活の本拠という借用概念[138]を税法でも転用しているため，曖昧になってきた。どのような事実があれば税法上「生活の本拠」が日本にあると認定するかあるいは日本にないと認定するか，現代人のライフスタイルに当てはまる認定基準を明らかにすることが必要に

なっている。

(2) 非永住者という独特の地位を利用する外国人たち

　日本の税法は、基本的に国籍ベースでなく居住ベースで納税義務の範囲を決めていると述べたが、唯一の例外として同じ居住者であっても、「国内に永住する意思がなくかつ現在まで引き続いて5年以下の期間内に住所又は居所を有する個人」を「非永住者」[139]とし、その納税義務は「国内源泉所得と、それ以外の所得で国内において支払われ又は国外から送金されたもの」に限定している[140]。日本国籍を有する者を除き、日本に入国した外国人は、合法的に通常の居住者としての納税義務を免れるため、このような税法上の地位を利用して、日本入国後5年以内は「日本に永住する意図がない」ということにより、海外で生じた利得について、国外払とし日本に送金しない場合には、日本では課税されないことになっている。

　現在、日本に滞在する外国人は、非永住者制度を外国人に対する日本の優遇税制とみなしてこれを利用して日本勤務期間を5年以下と決めている。日本人も外国人も居住ベースで納税義務の範囲を決定するという基本的な課税原則に反する非永住者制度は、歴史的な背景を別にすれば、少子高齢化時代における外国人労働者の需要、新規事業や新技術開発などに必要な外国人の優秀な頭脳の誘因措置という特定の政策のために活用する意図を明示しない限り、同じ居住者でありながら外国人だけに有利な平税制となっている。そのため、このような制度が、税金を日本から外国へ逃がす初歩的なループホールとして外国人によって利用されることになっている。

(3) 短期滞在者免税の利用と恒久的旅行者の地位の利用

　企業の国際的経済活動を阻害する「租税の障害」を取り除いて人、財貨、資本等の国際移動を円滑に行うため、主として国際的二重課税の排除を目的として租税条約の締結が積極的に進められている。この租税条約には国際的な人的交流を促進するため、例えば給与所得の場合、滞在期間が当期に開始しまたは

終了する12ヶ月の期間を通じて183日を超えない人は一定条件の下で「短期滞在者」としてその源泉地国で免税とするルールが規定されている[141]。

　日本に滞在する外国人がこのルールを利用する場合には，日本の勤務所得について本来ならば役務提供地国としての日本で課税できるにもかかわらず，日本では免税とされ，このように源泉地国で免税とされる給与所得については，居住地国で課税されることになる。逆に，日本企業が居住者である使用人を外国に派遣して勤務させる場合，その国の滞在期間が183日を超えないように命じるならば，派遣先の外国で短期滞在者免税を受け，その免税分は居住地国である日本で課税されることになる。これらの場合には，相互免税で特に問題は生じない。

　ところが，これと異なる「恒久的旅行者」(パーペチュアル・トラベラーズ，略称「ＰＴ」という) の地位を利用する節税策は問題を生じる。これの一例を示すと，日本企業が非居住者である日本人を雇用し，例えばその2以上の海外拠点に183日以内の期間しか滞在しない方法で海外勤務を命じ，その給与を支払う場合，給与所得を取得する非居住者についてはその源泉地国である役務提供地国を滞在地国と異なる通勤可能な隣国であるようにすると，この日本人は日本では非居住者であるため外国勤務所得について日本では当然課税されず，各滞在地国でも非居住者となり，かつ，滞在地国に源泉のないその隣国源泉所得である給与所得には課税されず，勤務地国では短期滞在者として課税されないという節税策がある。

　このような「恒久的旅行者」は，本国，滞在地国および勤務地国のいずれにおいても「非居住者」であるため「恒久的な非居住者」ともいわれ，その給与を支払う日本企業は，特に非居住者に対する給与を支払うことを禁止する規定がない限り，その支払給与の損金計上を行うことができる。そうなると，日本としては受取給与の税金を課すことができないばかりでなく，このような支払給与の損金計上を認めることにより法人税収も減ることになる。滞在地国と勤務地国を別にすることは，米国とカナダ，米国とメキシコ，中国と香港，ＥＵ域内などではそれほど不自然なことではない。

第4章◆国民でも非居住者になって納税義務の範囲を小さくすることができるか

国際化の時代に優秀な人材がこの事例のような形態で複数国で活動する傾向が強まり，企業側もこのような人材を便利に使うようになると，必要な国でサービスを提供する国際人を派遣する人的役務提供事業が盛んになることが予想される。このような国際的な課税の真空地帯が誕生することを国際社会としては認めざるを得ないのか。認めないという方向をめざすのであれば，国籍ベースなど新しい課税ルールを定める必要がある。

2　非居住者の国内源泉所得の範囲

納税者の課税上の地位が非居住者である場合，日本に源泉のある所得（「国内源泉所得」という）のみに日本で課税される。したがって，所得の源泉が国内にあるか国外にあるかを決めるソースルールが，非居住者の納税義務の範囲を定めることになる。非居住者については制限納税義務者として国内源泉所得のみに課税するという日本の制度は，他の外国でも一般に採用されているが，肝心のソースルールは各国によって異なるので，その差異に着目した節税策が考案されることが少なくない。

(1)　「使用地主義」による国内源泉所得の範囲の制限

日本の所得税法では13種類の所得を国内源泉所得[142]と定めている。このうち，例えば貸付金利子[143]についてみると「国内において業務を行う者に対する貸付金で当該業務に係るものの利子」は，日本で源泉徴収すべき国内源泉所得であると定められている。このソースルールを注意深く読むと，「国内において業務を行う者に対する貸付金の利子」のすべてが国内源泉所得となるのでなく，そのうち「当該業務に係る貸付金の利子」のみが国内源泉所得になるとされているのである。通説では「当該業務」とは「国内において行う業務」を意味すると解されるので，このルールを「使用地主義」の原則といい，国内源泉所得となる貸付金の範囲を制限するものと理解されている。

外国法人が日本企業に10億円を貸し付け，年当たり10％の利子を取得する場

合，その日本企業がその借入金を国内業務に使用したときは1億円の利子が源泉徴収すべき国内源泉所得となるが，その日本企業がその借入金を海外業務に使用したときはその利子は源泉徴収すべき国内源泉所得とされないと解されている。このことが，非居住者が日本企業に対する貸付金の利子について合法的に日本の源泉徴収を回避するループホールとなっている。

台湾の金持ちが日本企業の米国子会社に直接融資する場合その利子について米国税法により30％の源泉徴収税を課されるが，台湾から日本企業に同額を貸し付け日本企業がこの借入金をそのまま米国子会社に貸し付ける場合には，日本企業が台湾に支払う利子は使用地主義により源泉徴収すべき国内源泉とならず，日本企業が米国子会社から受け取る利子については日米租税条約による減免税の特典を受けることができる。これと類似した使用地主義の原則は使用料[144]についても定められている。

このように海外業務で使用する貸付金の利子や工業所有権その他の技術に関する権利，特別の技術による生産方式やこれらに準ずるものの使用料および著作権の使用料について，日本企業を導管とする取引が日本の源泉徴収のリスクなしで行われ，日本の税収だけでなく実質的な使用地国の税収を失わせることになっている。このような税金のロスを阻止するには，ソースルールの「当該業務に係るもの」という条文の解釈を変更し，「国内において業務を行う者」のすべての業務（国内業務および国外業務の双方を含む）をいうと解するか，または現行条文から「当該業務に係るもの」という文言を削除するしかないのである。

租税条約では，国内法と異なり，利子の支払者の居住地国に所得の源泉があるという方式「債務者主義」「支払者主義」[145]が採用されている。国内法上の源泉地と租税条約上の源泉が異なる場合には，税法の源泉置換規定[146]により租税条約の規定が優先することになる。

(2) 非居住者・外国法人の事業所得

ソースルールでは，非居住者の事業所得が国内源泉所得となるとされている

第4章※国民でも非居住者になって納税義務の範囲を小さくすることができるか

が，すべての事業所得ではなく，日本では「国内において行う事業から生ずる所得」[147]のみが課税される。それでは，「国内および国外の双方にわたって事業を行う個人」については，どのように国内源泉所得の範囲を決めるのかという疑問が生ずると思う。日本の税法では非居住者の業務を「国内業務」と「国外業務」に区分してその国内業務につき生ずべき所得のみを「国内において行う事業から生ずる所得」として日本で課税することとし，その国外業務につき生ずべき所得は国内源泉所得にならないとして，日本では課税しないこととしている。ここに明白なループホールが存在する。

　この考え方は，所得税法も法人税法も同様である。外国法人が立派なビルに東京支店をもち多数の社員を雇用して，自社製品を国内で販売する場合には国内販売から生ずるすべての所得が「国内において行う事業から生ずる所得」として日本で課税されるが，その製品を第三国で販売する場合には「国外業務」につき生ずべき所得として税法上の国内源泉所得にならない。このため，自社製品等のアジア地域の拠点として日本の公共財をフルに利用しながら日本で課税されない日本支店が存在することになる。税金が国家社会の構成員としてその費用を共同で負担すべきものと考えると，同様の事業を行う日本企業に比較してこのような非居住者・外国法人の方を第三国市場における国際競争上有利にしているのではないかと考えさせる。

　外国には傘下企業群の統括本部会社，管理サービス会社，持株会社など当該外国では事業活動を行わないが，周辺の外国で事業活動を行うグループ企業群に対し総合調整，人事，会計，税務・経理処理，決済，資産管理，資金調達・供給，補助サービス等を行う現地法人を誘致するものが少なくない。これらは，特に利益を生じないが，当該外国に立地して経費のみを生ずるため，その経費の一定割合に相当するみなし所得に軽い税率で課税する制度がある。

　日本がアジア拠点として多国籍企業にとってこのような利用価値があるとすれば，日本子会社という形態でなく，支店等の形態で専ら周辺外国での事業活動のためのバックオフィスとなっている場合には，従来型の国内源泉所得の規定では課税できないので，諸外国の例に倣い，経費の一定割合で課税する方式

の採用を検討することが必要であろう。

(3) 非居住者・外国法人の課税方法の功罪──総合主義と帰属主義

非居住者が国内に支店，工場その他「事業を行う一定の場所」(「恒久的施設」という)を有する場合にはその「すべての国内源泉所得」について日本で課税される。これは「総合主義の原則」[148](エンタイア・インカム・ルール)といい，国内に一箇所でも恒久的施設がある場合にはこの恒久的施設に帰属しない国内源泉所得も併せて「すべての国内源泉所得」に日本で課税するという課税方法である。

したがって，この課税方法によれば「国外源泉所得」は日本では課税されないことになる。これに対し，日本の税法では採用していない「帰属主義の原則」[149](アトリビュータブル方式)という課税方法がある。これは，国内に恒久的施設がある場合，この恒久的施設に帰属する所得について課税するという方法であり，この課税方法によれば国内源泉所得のみならず国外源泉所得でも恒久的施設に帰属するものに対して課税し，たとえ国内源泉所得であっても恒久的施設に帰属しないものに対しては課税しないことになる。そのどちらが優れた課税方法か。OECDモデル条約をはじめ多くの租税条約は帰属主義の原則を採用している[150]。

日本は，国内法では総合主義を採っているが，締結した租税条約では帰属主義を採っているので，その結果として，租税条約を締結した国との関係では，国内法上課税できるはずの「恒久的施設に帰属しない国内源泉所得」と租税条約上課税できるはずの「恒久的施設に帰属する国外源泉所得」について，課税権を放棄していることになる[151]。このように，租税条約のある米国の企業が東京支店と大阪支店を有し，東京支店を通じてその自社製品を日本で販売し，大阪支店を通じて日本以外のアジア地域向けの販売を行っている場合，この米国企業はその東京支店が「国内業務」を行っているので「恒久的施設に帰属する国内源泉所得」として日本で課税されるが，その大阪支店は「国外業務」を行っているので「恒久的施設に帰属する国外源泉所得」として日本で課税され

第4章※国民でも非居住者になって納税義務の範囲を小さくすることができるか

ない。

　このように日本が課税権を放棄している点をループホールとして利用し，日本支店として日本の公共財をフルに利用しながら専らアジア地域など第三国における販売活動を行う場合には，日本では課税されないことになる。

3　恒久的施設の範囲

　日本の税法でも，国際的に受け入れられるOECDモデル条約でも，非居住者・外国法人の事業所得については国内に恒久的施設がなければ日本では課税されないこととされている。初歩的な節税方法として，非居住者・外国法人は支店等の恒久的施設を有しないで，これと同等の機能を有する代替物を探すことになる。

(1)　「恒久的施設なければ課税せず」という原則

　歴史的には，支店等を国内に有すると恒久的施設として事業所得に課税されるので，これを回避するために，支店等に代えて企業のために企業に代わって事業活動を行う代理人が利用された。そこで，課税の均衡をとるために，物理的には有形施設がなくても，支店等と同じ機能を果たす代理人を利用している場合にはその代理人を恒久的施設として扱うことが必要になった。一般に，代理人は，①従属的代理人と②独立的代理人に分けられる。従属的代理人は，企業に代わって行動する者で，国内で当該企業の名において契約を締結する権限を有しかつこの権限を反復して行使するものであり，独立的代理人は，通常の方法でその業務を行う仲立人，問屋その他の独立の地位を有する代理人である。

　OECDモデル条約は，企業が，従属的代理人が当該企業のために行うすべての活動について，国内に恒久的施設を有するものとし[152]，また，企業が通常の方法で独立的代理人を通じて国内で事業活動を行っているという理由のみでは，国内に恒久的施設を有するものとされない[153]と規定している。ここに一つのループホールが潜んでいる。企業が形式的な独立的代理人を実際は専属代理人

にしたり排他的に独占的に自社製品のみを販売させるなど事実上従属的代理人と同様に利用する方法により恒久的施設として認定されないようにすることがある。また，企業が代理人に実質的に契約締結権を付与しているにもかかわらず，形式的に企業の決裁や調印によらなければ契約が成立しない体裁をとることがある。委託方式で販売等を行うことについては，現地ではPEなければ課税せずの原則で事業所得課税を免れ，本国ではコミッションを損金計上することができる点で，税務上のメリットがある。

　日本の税法では，OECDモデル条約に規定する①従属的代理人[154]のほか，②非居住者・外国法人のために顧客の通常の要求に応ずる程度の数量の資産を保管しかつ当該資産を顧客の要求に応じて引き渡す者を「フィルズオーダー代理人」（保管引渡代理人）[155]といい，③専らまたは主として一の非居住者・外国法人のために常習的にその事業に関し契約を締結するための注文の取得，協議その他の行為のうちの重要な部分をする者を「セキュアオーダー代理人」（注文取得代理人）[156]といい，そのいずれもが恒久的施設となると定めている。

　これは，できるだけ源泉地国課税の範囲を広くする発展途上国型の規定であり，戦後日本が発展途上国の立場でできるだけ広い課税権を確保する意図を示す名残といえる。このように，国内法と租税条約の恒久的施設の範囲が異なるので，先進国型の租税条約を締結した国の企業は，日本でフィルズオーダーやセキュアオーダーの代理人を置いても恒久的施設を有することにならないが，そのような租税条約を締結していない国の企業は，これらのいずれの代理人を置いても恒久的施設を有することになる。

　このような租税条約の特典[157]を享受するために，第三国の企業がこのような租税条約を締結した国に設立した名ばかりの企業を通じて日本でフィルズオーダーやセキュアオーダーを置いて日本の課税を免れることがある。これは，トリーティ・ショッピングの手法であるが，日本の税法では租税条約の締結のある国の企業が実体のあるものか名ばかりのものかを判定し，租税条約の適用を拒否することができるようなトリーティ・ショッピング防止規定がなく，新日米租税条約を除き，租税条約においてもその適用対象者を制限する規定を設け

ていないため、執行レベルのみでこのような形で日本の税金が失われることを防止することは困難である。

(2) 恒久的施設の除外規定

非居住者・外国法人が国内に物理的な施設を有し仮に支店や出張所その他の名称を使用している「事業を行う一定の場所」であっても、これを次に掲げる目的のために使用する場合には、日本の税法上その機能に着目して恒久的施設とされない[158]。

① 資産を購入する業務のためにのみ使用（単純購入）
② 資産を保管するためにのみ使用（保管）
③ 広告、宣伝、情報の提供、市場調査、基礎的研究その他その事業にとって補助的な機能を有する事業上の活動を行うためにのみ使用（補助的機能）

「恒久的施設なければ課税なし」原則のキーワードである「恒久的施設」をどのように決めるか。その定義は、各国の税法によって異なる。租税条約における合意内容は、先進国と発展途上国の利害関係による立場の相違を反映することになる。

一般に、自国企業が一方的に外国に進出する先進国としては、恒久的施設の範囲をできるだけ狭く定めて所得の源泉地国における課税がなるべく生じないように望むが、自国企業の外国進出が少なく自国に外国企業が一方的に進出してくる発展途上国としては、恒久的施設の範囲をできるだけ広く定めて自国に源泉のある所得にできるだけ課税できるように望む。先進国型のOECDモデル条約の「恒久的施設の除外」の範囲[159]は、日本の税法よりもさらに大きく次のように定められている。

（ⅰ） 企業に属する物品または商品の保管、展示または引渡しのためにのみ使用
（ⅱ） 企業に属する物品または商品の在庫を保管、展示または引渡しのためにのみ保有
（ⅲ） 企業に属する物品または商品の在庫を他の企業の加工のためにのみ保

有
（iv）　企業のために物品もしくは商品を購入しまたは情報を収集することのみを目的として事業を行う一定の場所を保有
（v）　企業のためにその他の準備的または補助的な性格の活動を行うことのみを目的として事業を行う一定の場所を保有
（vi）　（i）～（v）までの活動を組み合わせた活動を行うことのみを目的として事業を行う一定の場所を保有

　これに対し，発展途上国型の国連モデル条約の恒久的施設の除外の範囲[160]は，OECDモデル条約に比較すると，上記（i）および（ii）から「引渡し」を削除している点で狭くなっている。日本の税法でも，棚卸資産の譲渡において「引渡し」という概念はその譲渡がいつ，どこで行われたかを判定する重要な基準として用いられている。例えば租税条約を締結している米国の企業が東京に自社製品を保管，展示または引渡しのためにのみ保有する場所を有することは，租税条約によって恒久的施設とならない。

　したがって，この企業がインターネット・カタログ等で注文を受けた商品をこの場所から顧客等に引き渡したとしても，国内に恒久的施設を有することにならず，その事業所得に対し日本では課税されない。これが租税条約のない外国の企業が同じように東京に自社製品を保管，展示または引渡しのためにのみ保有する場所を有する場合にはどうなるか。譲受人に対する引渡しの時の直前においてその引き渡した商品が国内にありまたは譲渡人の国内において行う事業を通じて管理されていたという事実によって国内でその棚卸商品の譲渡があったものとされるので，日本の税法上「引渡しのためにのみ保有すること」が恒久的施設の範囲から除外されていない以上，日本で課税されることになる。

　ここに，日本の課税を回避するために，租税条約のない国の企業が，租税条約のある国の名ばかりの企業を設立してその名において日本でこのように「恒久的施設なければ課税せず」原則を利用するループホールが潜んでいる。この手法も先に述べたトリーティ・ショッピングといわれるものであり，国内法および租税条約においてその防止規定を設けなければ，執行レベルのみでこのよ

うな形で日本の税金が失われることを防止することは困難である。

恒久的施設の存在の認定に当たり，単純購入，情報収集，準備的または補助的な性格の活動などを理由とする「恒久的施設の除外」に該当すると認めるか否かは，議論の多い問題である。また，OECDモデル条約では，関連会社であるという理由のみで恒久的施設とされないと規定する[161]が，実務上，関連会社の機能によっては，恒久的施設と認定される。

(3) 電子商取引における恒久的施設の意義

国境を越える事業活動のうちインターネットを利用する事業活動が盛んになっている。電子商取引は，当事者によって①BtoB（事業者間取引），②BtoC（事業者対消費者間取引），③CtoC（消費者間取引）に分類されるが，通常は①および②が事業所得課税に関係するとみられている。外国企業の商品がインターネットによって譲渡される場合，その商品が有形物であるときは広告，カタログ，注文の勧誘，発注，契約の交渉，契約の応諾などの一連の商行為の全部または一部をインターネットを通じて行うにせよ，商品は外国から直送されるかあらかじめ国内において保管または展示された在庫品が国内で引き渡されるので，このような商品の売買による所得が事業所得として課税されるかどうかは，その外国企業が国内に恒久的施設を有するか否か，租税条約がある国の企業である場合には恒久的施設にその所得が帰属するか否かによって決まる。

商品が外国から顧客に直送される場合には国内に恒久的施設がないので日本では課税されない。その商品が国内の事業の場所に保管されていて外国企業からの指示によって国内で引き渡される場合には，その事業の場所が支店等で国内において販売活動等を営んでいるときにはその支店等が恒久的施設とされるので日本で課税されるが，支店等でなく「商品の保管，展示または引渡しのためにのみ使用される場所」であるときは，OECDモデル条約型の租税条約がある国の企業については恒久的施設とされないので日本で課税されない。しかし，このような租税条約がない国の企業については顧客に対する引渡しの時の直前にその商品がすでに国内にあるという理由で「商品を引渡しのためにのみ保有

する場所」を恒久的施設から除外していない国内法により日本で課税される。

　電子商取引の範囲には，このような有形物の売買を含めず，いわゆるデジタル・コンテンツの取引のみを電子商取引と定義する考えがある。外国企業が音楽，映像，情報などをインターネットで提供し日本で顧客がこれをダウンロードしその対価を支払う場合には，顧客が商品を「税関」を通じないで入手することができるので，通常の意味で国内に支店等の恒久的施設を有しなくても，デジタル・コンテンツを売買することが可能になる。このように，注文の勧誘，発注，契約の成立，商品の引渡しなどの一連の取引がすべてインターネットで行われる電子商取引についてダウンロードが行われる国において「事業を行う一定の場所」というべき固定的な場所がないので日本では課税されない。

　この点については，租税の中立性が問題になっており，電子商取引の場合に何が所得の源泉地国で課税することができるかどうかを決めるキーワードである恒久的施設になるのかという問題をめぐってOECDでも議論されている[162]。この問題についていろいろな考えが出ているが，これまでの議論ではサーバーが恒久的施設になり得るのではないかという考えが有力である。技術的にサーバーの小型化が進み，移動性が高まり，固定性が薄れると，サーバーを恒久的施設と定めたとしても，実際に課税することはきわめて困難になる。

4　所得分類の選択の可能性

　所得税法は，所得をその源泉ないし性質によって10種類に分類しそれぞれの担税力の相違に応じて計算方法や課税方法を定めている[163]。非居住者に対して課税される国内源泉所得は次の13種類，外国法人に対して課税される国内源泉所得は次の12種類に分類され，その種類と発生態様に応じて異なる課税方法が定められている。

第4章 ※ 国民でも非居住者になって納税義務の範囲を小さくすることができるか

所得の種類	国内に恒久的施設を有する者		国内に恒久的施設を有しない者	源泉徴収
	支店その他事業を行う一定の場所を有する者	1年超の建設作業等を行い又は一定の代理人を有する者		
① 国内の事業から生ずる所得	総合課税		非課税	無
② 国内にある資産の運用・保有譲渡から生ずる所得			総合課税	無
③ 国内にある土地等の譲渡の対価	源泉徴収の上総合課税			10%
④ 国内における人的役務の提供により生ずる所得				20%
⑤ 国内にある不動産等の貸付等から生ずる所得				20%
⑥ 日本の公債および内国法人の社債の利子, 国内にある営業所に預入された預貯金の利子	源泉徴収の上総合課税		源泉分離課税	15%
⑦ 内国法人から受ける配当所得				20%
⑧ 国内で業務を行う者に対する貸付金の利子				20%
⑨ 国内で業務を行う者から受ける工業所有権等の使用料またはその譲渡の対価				20%
⑩ 国内で行う人的役務の提供に基因する給与所得および退職所得	国内事業に帰せられるもの		国内事業に帰せられないもの	20%
⑪ 国内で行う事業の広告宣伝のための賞金				20%
⑫ 国内にある営業所または契約代理人を通じて締結した年金契約に基づいて受ける年金				20%
⑬ 定期預金その他の一定の金融類似商品の収益				15%
⑭ 国内で事業を行う者との間の匿名組合契約に基づいて受ける利益の分配				20%

(1) 非課税となる事業所得

　非居住者・外国法人が国内源泉所得を取得する場合，その所得の分類によって異なる課税関係が生じる。例えば国内に恒久的施設を有しない非居住者・外国法人が日本企業に情報を提供して対価を得た場合，その対価が情報売買の代金であるとして物の売買と同様にこれを事業所得と認めるならば，非課税であり，これを情報の使用料と認めるならば，20％の源泉徴収税を課される。そのため，恒久的施設を有しない非居住者・外国法人は，取引の対価が税法の所得分類上事業所得であると主張するようになる。課税庁はその対価が使用料であると主張し，所得分類をめぐる論争が起きることは稀ではない。コンピュータ・プログラム，ソフトウエアなどの対価については，各国の課税上の取扱に差異がある。機械装置・器具備品等の有体物の使用料についても，日本の税法では事業所得でなく使用料として課税することにしている[164]が，OECDモデル条約ではこれを事業所得として取り扱う[165]ので，大きな差が生じる。しかし，新日米租税条約では使用料は源泉地国免税と定められた[166]ので，日米両国間ではこれらの対価が「使用料」または「事業所得」のいずれに分類されたとしても，源泉地国では免税となる。

(2) 租税条約の特典の享受が可能な所得分類の選択

　租税条約において国内法と異なる所得分類を定めることがある。例えば割引債の償還差益[167]についてみると，多くの租税条約ではこれを利子に含めて減免の特典を与え，また，消費貸借契約による貸付金利子は，国内法では事業所得または雑所得と分類されるが，租税条約ではこれも利子として減免の特典を与えることとしている。最近の租税回避取引において非居住者・外国法人が日本の匿名組合を通じて利益を得る場合に「匿名組合契約に基づいて受ける利益の分配」に該当する国内源泉所得とされるが，この非居住者が租税条約を締結した国の企業である場合に「匿名組合契約に基づいて受ける利益の分配」がその租税条約において明示された所得に該当しないとき，「明示なき所得」条項による課税権の配分に従うことになる。

「明示なき所得」の課税権の配分について、日本の締結した租税条約は①源泉地国課税とするものと②源泉地国免税(居住地国のみ課税)とするものに分かれている。したがって、当該企業が「明示なき所得」を源泉地国免税とする租税条約を適用する場合には、原則として、「匿名組合契約に基づいて受ける利益の分配」は日本では課税されない。非居住者・外国法人がその国内にある支店等を通じて事業を行う場合には日本で事業所得課税を受けるが、日本の匿名組合を通じて同じ事業を行い、事業所得に相当する匿名組合の利益の分配を受け取ることにすると、租税条約によりこれを「明示なき所得」とする限り、日本で非課税となってしまう。どのような形態で事業を行うかについては、納税者の選択の問題であり、このように租税条約の規定どおりの節税策によって日本の税金は海外に移転されてしまう。第三国の事業体を匿名組合員とするスキームについては、海外における税務調査が実行できない状況で「実体がない」とする事実認定や租税条約のある国の事業体につきトリーティ・ショッピング防止規定を欠く状況で迂回取引と認定することは、きわめて困難である。

このような節税策に対抗するには、「匿名組合の利益の分配」を雑所得でなく、事業所得、配当等の投資所得など国内法または租税条約で「明示された所得」として特に規定することが必要であり、事業所得とする場合には、何を国内の恒久的施設とするかを定めることが必要であり、実体を認定する基準や迂回取引の認定基準を明確にする必要がある。

5　課税事実の発生場所の移転

国内にある資産の譲渡により生ずる所得[168]は、国内源泉所得として日本で課税される。国内にある資産のうち、「国内にある土地若しくは土地の上に存する権利又は建物及びその附属設備若しくは構築物」の譲渡による対価[169]は、バブル期における外国人の売逃げなどの苦い経験によって申告納税のみでは実効ある課税が行われないことを学習し、源泉徴収すべき国内源泉所得として規定された。これ以外の資産で次のものの譲渡所得は、総合課税とされる[170]。

① 日本法令に基づく免許，許可その他これらに類する処分により設立された権利
② 有価証券，有価証券に準ずるもの等で，取引所有価証券市場においてまたは国内営業所を通じて譲渡されるもの，および引渡義務が生じた時の直前において証券もしくは証書等が国内にあるもの
③ 登録国債，振替口座簿に記載または記録されている公社債，登録地方債または登録社債，合名会社，合資会社または有限会社の社員持分，協同組合等の組合員または会員の持分その他法人の出資者の持分
④ 恒久的施設を有しない非居住者による内国法人の発行する株券その他出資者持分でその譲渡所得が（ⅰ）買集めを行い地位を利用して発行法人もしくはその特殊関係者に売却することによる所得または（ⅱ）発行法人の特殊関係株主等が行うその発行法人の株券等の譲渡による所得であるもの
⑤ 国内にあるゴルフ場の所有または経営に係る法人の株式または出資
⑥ 国内にある営業所が受け入れた預貯金，定期積金もしくは銀行法に規定する掛金に関する権利または国内にある営業所に信託された合同運用信託に関する権利
⑦ 国内で業務を行う者に対する貸付金に係る債権で当該業務に係るものおよび居住者に対す貸付金に係る債権でその居住者の行う業務に係るもの以外のもの
⑧ 退職手当等のうちその支払を受ける者が居住者であった期間に行った勤務その他の人的役務の提供に基因するもの，もしくは国内にある営業所または国内において契約締結の代理をする者を通じて締結した生命保険契約，損害保険契約その他の年金に係る契約に基づいて受ける年金の支払を受ける権利または国内にある営業所または国内において契約の締結の代理をする者を通じて締結した生命保険契約その他これらに類する契約に基づく保険金の支払または剰余金の分配を受ける権利

⑨ 抵当証券に記載された債権の元本および利息の支払等に関する事項を含む契約に係る債権
⑩ 国内において事業を行う者に対する出資につき匿名組合契約に基づいて受ける利益の分配を受ける権利
⑪ 国内において行われる事業に係る営業権
⑫ 国内にあるゴルフ場その他の施設の利用に関する権利
⑬ 譲渡につき契約その他に基づく引渡しの義務が生じた時の直前において国内にある資産

　これらの「国内にある資産の譲渡により生ずる所得」については，国内に恒久的施設を有する非居住者・外国法人は申告納税すべきであるが，国内に恒久的施設を有しない非居住者・外国法人は，一定のもの，すなわち，①国内にある不動産の譲渡，②国内にある不動産の上に存する権利，鉱業権または採石権の譲渡，③国内にある山林の伐採または譲渡，④内国法人の発行する株券その他出資者の持分の譲渡で，同一銘柄の株券等の買集めをしその地位を利用して当該株券等をその発行法人もしくはその特殊関係者に対しまたはこれらの者もしくはその依頼する者の斡旋による売却，内国法人の特殊関係株主等が行うその内国法人の株券等の譲渡，により生ずる所得について申告納税すべきこととされている。

　問題は，ここに，申告漏れを生じるおそれがある上，非居住者・外国法人が国内にある資産を直接所有せず，これを所有する他の外国法人等を介在させることによって，国内にある資産の所有関係を変更せずに，これを所有する外国法人等の株式等を海外で処分することにより日本の課税を受けずに実質的に譲渡益を得ることが可能になることである。これは，俗にダブルSPV（Special Purpose Vehicle）[171]として知られる租税回避取引の基本的な考え方である。これは，資産の直接所有者である外国法人等はこれを譲渡している訳ではないので，メカニカルな条文上，課税事実は日本では発生していない。

資産所有者である外国法人等の所有権が外国で譲渡されるにすぎない。これは，形式的には租税回避行為とはいえず，単なる節税策である。このように所得の発生場所の変更することによって，日本の税金が失われる。

6　多様な事業体の利用

(1)　どの国でもパススルー・エンティティとして取り扱われる事業体

　税法では，納税義務者は個人と法人に限られている。人格のない社団等は，代表者または管理人の定めがあるものは法人とみなされるが，それ以外のものは納税義務者とはならない。民法や商法において団体性・社団性を否定される「民法上の任意組合」や「商法上の匿名組合」は，それ自体は，納税義務者とならない。外国ではきわめてポピュラーな存在であるパートナーシップ[172]，米国の有名なエンティティであるリミテッド・ライアビリテイ・カンパニー（LLC）[173]などの外国事業体については，日本の課税上，それ自体をどのように取り扱うかということも明確でない[174]。

　さらに，法人の場合，法人と株主との関係について私法上および税法上詳細な規定が定められているが，それ以外のこれらの事業体については，その事業体と投資家または構成員との関係[175]についてほとんど私法上および税法上の規定がない状態で多くの議論を呼んでいる。このような状態の中で，外国企業からも法的安定性を確保し，税務当局の取扱を正当化する根拠法令による明文化が要請される。

　それ自体が税法上課税されない米国のＳ法人[176]，税法上課税法人ではあるが利益を配当として支払う場合に支払配当の損金算入とすることによって結果的に非課税法人となる不動産投資信託（REIT）[177]，不動産モーゲージ投資導管（REMIC）[178]などに倣い，日本も導管型法人[179]として特定目的会社（SPC）証券投資法人，特定目的信託，特定投資信託などの制度が導入された。しかし，日本のパススルー・エンティティとして，匿名組合契約の人気は落ちていない。

第4章 ※ 国民でも非居住者になって納税義務の範囲を小さくすることができるか

多様な事業体の例として匿名組合の問題点について要約しておく。

　これまでの税法の規定では，国内に恒久的施設を有しない場合，出資者が10人未満であれば，「国内資産の運用・保有に係る所得として法人税を課税すること」とされていたので，「情報申告」のない状態では政府による実態の捕捉はほとんど困難になっていた。そこで，平成14年4月1日以後，税法改正により匿名組合契約の利益の分配については，恒久的施設を有する外国法人の場合には源泉徴収の上法人税の課税，恒久的施設を有しない外国法人の場合には源泉分離課税を行うことに改めた。本来ならば，非居住者・外国法人が日本の匿名契約を通じて利益・損失を取得する場合について，私法上はともかく，税法上，次のことを明確に定めるべきである[180]。

① 匿名組合の計算期間
② 匿名組合の事業に係る損益および課税所得の計算の原則
③ 営業者の所得等の計算
④ 匿名組合員に配分される所得等の計算
⑤ 匿名組合への資産の拠出（みなし売却ルールの必要性）
⑥ 金銭以外の資産が拠出された場合の特別配分
⑦ 匿名組合員の所得の計算
⑧ 匿名組合員の地位の譲渡が発生した場合の譲渡者の取扱
⑨ 匿名組合員の地位の譲渡が発生した場合の取得者の取扱
⑩ 匿名組合契約が終了した場合の取扱
⑪ 匿名組合の清算分配
⑫ 利益の分配に関する源泉徴収（契約による「配分ルール」と「支払」の定義の明確化）
⑬ 出資割合の変更
⑭ 営業者は匿名組合員の恒久的施設になるか
⑮ 情報申告の必要性
⑯ 匿名組合契約の性格（共同事業とするか投資とするか）
⑰ 契約により初期の金銭の分配を拠出金の償還とすることを認めるか，利

益の分配とみなすか
⑱　資産の減価償却費や借入金利子などの控除権を営業者のみに限定するか，個別項目のパススルーを認めて匿名組合員にも認めるか
⑲　利益の分配の税法上の所得分類

　このような論点が不明瞭であるため，現実に源泉徴収義務が回避され[181]，租税条約上の所得分類や恒久的施設の有無[182]の問題と合わせて，法人税課税も回避される。

(2) ハイブリッド事業体

　ある国で「課税上透明な事業体」(fiscally transparent entity) とされる事業体が他の国では納税義務者とされることがある。すなわち，一方の国では構成員課税の事業体として取り扱われるが他方の国では団体課税の事業体として取り扱われるもの，課税上の取扱が国によって異なる事業体を「ハイブリッド事業体」[183]という。日本の税法ではハイブリッド事業体に関する特別な規定がない。したがって，日本で所得を稼ぐために日本で納税義務を負わないこのような事業体を用い，別の低税国では法人など団体課税を受けることにすると，節税が可能になる。外国の者 (a foreign person) は，外国で組織された事業体や日本で組織された事業体を通じて日本で所得を稼ぐことができる。日本の税法には，そのいずれの課税上の取扱についても明確な規定がないので，租税条約の適用についても租税条約実施特例法にその根拠となる規定がなかった。しかし，米国では，外国の者 (foreign persons) が米国でパートナーシップまたは課税上透明な事業体として取り扱われるものを通じて取得する所得について，次の場合，米国との租税条約に基づく源泉徴収の軽減税率の適用を否定する (IRC894(c)(1))。

①　この所得がその外国の税法上その者の所得として取り扱われないこと
②　その外国との条約がパートナーシップを通じて取得する所得に条約を適用することができるとする規定を含まないこと，かつ，
③　その外国がこのような事業体からその者に対する所得の分配に対して租税を課さないこと

第4章※国民でも非居住者になって納税義務の範囲を小さくすることができるか

IRC894(c)(1)が適用されない納税者が米国でパートナーシップとして取り扱われまたは課税上透明な事業体として取り扱われるものが受け取るすべての支払またはすべての活動に帰すべき所得について米国の租税条約に基づいて特典を享受できない範囲を決定するため、財務省規則が定められている（IRC894(c)(2), TReg.1.894－1T）。

暫定規則では「事業体に支払われる所得に対する租税」について、次のようなルールを定めた。

① どの国で組織された事業体であっても、その事業体が受け取る支払に対して非居住外国人の「米国事業に関連しない所得」（IRC871(a)）、外国法人の「米国事業に関連しない所得」（IRC881(a)）、源泉徴収税（IRC1461）および一定の外国団体の所得の課税（IRC4948(a)）によって課される租税について、この支払が条約相手国の居住者によって取得されたものとして取り扱われ、この居住者がその支払の受益者であり、かつ、条約の特典を受けるためのすべての要件が満たされる場合、条約の定める条件に従い、課税の軽減を受けることができる。その事業体が受け取る支払は、その支払が条約相手国の居住者の段階で租税を課される（be subject to tax）範囲に限り、条約相手国の居住者が取得したものとされる。このため、条約相手国で課税上透明な事業体として取り扱われる事業体が受け取る支払は、この事業体の持分保有者がその条約相手国の居住者である範囲に限り、その条約相手国の居住者の段階で租税を課されると考えられる。

② 事業体が受け取る一定の支払に係る受益者要件

米国で課税上透明な事業体として取り扱われ、条約相手国の居住者である事業体は、米国により課税以外において透明な事業体として取り扱われたとしても受益者として取り扱われたであろうという場合には、支払の受益者として取り扱われる。

条約相手国で課税上透明な事業体とされるものが受け取る支払を取得する条約相手国の居住者は、次の場合を除き、その支払の受益者として取り扱われる。

(ⅰ) この支払を居住者が直接受け取らなかったならば，この居住者はその支払の受益者として取り扱われなかったであろう場合
(ⅱ) この支払を受け取る事業体がこの支払の受益者として取り扱われない場合

(3) 新日米租税条約におけるパススルー・エンティティおよびハイブリッド事業体の取扱

　源泉地国において租税条約の特典は，条約相手国の居住者（条約相手国の納税義務者）に与えられる。例えば，米国のパススルー・エンティティは，それ自体米国で納税義務を負わないため，条約相手国の居住者ではないという理由で，源泉地国として日本はこのパススルー・エンティティに条約の特典を与えることができない。その場合，そのパススルー・エンティティの構成員，投資家または参加者である米国居住者を日本源泉所得の直接の取得者として日本が条約の特典を与えることができる[184]。しかし，例えば，米国LLCはチェック・ザ・ボックス規則によりパートナーシップとしての取扱を選択すると，米国では納税義務者でなくなるが，源泉地国として日本はLLCを法人として課税するという取扱をするので，条約の特典はLLCに与えるべきであって，その構成員，投資家または参加者には与えない。このように，両国で課税上の取扱が異なる事業体の条約アクセスは，特別なルールを条約上決めなければ，きわめて多様な問題を生じ，租税回避スキームも開発されやすいため，条約の解釈・適用について納税者と執行レベルに過重な負担をかけることになる。そこで，新条約では，このような事業体を通じて稼得した所得に対し，源泉地国はその国内法による源泉地国の事業体課税の方式（団体課税か構成員課税か）ではなく，また，組織された国の事業体課税の方式でもなく，居住地国における事業体課税の方式を尊重する形で，条約の特典を与えるか否かを決定することにした。新条約は，①米国LLCが構成員課税を選択した場合，②米国パートナーシップが団体課税を選択した場合，③第三国事業体が米国で構成員課税の事業体とされる場合，④第三国事業体が米国で団体課税の事業体とされる場合，⑤源泉地国で組

織された事業体が米国で団体課税の事業体とされる場合，の五つのケースに分けて，条約の特典の付与の適用関係を定めた。いわゆる第6のケースは，国内法に委ねられた。

> 事例1 　米国LLCが構成員課税を選択した場合

　米国LLCが日本の金融機関に預金して利子を受ける場合，LLCの構成員が米国居住者，第三国居住者および日本居住者から成るとき，日本が条約の特典を与える利子は，米国居住者である構成員の所得として取り扱われる利子のみである。日本が国内法上このLLCを団体課税の事業体として取り扱う場合には第三国居住者に直接課税権を及ぼすことになるので，日本国内源泉所得について第三国との租税条約の適用が可能になる。日本居住者である構成員の所得として取り扱われる利子については条約の特典は与えられない。

> 事例2 　米国パートナーシップが団体課税を選択した場合

　米国パートナーシップが日本の金融機関に預金して利子を受ける場合，パートナーシップの構成員が米国居住者，第三国居住者および日本居住者から成るとき，そのパートナーシップが米国の居住者である限り，日本は条約の特典を与える。しかし，第三国居住者については，その所得持分につき租税実施特例法3条の2第7項「第三国団体配当等」に該当するので，日本の金融機関がパートナーシップに利子を支払う際には条約の特典を受けるが，租税条約実施特例法3条の2第12項により，所得税申告書の提出義務を負い，20％の税率による税額から源泉徴収税額を控除した金額を納付すべきものとされる。その第三国との租税条約がある場合，日本と第三国がこのパートナーシップを構成員課税の事業体として取り扱うとき，その租税条約の特典の適用を考えることができる。日本居住者については，その所得持分につき租税条約実施特例法3条の2第9項「特定配当等」に該当するので，日本の金融機関がパートナーシップに利子を支払う際には条約の特典を受けるが，国内法の税額から源泉徴収額を控除した金額を申告納付すべきものとされる。

> 事例3 　第三国事業体が米国で構成員課税の事業体とされる場合

　オランダ有限会社が日本の金融機関に預金して利子を受け取る場合，オラン

ダ有限会社の株主が米国居住者，オランダ居住者，日本居住者から成るとき，米国居住者がチェック・ザ・ボックス規則により構成員課税の選択をすると，日米条約の特典は米国居住者の所得として取り扱われる利子のみに与えられる。この事業体は，オランダでは法人格のある団体課税の事業体であり，日本の国内法では外国法人となり，利子は日本法人がオランダ法人に対する支払であるがゆえに，日本・オランダ租税条約が適用される。

事例4 第三国事業体が米国で団体課税の事業体とされる場合

上記 **事例3** のケースで米国居住者がオランダ有限会社について団体課税の選択をすると，日米条約の適用はない。この場合，日本・オランダ租税条約が適用される。

事例5 米国で組織された事業体で日本で団体課税の事業体とされるもの

日本居住者が米国LLCの構成員となっているが，日本でこのLLCを団体課税として取り扱う場合には，このLLCが米国で取得する所得について条約の特典は与えられない。

(4) ハイブリッド事業体の取扱の問題点

新日米条約は，ハイブリッド事業体が団体課税の事業体であるか，構成員課税の事業体であるか，その性質を決める鍵を居住地国に与え，源泉地国は居住地国の性質決定に従うこととした。したがって，各事業体をどう取り扱うかを決めるに当たって，居住地国における性質決定を相互に確認し，納税者に公開しなければならない。一取引について複数の租税条約が同時に適用可能になり，有利な条約の特典を選択することができるようになるので，法制のみでなく，執行レベルでそのような場合に特典の二重どりにならないように取引の特定を技術的に可能にする必要があろう。また，集合投資媒体や信託など，多数の構成員が存在する場合，現実に特典を受けるために居住証明書を用意する困難と，特典を受けられない第三国居住者に申告書を提出させる困難が予想される。両国の法人がハイブリッド事業体を通じて事業所得を取得する場合に，その恒久的施設の認定をどのように行うかという問題も重要な課題になるであろう。

第4章※国民でも非居住者になって納税義務の範囲を小さくすることができるか

〔注〕

131) OECDモデル条約3条パラ1(f)。
132) 田畑茂二郎『国際法新講』東信堂，1990，p.247。
133) 所得税法5条。
134) 所得税法5条および7条。
135) 民法21条～24条。
136) 民法22条および23条。
137) 山本守之『税務形式基準と事実認定（第3版）』中央経済社，2000。
138) 金子宏『租税法（第九版）』弘文堂，2003，pp.120－121。
139) 所得税法2条1項4号。
140) 所得税法7条1項2号。
141) OECDモデル条約15条2項。
142) 所得税法161条，162条および163条。
143) 所得税法161条6号，法人税法138条6号。
144) 所得税法161条7号，法人税法138条7号。
145) OECDモデル条約11条5項。
146) 所得税法162条，法人税法139条。
147) 所得税法161条1号，同令279条，法人税法138条1号，同令176条。
148) 本庄資『ゼミナール国際租税法』大蔵財務協会，2002，p.307。
149) 本庄資，前掲書，p.308。
150) OECDモデル条約7条1項。
151) 所得税法7条1項3号および164条，同令289条および290条，法人税法9条および141条，同令185条および186条。
152) OECDモデル条約5条パラ5。
153) OECDモデル条約5条パラ6。
154) 所得税法施行令290条1号，法人税法施行令186条1号。
155) 所得税法施行令290条2号，法人税法施行令186条2号。
156) 所得税法施行令290条3号，法人税法施行令186条3号。
157) 租税条約の特典は，課税権の配分による源泉地国免税や両国の課税権を認めた上での源泉地国の課税制限を含む。この課税制限には源泉徴収税率の制限だけでなく，事業所得課税の基礎となる恒久的施設の範囲の制限も含まれる。
158) 所得税法施行令289条2項，法人税法施行令185条2項。
159) OECDモデル条約5条パラ4。
160) 国連モデル条約5条パラ4。
161) OECDモデル条約5条パラ7。
162) 本庄資『国際租税法（三訂版）』大蔵財務協会，2002，pp.431－446，渡辺智之『インターネットと課税システム』東洋経済新報社，2001，pp.17－29。
163) 所得税法23条～35条。
164) 所得税法161条7号ハ，法人税法138条ハ。

165) OECD報告書「産業上，商業上または学術上の装置のリースから生じる所得の課税」。
166) 新日米租税条約12条1項。
167) 割引債の償還差益は国内法では利子所得に該当しないが，OECDモデル条約をはじめほとんどの租税条約ではこれを利子所得として分類する。
168) 所得税法161条1号，同令280条，法人税法138条1号，同令177条。
169) 所得税法161条1号の2，同令281条の2。
170) 所得税法施行令280条2項。
171) 本庄資『国際的租税回避基礎研究』税務経理協会，2002，pp.17-18。
172) 本庄資，前掲書，pp.17, 25, 67, 79, 122, 同『アメリカン・タックス・シェルター基礎研究』税務経理協会，2003，pp.17, 80, 83, 86, 253-258，本庄資編著『タックス・シェルター事例研究』税務経理協会，2004，pp.38, 130, 132, 135-140, 159-160, 169, 183-184, 219-221, 246, 302, 322-323, 330。
173) 本庄資『国際的租税回避基礎研究』税務経理協会，2002，p.26，同『アメリカン・タックス・シェルター基礎研究』税務経理協会，2003，p.18。
174) 日本公認会計士協会租税調査会研究報告6号（中間報告）『外国事業体課税のあり方』(2002.3.25)。
175) 米国のパートナーシップについては，パートナーとパートナーシップとの関係について本則であるパートナーシップ課税ルールと詳細な濫用防止規定が定められている。本庄資『アメリカン・タックス・シェルター基礎研究』税務経理協会，2003，pp.42, 79-80, 86, 88, 121, 263, 327-328。
176) 本庄資『国際的租税回避基礎研究』税務経理協会，2002，p.79，同『アメリカン・タックス・シェルター基礎研究』税務経理協会，2003，pp.21, 104, 250，本庄資編著『タックス・シェルター事例研究』税務経理協会，2004，p.41。
177) 本庄資『国際的租税回避基礎研究』税務経理協会，2002，pp.21, 139，同『アメリカン・タックス・シェルター基礎研究』税務経理協会，2003，pp.19-20, 63, 74，本庄資編著『タックス・シェルター事例研究』税務経理協会，2004，pp.40, 92-93, 101, 129, 149, 153-154, 167, 228-229, 243, 264-265。
178) 本庄資『国際的租税回避基礎研究』税務経理協会，2002，pp.21, 140，同『アメリカン・タックス・シェルター基礎研究』税務経理協会，2003，pp.20, 33, 63，本庄資編著『タックス・シェルター事例研究』税務経理協会，2004，pp.41, 100, 129, 166, 168, 196, 237。
179) 本庄資『ゼミナール国際租税法』大蔵財務協会，2002，pp.36-60。
180) 日本公認会計士協会租税調査会研究報告9号（中間報告）『匿名組合に係る税制について』(2003.7.22)。
181) 源泉徴収義務の回避については，例えば匿名組合について二つの問題が顕著になっている。第一に「利益の分配」は，契約上利益配分方法が自由に決定されるため，現実の支払行為がなされなくても経済的には分配が行われるが，税法上源泉徴収義務は支払の際に生じることとなるので，現実には支払行為を行わないことに

第4章 ※国民でも非居住者になって納税義務の範囲を小さくすることができるか

よって源泉徴収義務の回避が正当化される。このようなことを防止するには,「利益の分配」と「支払」概念との関係を明確にしなければならない。第二に現実にキャッシュの支払行為が行われるとしてもその支払は拠出金の払戻しであるという理由で源泉徴収義務の回避が正当化される。

182) 恒久的施設の存否は,匿名組合契約に基づく利益の分配を事業所得とする立場をとる場合に重要な意味をもつ。この立場では,営業者が匿名組合員の恒久的施設といえるのかどうかという問題が課税当局との争点になる。
183) IRC894(c)。
184) 新日米租税条約4条パラ6。
　駒木根裕一「課税方式別に見た事業体(パススルー型・ハイブリッド型)の取扱い」経理情報,2004.4.20。水野忠恒「日米租税条約の改正と若干の国際課税問題」国際税務,24巻1号。

わが国の租税条約ネットワーク
(45条約, 55カ国適用／平成15年11月現在)

欧州地域（75）
アイルランド　デンマーク
イギリス　　　ドイツ
イタリア　　　ノルウェー
オーストリア　フィンランド
オランダ　　　フランス
スイス　　　　ベルギー
スウェーデン　ルクセンブルク
スペイン

東・東南アジア（8）
インドネシア　タイ
ヴィエトナム　中国
韓国　　　　　フィリピン
シンガポール　マレイシア

北米（2）
アメリカ
カナダ

南・中央アジア（4）
インド
パキスタン
バングラデシュ
スリランカ

中南米（2）
ブラジル
メキシコ

東欧（16）
アルメニア[1]　　　グルジア[1]　　　　チェコ[2]　　　ポーランド
ウクライナ[1]　　　スロバキア[2]　　　ハンガリー　　モルドバ[1]
ウズベキスタン[1]　タジキスタン[1]　　ブルガリア　　ルーマニア
キルギス[1]　　　　トルクメニスタン[1]　ベラルーシ[1]　ロシア[1]

太洋州地域（3）
オーストラリア
ニュージーランド
フィジー[4]

アフリカ地域（2）
ザンビア
南アフリカ

中近東地域（3）
イスラエル
エジプト
トルコ

(注) 1. 旧ソ連との条約が承継されている。
　　 2. 旧チェコ・スロヴァキアとの条約が承継されている。
　　 3. 香港, マカオには適用されない。
　　 4. フィジーには旧日英租税条約が承継されている。

第5章

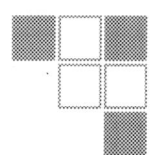

租税回避行為による税金の喪失は阻止できるか

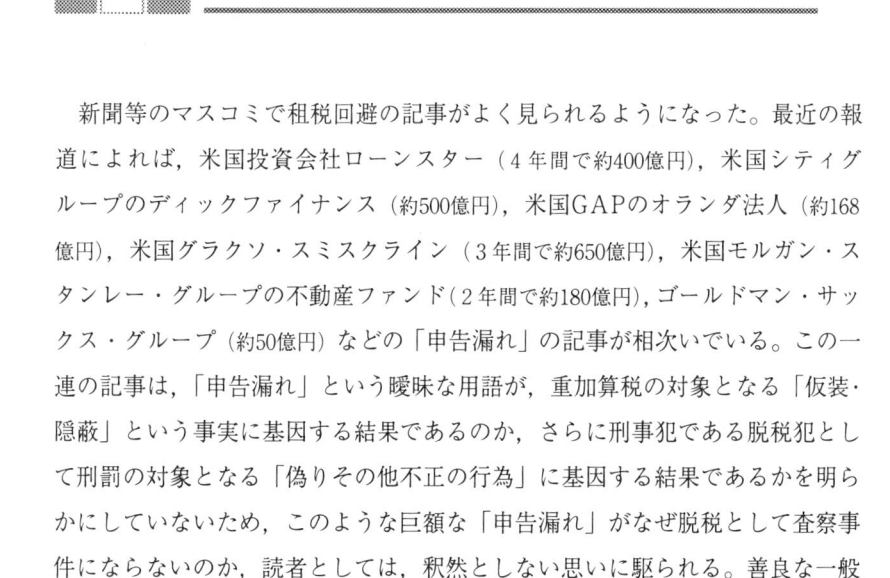

　新聞等のマスコミで租税回避の記事がよく見られるようになった。最近の報道によれば，米国投資会社ローンスター（4年間で約400億円），米国シティグループのディックファイナンス（約500億円），米国GAPのオランダ法人（約168億円），米国グラクソ・スミスクライン（3年間で約650億円），米国モルガン・スタンレー・グループの不動産ファンド（2年間で約180億円），ゴールドマン・サックス・グループ（約50億円）などの「申告漏れ」の記事が相次いでいる。この一連の記事は，「申告漏れ」という曖昧な用語が，重加算税の対象となる「仮装・隠蔽」という事実に基因する結果であるのか，さらに刑事犯である脱税犯として刑罰の対象となる「偽りその他不正の行為」に基因する結果であるかを明らかにしていないため，このような巨額な「申告漏れ」がなぜ脱税として査察事件にならないのか，読者としては，釈然としない思いに駆られる。善良な一般納税者のタックス・コンプライアンスを腐食しないように，外資系企業が試みる租税回避行為が表面的には税法や租税条約の規定に従うものであるにもかかわらず，不正な「申告漏れ」に該当する理由と，不正な行為であるとすればこれほど巨額であるにもかかわらず，なぜ「脱税」として査察事件にならないのかという納税者の疑問に対して，課税当局は明快な説明をする必要がある。た

いていの場合，租税回避という言葉には，普通の人のやらないこと，やってはいけないこと，狡猾なことをやっているというニュアンスが付きまとう。これまで多くの学者は，租税回避行為について少なからず議論を重ねてきたが，これによってどのくらいの税金が失われているのか，具体的にどのような手法が用いられているのか，その手法は現行税法で阻止できない方法なのか，どのような税法改正を行えば対抗できるのか，税法でなく執行面の問題があるのか，どのような執行面の改善をすれば対抗できるのか，など基本的に税法にあるループホールを利用した租税回避行為を阻止するために役立つ議論が少なかった。租税回避について多くの学者は観念論議に陥ってしまった。

　本書では，「租税回避」とは私法上の選択可能な法形式の中から税法の予定しない法形式を選択し結果として意図した経済目的を達成しながら税法が予定した法形式について定める課税要件に抵触することを免れひいては税負担を減少させまたは排除する行為をいうと定義しておく。日本の税法では「租税回避」の定義[185]を定めていないので，実務上どういう取引が租税回避行為となるか，租税回避行為とされる場合に常に税法上否認されることになるのか，あるいは特定の場合にのみ否認されるのか，明確でない。諸学説の共通点をみると，「租税回避」概念は，①選択した法形式の異常性，②税法の予定した通常の法形式と同様の経済効果の実現，③税負担の減少または排除という三つの要素から構成されている。

　租税回避と節税と脱税との区分について，諸学説に大差はない。これらの概念は等しく「税負担の減少または排除を図る行為」である点で共通しているが，節税は税法の予定しているところに従い，脱税は税法の構成要件充足事実の全部または一部を秘匿する等偽りその他不正の行為により，租税回避は税法の構成要件の充足を回避することによって，それぞれ税負担の減少または排除を図る点で異なっている。諸学説は，租税回避と節税の区別のために「通常の法形式」「異常な法形式」「多額な税負担の減少」「不当に税負担を減少」などの不確定概念[186]を用い，法形式の異常性の判定のために「社会通念」という不確定概念を用い，「異常な法形式」を選択する理由について「経済的合理性」「租

税回避以外の正当な理由」の有無という不確定概念を用いているので，これらの重要な不確定概念の内容について多様な法解釈[187]の余地が残る。課税庁は，「課税上の弊害」を理由として租税回避行為を否認することができるか。

この問題については，原理的に(ⅰ)租税回避行為合法説と(ⅱ)租税回避行為否認説の対立がある。租税回避行為合法説は，節税の場合はもとより，異常な法形式を選択する租税回避の場合もこれを禁止する条文がない以上税負担の減少を図る行為は形式的に合法的であるといい，広義の節税に分類されるという。

租税回避行為否認説は，「課税の公平」原則から当然否認できるという説，「税法上の権利濫用の法理」や「法人格の否認の法理」などによって否認できるという説，または「租税法律主義」に基づき個別的否認規定がなければ否認できないという説に分かれている。

本書では，最後の説によることにするが，租税回避行為によって税金が失われていくのを防止するために，租税法律主義に基づき個別的否認規定を整備し，広義の節税として否認されない租税回避行為と立法の意図に反するものとして否認されるべき租税回避行為を区別する責任は，まず立法府にあると考える。

実務上租税回避行為が立法の意図に合致するものか，これに反するものかという問題をめぐって納税者と課税庁の見解が分かれることが少なくない。課税処分の段階で租税回避行為がどのようなルールや基準によって否認されたかということは，租税法律主義の外延の問題として一般に開示されるべきであるが，日本では米国と異なり守秘義務を理由として個別事案が公衆に開示されることはない。

1　日本における租税回避スキーム

米国と比較して日本の裁判で争われる国際的租税回避スキームはきわめて少ない。それは，なぜか。無数の節税策のハウツーものといわれる出版物が絶えない相続税や資産課税の分野では租税回避をめぐる裁判も少なくないが，国際課税についてはこれまで専ら大規模な企業の領域とされ，社内外の税の専門家

を活用して,「法解釈」の名の下に税法の不完全性を巧みに利用し,税務調査により課税当局の指摘を受けた段階で,「見解の相違」があったという形で修正申告を行い,または行政処分(更正・決定)を受けるに止まっている。これまで税務調査で「仮装または隠蔽」[188]「偽りその他不正の行為」[189] が発見されたとしても,質問検査権[190] は「犯罪捜査のために認められたものと解してはならない」とする税法の解釈により,大企業の税務調査が「重加算税」という行政罰どまりで,犯則調査に移行して刑事罰を科されることがないという状態が続いてきたので,このような企業が裁判で真剣に争うことが,少ないのではないかと考える。また,このような企業にとって費用対効果の原則から行政罰と訴訟コストを天秤にかけることもあろう。日本では重加算税を課された納税者も課税当局の「守秘義務」[191] によって公表による社会的制裁から守られるので,裁判によって名が知られるよりも,行政罰で済ませる傾向も伺える。米国では,節税は納税者の権利であり,税法の不完全性を利用する租税回避は認められている。しかし,内国歳入庁(IRS)が定める「濫用的租税回避」基準[192] に該当するときは,「脱税」概念の範疇に入ると考え,通常の税務調査でなく,内国歳入庁犯罪捜査局(IRS-CI)[193] が摘発に動く。米国では,代表的な濫用的租税回避はリスト化され,公表される。日本にはまだこのような制度がない。また,米国では,税法遵守の精神(tax compliance)を昂揚し,自主申告納税制度を維持するために,費用対効果の原則に照らして濫用的租税回避や脱税は割りに合わないと思わせるため各種の制裁(sanctions)を厳格に科す必要性があると考えている。この制裁には,「経済的にペナルティを支払う」「身体的自由を奪われる」恐怖に加えて,「公表」によって「恥をかく」「社会的地位を失う」恐怖を呼び起こすものが含まれなければ,効果が弱い。日本では「使途秘匿金」[194] でさえ40%のペナルティで済ませている。そのような環境の中で,日本では企業側の課税処分取消訴訟が余り急増しない上,課税当局の告発による「濫用的租税回避」や「脱税」の刑事訴追の裁判も米国に比して極端に少ない。経済人や租税実務家の中には,日本では米国のような租税回避,濫用的租税回避はないという者もいるが,米国に次ぐ経済大国になった日本で世界規模の大手会計

事務所や外国弁護士事務所の大型化が進み，海外の投資銀行等のプロモーターが活発に業績を伸ばしている状況をみると，米英等の最新のスキームでなくとも，米英等ですでにバーンアウトしたスキームでも，日本に輸入され，十分に価値あるスキームとして日本において通用してきたと思われる。日本で判決が下されたいくつかのスキームは，過去の外国のスキームを模倣した稚拙なアイデアであることを示している。

2 日本の判決にみる租税回避スキームの例

日本では税法の規定を利用した租税回避行為について税法の規定の法解釈でこれを否認するよりも，事実認定によってこれを無効にさせる方法が多用されている。

(1) 外国投資会社が日本企業に結成させた任意組合の短期償却可能な映画フィルム・リースに係る減価償却費の早期計上・借入金の支払利子の計上等による組合員の節税[195]

● エンペリオン事件：大阪地裁判決平成8年（行ウ）第103号ないし107号平成10年10月16日判決

事実の概要

投資会社メリルリンチは平成元年CPIIが制作した映画の配給等の資金を募集するため日本の投資家を集め任意組合「エンペリオン」を結成し，組合員の出資金約26億円とオランダ銀行からの借入金約63億円でエンペリオンが映画を購入し，エンペリオンとIFDとの間で映画の賃貸・配給契約等を締結した。組合員の利益は，映画興行のレンタル料と税効果によって決定される。X社は，一口分1億3,795万円を出資し，映画の減価償却費計上により約4億2,800万円，借入金利子計上により約1億1,400万円の所得圧縮を行い，約2億6,100万円の税負担を減少した。

■■ 判決要旨　請求棄却 ■■

① 配給契約では，エンペリオンとIFDは配給契約期間中映画の編集，公開権利の譲渡等の権利をIFDに単独かつ排他的に与え，IFDは映画の著作権等の権利侵害の防止措置をとり，第三者に配給契約上の地位・権利を譲渡することができ，エンペリオンはIFDの同意がなければ映画の広告等，配給契約の変更，解除または映画の譲渡等はできないと合意した。

② IFDは映画の管理，使用収益，処分に関するほぼ完全な権利を行使することができるが，エンペリオンは映画の所有者としての権利の行使を全く認められていない。エンペリオンは映画に関してIFDから金銭の支払を受ける権利のみを有するだけである。借入契約ではIFDが支払保証をしている。

③ CPIIは，第二配給契約に基づき借入金相当額をIFDに支払っている。CPIIは，映画の権利を失わず，組合員の出資金相当額からメリルリンチおよびオランダ銀行に対する手数料相当額を差し引いた額を取得した。

④ X社は土地建物の管理，賃貸，売買等を業とする会社で，エンペリオンに参加したのは映画興行の成功による収益と課税上の優遇措置による投資収益があるとの説明を聞いたからであり，映画興行の利益と減価償却費等の損金計上による課税上の利益を目的として資金提供を行う意思でエンペリオンに参加したのであり，エンペリオンを通じて映画を所有し，使用収益等を行う意思はなかったと推認するのが相当である。

⑤ この取引は，実質においてXがエンペリオンを通じCPIIによる映画興行に対する融資を行ったものであって，この取引により映画に関する所有権その他の権利を真実取得したものではなく，各契約書上単にXら組合員の税負担を回避する目的の下にエンペリオンが映画の所有権を取得するという形式，文言を用いたにすぎないものと解するのが相当である。とすれば，X社が映画を減価償却資産に当たるとして減価償却費を損金計上することは相当でない。また，オランダ銀行に対する借入金の元利返済についてエンペリオンはIFD等からその全額の支払を受けることができるので，借入

金の支払利息に相当する金額を受取利息として益金に計上すべきである。

評　釈

　課税当局は，一連の取引を金融取引と認定して減価償却費と借入金利子の損金算入を否認する課税処分を行ったが，減価償却費等の否認の法的根拠がない。

　判決は，当事者の選択した売買契約を無効と認定したことになるが，その根拠は通謀虚偽表示と判断したこと，一連の取引を仮装取引と考えたことを匂わせているが，断言はしていない。当事者の内心的効果意思が表示意思と異なり，租税回避の目的であると認定する客観的基準が明確にされていないにもかかわらず，このように認定する点に難がある。租税回避の目的があるとしても，そのこと自体を理由として直ちに当事者の売買契約を通謀虚偽表示として無効と認定することは，次に契約解釈の問題があり，私的自治の原則や租税法律主義に照らして困難である。売買契約が有効であり，代金の支払が現実に行われ，売買契約を行う効果意思が認められる場合にこのような契約を無効とするには，明文の個別的否認規定が必要である。そのように考えると，「事実認定による否認」を行う場合の限界を知る必要があると考える。私法上の契約の成立，内容，有効性についてどの段階に問題を見出して，仮装取引の認定を行うかということは，立証の可能性にかかってくるが，課税庁の主張は，「売買契約は不成立ないし無効」とするものであった。判決は契約の内容を「所有権の移転でなく，単なる融資である」と判断している。

(2) 特定現物出資により設立したオランダ子会社の自社株式の第三者割当増資による所得移転[196]

● 東京地裁判決平成12年（行ウ）第99号平成13年11月9日判決

事実の概要

　オウブンシャホールディングXが100％出資（旧法人税法51条により圧縮記帳による課税の繰延を認められた現物出資（株式））によりオランダに設立した外国子会社アトランティックBの株主総会で新規発行する新株の全部をXのオランダ関連会社アスカファンドC（Xに49％を出資しているセンチュリー文化財団Aが100％出

資している）に著しく有利な価額で第三者割当を行う決議を行い，Xが保有していたB株式の資産価値を対価を得ずにCに移転させたことは，XのCに対する寄附金であるとして法人税の更正処分および過少申告加算税の賦課決定処分が行われた。

▮▮ 第一審判決の要旨　請求認容 ▮▮

① 決議はBの機関である株主総会が内部的な意思決定として行ったものであり，CがBの増資により資産価値を取得したのは新株の引受人としての払込行為を行ったことによる。増資は，新株の払込を受けたBと有利な条件で新株発行を受けたCとの間の行為であり，XはCに対して何らの行為もしていない。

② 経済的利益の移転を生じる無償供与としての行為が認められず，そのような行為を擬制するに足りるだけの根拠がない。

③ 実質的にみてXの保有するB株式の資産価値がCに移転しても，それがXの行為によるとは認められないので，資産価値の移転がXの行為によることを前提とする法人税法22条2項を適用する課税庁の主張には理由がない。

④ 更正処分の理由として法人税法132条の適用を主張する課税庁はX自らの行為によってその保有するB株式の資産価値がCに移転したことを前提とするが，Xの保有するB株式の資産価値のCへの移転はXの行為によるものと認められないので，課税庁の主張には理由がない。

⑤ Xが保有していた株式の多額の含み益について何らの課税もされない結果が生じるが，これは旧法人税法51条が特定現物出資について圧縮記帳による課税の繰延を認め，平成10年改正前には外国法人の設立についても同条の適用が認められていたことによるものであり，やむを得ないことである。

▮▮ 評　　釈 ▮▮

Xがテレビ朝日株3,559株（11億500万円）の現物出資により100％所有のオランダ子会社Bを設立し（1991.9.4），Xの49.6％を所有するAが100％出資してオラ

ンダ子会社Cを設立し(1995.2.13)、同時に、BがCに3000株の増資新株発行の第三者割当を行い(1995.2.13)、Cは増資払込を行い(1995.2.13)、Xは日本に子会社Dを設立し(1995.3.1)て、XはDにテレビ朝日株1,242株（67億600万円）を売却し(1995.3.13)、Bはオランダ会社Eにテレビ朝日株3,559株(286億4,900万円)を売却し(1996.7.30)、EはDにテレビ朝日株3,559株(289億3,200万円)を売却した(1996.9.5)。課税庁は、Bの増資新株発行の条件・第三者割当についてXの意思によりB株式の価値を無償でCに移転したと主張し、仮にこの主張が通らないとしても、XがBの株主総会で自己の資産の減少となる決議を行い、対価を受領しなかった行為はXの利益に係る法人税法132条の行為に該当すると主張した。裁判所は、増資新株発行・第三者割当の決議はBの内部行為であり、Xの行為ではないという判断で法人税法22条2項および132条の適用を否定し、Xが多額の含み益を非課税で実現するために試みた一連の取引のすべてのステップがXの意思で仕組まれているという想定の最初の段階でXを切断した。裁判所の判断は、100％所有株主の総会決議における支配力を全く考慮に入れない点で、国際的租税回避スキームについて法適用前の事実認定においてはなはだ幼稚な誤りを示したものである。

● 東京高裁判決平成14年（行コ）第1号平成16年1月28日判決

第二審判決の要旨　第一審判決の取消

① 第一審の判決は、関係当事者の意思およびその結果生じた事実を全体として見ず、一部を恣意的に切り取って結論を導いた誹りを免れず、争点について判断し、紛争を解決に導くべき裁判所の責任を疎かにするものと評せざるを得ない。

② Cに譲渡された問題の株式取引は、両社間の合意で無償取引が行われていると認められる以上、課税を免れることはなく、目的によって課税が左右されることはない。実際の取引はBとCとの間の取引であってXとCとの間の取引がないので法人税22条2項に規定する「各事業年度の所得の金額の計算」の適用を否定した第一審判決は、判決理由に不備があり、裁判

所の責務を果たしていない。

評釈

　国際取引を利用する租税回避スキームでは複雑なステップごとに取引場所となる国を変え，各国における取引は法形式ごとの契約書類は完璧で，複数国に分けられたステップの追跡と資料収集を困難にするケースが常識になっているが，本件はオランダ一国が利用された単純なものである。それにもかかわらず，第一審は「木を見て森を見ず」を絵に描いたように，ステップ取引の見方を誤った。第二審は，この点で視野を広げたといえよう。

(3) 不動産の補足金付売買契約[197]

● 東京地裁判決平成7年（行ウ）213号平成10年5月13日判決

事実の概要

　X1はA土地およびB土地を所有し，X1の養母Hは各土地に対する賃借権ならびに同土地に隣接するC土地および上記各土地の上にD建物を有していた。
　HらはK社に対しA〜C土地，賃借権およびD建物を売買する契約を締結した(平成元年3月23日，7億3,313万円余)。K社は同日Hらに代替の甲土地(3億5,700万円)，乙土地に対する賃借権および同土地上の丙建物(7,700万円)，を売買する契約を締結した。同日，K社およびHらは契約を履行し，契約代金を相殺し，その差金としてK社は小切手(2億9,913万円)を交付した。平成2年5月10日にHが死亡し，X1およびX2がHの権利義務を2分の1ずつ相続した。HおよびX1はこの取引について上記の譲渡代金により期限内申告を行ったが，課税庁は譲渡資産の譲渡価額を売却代金に差金を加算した合計額であるとして分離長期譲渡所得金額等の更正処分等を行い，X1およびX2の申告についても更正処分等を行った。分離長期譲渡所得については，H所有の資産の譲渡価額を6億869万5,710円，X1所有の資産の譲渡価額を1億2,443万4,290円とし，相続税についてはX1の課税価格を4億4,351万6,000円，X2の課税価格を2億4,375万3,000円として確定申告が行われたが，課税庁は譲渡資産と取得資産の取得に係る取引は不可分一体であり，譲渡資産の対価として取得資産および差

金を取得したものとして、取得土地の取引当時の適正な時価6億3,750万円、取得借地権価額1億4,070万円、取得資産および差金の合計額10億7,733万円と認定し、譲渡収入金額はHが7億2,975万2,032円、X1が1億8,285万5,421円とし、更正処分を行ったのである。また、Hの取得資産および乙土地の底地権は相続開始前3年以内に取得されたものであるので、租税特別措置法69条の4（取得した土地等の価額は相続開始時の時価でなく取得価額による）が適用される。取得資産の取得に要した金額とは、現実に出損された交換譲渡資産の合計であり、取得土地の価額6億3,750万円、取得借地権の価額1億4,070万円の合計額である7億7,820万円と一致するので、Hの取得資産の取得価額4億7,812万5,000円、取得借地権の価額との合計額6億1,882万5,000円と乙土地底地権の取得価額1,606万7,610円としてX1およびX2に係る相続税の更正処分を行った。X1らは、本件取引は各個別の売買契約と代金相殺から成るものであり、取得資産の取得に要した金額は売買契約の代価そのものであると主張した。本件の争点は、取引の法的性質であった。

第一審判決の要旨　請求一部認容（相続税分認容）

Hらにとって売買契約はそれだけで経済目的を達成するものでなく、代替土地の取得と代替建物の建築費用を賄う経済的利益を得て契約の目的を達成することができるものであり、K社にとっても売買契約がそれだけで意味をもつわけでなく、Hらの資産を取得することと代替土地を提供することを経済的目的としており、本件取引は取得資産および差金と譲渡資産を相互の対価とした不可分の権利移転であり、交換取引であった。K社にとって地上げ目的のためにHらの資産を取得する必要があり、Hらにとっては資産の譲渡が必要でない状況において、市場価格を超える価額でその資産を取得することに経済的合理性があるとするK社と単なる等価交換では諸負担の見合いがとれないHらとの間で、差金の授受が行われた。Hらは資産の対価として譲渡資産に相当する経済的利益と差金を取得したことになり、譲渡土地の更地としての時価は1㎡当り少なくとも756万円余とし、資産価額を7億7,820万円と算定し、これに差金を合算して10億7,733万円を譲渡資産の譲渡収入金額とする課税庁の主張を是認

する。相続税関係については，交換における「取得に要した金額」とは当事者間の価額に関する思惑に拘束されることなく，資産取得のために現実に出損された資産の時価（交換譲渡資産の客観的時価）をいうものと解すべきであり，Hらは7億3,313万7,665円の出損をもって取得資産および差金を取得したことになり，取得資産の取得に要した金額は差金2億9,913万円を控除した4億3,400万7,665円になるとした上で，甲土地のHらの持分および乙土地の取得に要した金額を算定してX1らの請求を認容した。

● 東京高裁判決平成10年（行コ）108号平成11年6月21日判決

▓▓ ▓ 第二審判決の要旨　請求認容 ▓▓ ▓

　譲渡資産と取得資産の各別の売買契約と各売買代金の相殺という法形式を採用することはHらの譲渡所得に対する税負担の軽減を図るためであったことは優に推認できる。取引に際して，HらとK社との間でどのような法形式を採用するかは，両当事者間の自由な選択に任されている。本件取引の経済的な実体からすれば，譲渡資産と取得資産との補足金付交換契約という契約類型を採用した方がその実態により適合しており直截であるという感は否めないが，だからといって譲渡所得に対する税負担の軽減を図るという考慮から，より迂遠な方式である譲渡資産および取得資産の格別の売買契約とその各売買代金の相殺という法形式を採用することが許されないとすべき根拠がない。また，本件取引に際して真実の合意としては補足金付交換契約の法形式を採用した上で契約書の書面上はこの真の法形式を隠蔽するという行動をとるべき動機に乏しく，本件取引において採用された売買契約の法形式が仮装のものであるとすることは困難である。いわゆる租税法律主義の下においては，法律の根拠なしに当事者の選択した法形式を通常用いられる法形式に引き直し，それに対応する課税要件が充足されたものとして取り扱う権限が課税庁に認められているものでないから，譲渡資産および取得資産の各別の売買契約とその各売買代金の相殺という法形式を採用して行われた取引を譲渡資産と取得資産との補足金付交換契約という法形式に引き直してその法形式に対応した課税処分を行うことは許さ

れない。譲渡所得に対する課税は、資産が譲渡によって所有者の手を離れる機会にその所有期間中の増加益を清算してこれに課税するものであり、資産が著しく低い対価によって譲渡された場合については、資産の増加益に対する課税の繰延を防止するために時価による譲渡があったものとして課税が行われることとされているが、それ以外の場合については資産の増加益に対する課税が繰り延べられることもやむを得ないとする法制がとられている。

▓▓▓ 評　　釈 ▓▓▓

　第一審では、契約の内容は契約当事者の自由に決し得るところであるが、契約の真実の内容は当事者の合理的意思、経過、前提事情等を総合して解釈すべきものであるとし、私法上有効に成立した契約でも課税庁が契約の真実の内容を再構成する解釈権があることを認めたが、これを認めるときは法的根拠を明示する必要がある。

　第二審では、当事者の選択した法形式の意図が税負担の軽減のみにあったと推認したが、だからといってこの法形式を否定する根拠はないと判断する。通説による租税回避行為に該当することを認めながら、法的根拠なしにこれを否認することができないとする立場で第一審の立場と対立するものである。法形式の選択に当たり税負担を最小にすることは非難すべきことでなく、当初から交換取引でなく売買契約により経済的目的を達成しようとしている本件取引に「実質課税の原則」により問題とすべき「形式と実質との乖離」はない。本件において「仮装または隠蔽」というべき行為が存在していない。第一審が「租税公平主義の要請」という判例に従うものとすれば、第二審は「租税法律主義」の判例に従うものといえる。

(4)　迂 回 取 引[198]

● 東京地裁判決平成13年（行ウ）127号平成14年4月24日判決

▓▓▓ 事実の概要 ▓▓▓

　アルゼ社Xは明立社Aからパチスロ機メイン基板合計6万6,455枚を1枚当り1万4,000円で購入してエレクトロコイン社B社対し1枚当り8万円で販売

する取引を行っていたが，米国法人ユニバーサル・ディストリビューティング・オブ・ネバダ・インクCがこれを行っていたかのように仮装し同取引によって得た所得等を申告しなかったとして課税庁は更正処分および重加算税賦課処分を行ったところ，Xはこの取引を行っていたのはCであると主張した。

　課税庁は，Xが明立基板を1枚当り1万4,000円で仕入れ，8万円で売り，その差額に販売枚数を乗じた金額を売買利益計上漏れの額とし，Cは租税特別措置法66条の4第1項に規定する「国外関連者」に該当し，上記金額はXからCに対する寄附金であるとして，同法66条の4第3項に規定する寄附金損金算入限度額を再計算した。Xは売上対価をBからCに送金させ，仕入対価をCからAに送金させ，売買利益をCに供与したものと認定した。課税庁は，Aが基板をCに輸出し，BがCから輸入したかのように取引の体裁を整えるため，売買契約書をBおよびCに作成させたと認定し，これが「仮装または隠蔽」に当たるとして重加算税を賦課した。争点は，Aから基板を購入してこれをBに売却する取引の主体はXかCかという事実認定の問題であった。

▰▰ 第一審判決の要旨　請求認容 ▰▰

　本件取引の主体は誰かについて，Aの意思，Bの意思，CおよびXの意思，をはじめとする認定事実の下でCを取引主体とすることが仮装であったと認めるに足りる事情はない。取引関係者のCを本件取引の当事者とする意思は，いずれも真正なものであり，真正に成立した売買契約に基づいてCを取引当事者として本件取引が行われていたと認められる。

● 東京高裁判決平成14年（行コ）159号平成15年1月29日判決
▰▰ 第二審判決の要旨　控訴棄却 ▰▰

　本件取引は，Aが製作した基板をCに輸出し，これをそのままBがCから輸入するというものであって，経済的合理性を欠く無意味な取引のようにもみえる。また，A側取引およびB側取引の契約書が作成され，基板の発注，輸出入手続，納品等の約定が定められているが，実際には基板の輸出入はされず，ダミー基板の輸出入により，基板の輸出入がされたように仮装されていたばかり

か，基板がXを経由してAからBに引き渡されていたなど，契約の主要部分が遵守されていない。本件取引の当事者でないXが基板の注文，製作，授受等の事務の一部を行い，CはAに対し基板の発注手続や現実の授受をしたこともないなど関与の程度が希薄であった。しかし，Bの親会社Eの日電協輸入条件が解消されていたと認めることは困難であり，Eが輸入条件を満たすためにCを当事者とする本件取引を行ったものと認めるのが相当であり，ダミーによる輸出入もそのために行われたものと推認される。Cは本件取引により多額の収益を得て債務超過の状況を解消させている。Cには本件取引に参加する合理的な理由があり，本件取引が無意味であるということはできない。ダミーによる輸出入は契約違反であるが，本来の基板の輸出入と同様の費用を出しているので，本件取引が虚偽であることの根拠となるものではない。XはCの債権者および関連企業としてその債務超過の解消に協力する立場にあり，Aへの電子部品売買により利益を得ていたので，当事者でないXが本件取引を援助したといって不自然とはいえない。Xの税負担をみると，XのCに対する貸付金債権・売掛債権の貸倒損失処理を前提に考えれば，推定される追加納付法人税額から輸出入経費とCの米国への納税額を差し引いても，税務上の利益を算出できない。Xの課税回避の動機を伺うことができない。このように，A側取引およびB側取引が通謀虚偽意思表示によるものであって，XがAから基板を購入しこれをEに販売したと認めることはできない。

■■■ 評　　釈 ■■■

　本件では，課税庁はA→C→Bという基板の販売経路は仮装行為であり，真実の販売経路はA→X→Bであると認定し，いわゆる事実認定・私法上の法律構成の再構成を試みたが，裁判所は納税者の主張どおりの販売経路を認定し，Xの納税義務の成立を否定した。この取引が国際的に知られる海外への所得移転のスキームであることに疑いはないが，裁判所は取引当事者の意思や関連事実認定において，所得移転の可能性を認知しながら，Cに多額の利益を発生させることによってCの債務超過の解消に協力する立場としてXにとって貸倒損失処理の可能性を犠牲にしたかのような理論で，これを正当化した点は問題で

ある。国外関連者に対する貸付金債権・売掛債権の貸倒損失計上が安易に認められるならば、海外への所得移転は自由自在に行われる。本件では、租税法律主義を潜脱するような事実認定・私法上の法律構成の再構成に対し、裁判所が当事者の意思、契約書や代金の支払など詳細な事実の検証を試みた点は評価できるが、Xに租税回避の動機がないことを推認するために、取り上げたタックス・ベネフィットの評価の点で、誤った判断に導かれたことが惜しまれる。Xが関連者に対する貸付金債権・売掛金債権の貸倒損失などが容易にできないことを承知の上で海外への所得移転を試みることも想定されるべきであろう。

(5) 外国税額控除余裕枠の利用[199]

● 大阪地裁判決平成9年（行ウ）47号、48号平成13年5月18日判決

事実の概要

銀行業を営む法人Xは、他の会社間の取引に介在し、外国税額控除余裕枠を提供して低利融資を行うとともに、メキシコおよびオーストラリアに納付した源泉税について、日本の法人税申告上これらを外国税額控除の対象として申告した。課税庁は、かかる行為はXに源泉税が発生したかのように装った法形式を創り出したものであり、取引当事者間の真の目的と異なっていることから、法形式どおりの契約関係が存在するとは認められないとして、外国税額控除を否認し、併せて翌期以降の損金算入についても否認した。

① メキシコの源泉税（ペプシコ事案）

Xのニューヨーク支店は、米国法人ペプシコ社Aがそのメキシコ子会社サブリタス社Bに対して行った手形貸付に伴いBがAに対して振り出した約束手形2通を買い取るパーチェース・アンド・アサイメント契約（約束手形買取契約）およびレターアグリーメント（覚書）を締結した。Aは当該手形をXに譲渡し、この契約に基づきXは当該手形に基づいてAが保有する一切の権利を承継した。Xは、Bから受領する貸附金利息に対する15％の源泉税が法人税法69条に規定する外国法人税であり、日本・メキシコ租税条約に規定する限度税率10％による税額が控除対象外国法人税の額であるとし、これを上回

る５％相当額を損金の額に算入している。

② オーストラリア源泉税（ロシコ事案）

スイスのセメントメーカーＣ社はオーストラリアのセメントメーカーＤ社を買収するためオランダ法人ロシコ社ＥとオーストラリアのセメントメーカーＤ社を買収するためオランダ法人ロシコ社ＥとオーストラリアのセメントメーカーＤ社設立し、買収資金をＥ経由でＦに送金し、Ｃはその全額をＥに対する貸附金とし、ＥはＦから受け取る貸附金とした。ＥがＦから受け取る貸附金利息はオーストラリアの源泉税（10％）を課されるが、Ｃはオーストラリアの源泉税を外国銀行の利用によって回収する意図で、日本で外国税額控除の適用を受けることができるＸにＥのＦに対する貸附金債権を譲渡することにした。Ｘのロンドン支店は、ＥのＦに対する貸附金債権を譲り受けるとともにＥからＸに同額の定期預金を預入する債権譲渡・預金契約を締結した。Ｘは、Ｆから受け取る貸附金利息に対する源泉税が法人税法69条に規定する外国法人税であるとして外国税額控除を行った。

■ ■ 第一審判決の要旨　請求認容 ■ ■

① 私法上の法律構成による否認

本件では本件源泉税に法人税法69条１項の適用の可否が問題になった。本件源泉税がＸがＢまたはＦから受け取る利息額を課税標準として課される税であることについて当事者間の争いがないので、その利息が利子所得に当たるか否かが問題になる。「所得」概念は日本税法固有の概念であるので、「所得」に該当するか否かの判断の準拠法は、外国法でなく日本税法である。私法上の法律構成による否認において、契約の有効無効を判断することは無意味であり、真実利得が確保されているか否か、それが当事者の真意として利子所得に該当するか否かが判断すべきであり、事実認定の問題に帰着する。私法の適用を受ける経済取引の意義内容は当事者の合意の単なる表面的形式的な意味で判断するのは相当でない。当事者間の契約等において当事者の選択した法形式と合意の実質が異なる場合には、取引の経済実体を考慮した実質的な合意内容に従って解釈し、真に意図している私法上の事実関係を前提として法律構成をして課税要件への当てはめを行うべきである。以下の検討

により，本件取引から利子所得を得て外国源泉税を納付した者は，法律的にはXである。

 （ⅰ）　ペプシコ事案

  XはAがメキシコ源泉税を軽減する目的でXの外国税額控除余裕枠を利用するために手形買取契約・覚書を締結したことを理解し，対価を得ることを目的として，同契約・覚書を締結したが，当事者は本件取引により所期の目的を達成するため本件取引の形式を選択し，それに応じた法的効果を意図して同契約・覚書を締結したものであり，現実の資金移動も行われているので，これを仮装行為と解することはできない。当事者の経済的目的は，AにとってはBへより低コストの融資を行うためXを介してその外国税額控除余裕枠を利用して源泉税を軽減することであり，Xにとってはその外国税額控除余裕枠を提供することによって利得を得ることである。この経済目的を法律関係として構成すると，XからAに対する役務提供契約であるということができる。この法律関係をBからAへの貸金返済の送金事務の提供とみることは擬制にすぎず，XとAの選択した法律関係が当事者の真実の法律関係でないとすることは相当でない。

 （ⅱ）　ロシコ事案

  XはEがオーストラリア源泉税を軽減する目的でXの外国税額控除余裕枠を利用するために債権譲受・預金契約を締結したことを理解し，対価を得ることを目的として，同契約を締結したが，当事者は本件取引により所期の目的を達成するため本件取引の形式を選択し，それに応じた法的効果を意図して同契約を締結したものであり，実際の資金移動の省略と同額の預金の設定が合意され，契約の履行が現実になされているので，これを仮装行為と解することはできない。当事者の経済的目的は，EにとってはFにより低コストの融資を行うためXを介してその外国税額控除余裕枠を利用して源泉税を軽減することであり，Xにとってはその外国税額控除余裕枠を提供することによって利得を得ることである。

この経済目的を法律関係として構成すると，XからEへの役務提供契約ということができる。XとEは，この契約を実現するための法律関係として本件取引およびその結果としてXによる源泉税の納付を選択したのであり，XとEが選択した法律関係が当事者の真実の法律関係でないとすることは相当でない。

② 法人税法69条の限定解釈

税額控除の規定を含む減免規定は，通常政策的判断から設けられた規定であり，その趣旨目的に合致しない場合を除外する解釈の余地があり，また，租税負担公平の原則から不公平の拡大を防止するため解釈の狭義性が要請されるものである。本件においては，AにはBを通じてメキシコ企業の株式を取得するという事業目的があり，Xの控除枠を利用するのはメキシコ投資の総合的コストを低下させるための手段であり，EもFを通じてオーストラリア企業の株式を取得するという事業目的があり，Xの控除枠を利用するのはオーストラリア投資の総合的コストを低下させるための手段である。Xは金融機関としてAおよびEの意図を認識した上で自らの外国税額控除枠を利用して，よりコストの低い金融を提供し，その対価として利ざやを得る取引を行ったと解することができる。Xは自らの金融機関としての業務の一環として自らの外国税額控除枠を利用してコストを引き下げた融資を行ったのであり，これらの行為が事業目的のない不自然な取引であると断ずることはできない。

■■評　釈■■

本判決は，私法上の法律構成と異なる課税要件該当事実の認定について仮装行為，経済目的による真実の法律関係，および一連の取引全体を一体としてとらえるべきことを基準として掲げるが，法的根拠を示していない。私法上の法律構成を税法上否定するための前提要件を明確にしないまま，裁判所の裁量による事実認定を認めている。国際課税においては，債権譲渡に伴い利息の受益者が変更になり，源泉地国で租税条約の特典の請求権や居住地国で外国税額控除の適用を受ける権利が誰に帰属するかという問題が重要であるが，言及され

ていない。ステップ取引の原則についても，コモンローの国でない日本では明文の規定なしに，一連の取引の全貌を把握するための外国資料要求が不可能な状況で適用することは，望ましいことではあるが，困難である。例えば，手形買取契約や債権譲受契約が租税回避に該当するか，特に税法上否認すべき租税回避に該当するか，という点につき検討していない。本件スキームが税法上否認すべき租税回避でないとすれば，外国法人が日本法人を利用して第三国の源泉税の減免を実質的な受益者として享受することを許容し，かつ，日本において外国税額控除により国庫の減収という犠牲の上で利益を得るという「公序良俗」違反の疑いのある取引を許容することになろう。本判決は，法人税法69条1項の限定解釈による否認について検討するに当たって，外国税額控除制度が「政策目的に基づくもの」との認識を示しているが，国際租税法に関する理解不足を露呈している。政策的課税減免規定は特定の政策目的による租税優遇措置を意味するが，外国税額控除制度は別段そのような性格のものでなく，むしろ課税の公平と中立性を守るために認められたものである。限定解釈すべき理由は，外国税額控除制度が政策的課税減免規定であるからではなく，租税条約上の利子の受益者が外国法人であり，日本法人が単なる受取者である場合にその利子に係る外国の源泉税についてその日本法人に外国税額控除を認めないという理由でなければならない。

● 大阪高裁判決平成13年（行コ）47号平成14年6月14日判決
▓▓ ▓▓ 第二審判決の要旨　控訴認容 ▓▓ ▓▓
① ペプシコ事案

　Xは，Aがメキシコ源泉税の負担軽減を図るためXの外国税額控除余裕枠を利用することを理解した上でAとの間で手形買取契約・覚書を締結し，Aから余裕枠を利用させた対価を得たものと認められる。課税庁は，真実の法律関係はXがAに対し外国税額控除余裕枠を提供し，Aからその役務提供の対価を得る行為であり，Xがこれを隠蔽するためにXがあたかも契約当事者であるかのような外形を作出すべく本件取引を行ったもので，取引を仮装し

たものと主張するが，その主張する行為は本件取引の動機・目的ないし経済的側面を法律的表現を借りて言い表したものにすぎない。また，その行為は本件取引の外形と両立しない行為といえず，通謀虚偽表示により隠蔽された行為というものではない。したがって，本件取引の契約当事者の効果意思と本件取引の外形との間に齟齬はなく，本件取引を通謀虚偽表示（仮装行為）ということはできない。

② ロシコ事案

XはEがオーストラリア源泉税の負担軽減を図るためXの外国税額控除余裕枠を利用することを理解した上でEとの間で債権譲受・預金契約を締結し，Eから余裕枠利用の対価を得たものと認められる。課税庁は，これを真実の法律関係というべきであり，Xはこれを隠蔽するためにXがあたかも契約当事者であるかのような外形を作出すべく本件取引を行ったもので，取引を仮装したものと主張するが，その主張する行為は本件取引の動機・目的ないし経済的側面を法律的表現を借りて言い表したものにすぎない。したがって，本件取引の契約当事者の効果意思と本件取引の外形との間に齟齬はなく，本件取引を通謀虚偽表示（仮装行為）ということはできない。

③ 法人税法69条の限定解釈による否認

税額控除を含む課税減免規定は，通常，政策的判断から設けられた規定であり，その趣旨・目的に合致しない場合を除外するとの解釈をとる余地もあり，また，これらの規定については，租税負担の公平の原則から不公平の拡大を防止するため，解釈の狭義性が要請される。単なる外国税額控除枠の彼此流用については，租税回避の問題があると解されたとしても，原則として，税額控除要件を満たしている限り，租税回避を理由として否認することはできない。その限りにおいて，内国法人が控除限度額の枠を自らの事業活動上の能力，資源として利用することが禁じられているわけではない。しかし，本件では，同一法人内の彼此流用の問題でなく，XにおいてAやEが外国源泉税の負担軽減を図るため，Xの外国税額控除余裕枠を利用することを理解した上で，これを内容とする各取引を行い，AやEに余裕枠を利用させ，各

社からその対価を得たものと認められるので，別途の考察が必要である。すなわち，法人税法69条は国際的二重課税を排除して日本企業の国際取引に伴う課税上の障害を取り除き，事業活動に対する税制の中立性を確保することを目的とすることにかんがみると，同条は内国法人が客観的にみて正当な事業目的を有する通常の経済活動に伴う国際取引から必然的に外国税を納付することとなる場合に適用され，かかる場合に外国税額控除が認められ，かつ，その場合に限定されるというべきである。内国法人が同条の適用対象者ではない第三者に外国税額控除の余裕枠を利用させ，第三者からその利用に対する対価を得ることを目的としてそのために故意に日本との関係で二重課税を生じさせるような取引をすることは，同条の制度の趣旨・目的を著しく逸脱するものというべきであり，当該行為にはおよそ正当な事業目的がなくあるいはきわめて限局された事業目的しかないから，内国法人が同取引に基づく外国法人税を納付したとしても，同条の制度を濫用するものとして，同条1項にいう「外国法人税を納付することとなる場合」には該当せず，同条の適用を受けることができないとの解釈が許容されてしかるべきである。

評釈

本判決は，「納付することとなる場合」の解釈に当たり，これまでの形式的判断でなく，「正当な事業目的」基準を導入した。外国税額控除の濫用に対して，わが国は歴史的にみると，国際的二重課税の排除という制度の趣旨に反するスキームが発見される都度，立法により，控除限度額の算定や外国税の範囲などを中心に対抗策を講じてきた。本判決で濫用と認められる場合に，法令上明文がないにもかかわらず，文理解釈の枠を越え，司法段階で「事業目的」基準を導入することが立法行為に相当する点は，問題である。制度濫用の防止のため，このような基準が必要になりつつあると考えるが，「事業目的」基準の内容を明確にするため，法令化すべきであろう。

3 タックス・シェルターは租税回避行為として否認されるか

　米国では「納税者が税法に定めるところに従い租税を納付する義務を負うが、税法の要求するより以上の租税を支払う義務を負わない」という考えが普及し、納税者とその顧問たちは税法のループホールを探し求め、納税義務の最小限度を追及する。

　米国最高裁も「別段の定めがない限り、税法の認める方法により税負担を減少させまたは回避することは納税者の合法的な権利である」と判示している。したがって、「節税」は当然認められ、「租税回避行為」も「税法の認める方法」でありかつこれを禁止する「別段の定め」がない場合であれば認められる。

　そこで、頭脳の優れた租税弁護士や公認会計士、投資銀行家たちが競って徹底的な税法の研究を行い「税法の定めるところ」「税法の認める方法」「立法（議会）の意図」「税法の定めていないところ（税法のループホール）」を明らかにし、次々にタックス・シェルターという名の租税回避策を開発し、高額でこれを納税者に販売する現象が起こっている[200]。

　タックス・シェルターは、租税回避行為の一種であり、脱税とは明確に区別されるものである。米国内国歳入庁の特別捜査官ハンドブック[201]は、「租税回避は隠蔽せず偽りを述べず出来事を税法に適合させ、その出来事が起こったときはこれを開示する方法で税負担を減少させまたは排除することであるが、脱税は詐欺、誤魔化し、偽装、隠蔽、出来事を歪め若しくは曖昧にし、または物事を偽る方法で税負担を免れることであり、租税回避と脱税は十分明確に区別できる」と説明している。

　このような考えに基づき、米国税法は、原則としてタックス・シェルターの存在を認め、このうち、税法に規定するタックス・シェルターの定義に該当するものは内国歳入庁に登録して、内国歳入庁の審査を受けなければならないこととしている。その審査や税務調査において内国歳入庁は「濫用的タックス・

シェルター」に該当すると認定した場合には税法上これを否認することができる。

米国の考えでは，内国歳入庁への登録をせずに売買されたタックス・シェルターは，「租税回避は隠蔽せず開示すべきである」という基準に反するものとして「濫用的タックス・シェルター」に該当するものとみなされ，税法上否認されることになる。米国税法の定義では，タックス・シェルター[202]とは，投資における持分の売却のオファーの説明から当該投資の売却のオファー後に終了する5年のいずれの年の末日においても「投資家のタックス・シェルター割合」が2対1より大きくなると誰もが合理的に推測できる投資であって，連邦・州の証券法による登録を要し，連邦・州の証券規制当局に通知を要する登録免除により売却されるか，または「相当の投資」に該当するものである。日本の税法では，タックス・シェルターの定義がないため，俗語としてタックス・シェルターという用語や「金融商品」「課税逃れ商品」「課税逃れサービス」など曖昧な表現[203]が巷間よく使用されるが，法的概念としてその具体的意味が確立されない状態にある。そのため，個別事案ごとに課税処分の段階や裁判において税法上の否認の適否を争うことを余儀なくされている。

▼ 4　タックス・シェルターの原理的な類型

日本の税務慣行では税務職員の守秘義務を理由に課税処分を行った個別事案について公表されることがなく，頭脳ゲームのように組み立てられた租税回避行為をどのような基準で否認しているのかを明確に示す判例もまだ少ない。映画フィルム・リース，土地交換，外国税額控除，迂回取引などの判例が現れ始めたところである。しかし，米国の税務慣行では，日本と異なり，租税回避行為，なかんずくタックス・シェルターについて課税庁が「濫用的タックス・シェルター」と認定した場合には現行法令の解釈でこれを「潰す」（シャット・ダウンという）ことができるとき，その事実関係と適用法令を合わせて同様のケースは税務上否認することを国民に警告する内国歳入庁ノーティス[204]を発

することになっており、新しいタックス・シェルターに現行法令では対処できないと判断したときは、これを否認することができないので、迅速に税法改正を行い、同様のタックス・シェルターを否認するための個別的否認規定を設けることになっている。

そこで、本書は、公表された米国のタックス・シェルターを類型化[205]して、米国のプロモーター（弁護士、公認会計士、投資銀行家など）がどのような税法のループホールに着眼して形式的に税法に違反しない複雑かつ異常な取引をどのように行いその結果として課税を免れようとしたか、そのアイデアを明らかにする。法人税を例にとると、税額は「課税標準（益金－損金）×税率－税額控除」という算式により計算されるので、プロモーターの発想は、①課税標準の引下げ、すなわち益金の最小化と損金の最大化、②税率の引下げ、③税額控除の最大化を合法的に実現する取引を編み出すことである。このタックス・シェルターの3要素のうち課税標準の引下げを主眼とする事例が最も多い。以下にその主たるものを例示することにする。

(1) 第1類型　資産の取得価額に関する規定の利用

特に経済的価値のない資産の「税務上の帳簿価額」をいろいろな方法で創造してこれを資産譲渡の「原価」や資産の「減価償却費」として「損金項目」を増やし、その結果として課税標準たる「課税所得」を減らし、「税額」を減らす方法が流行している。

① 非課税現物出資の規定の利用

第一に、米国の税法では、法人が他の法人に資産を譲渡してその対価として譲受法人の発行する株式を取得する場合、その譲渡法人が譲受法人を支配するときはその資産の譲渡益を税務上認識しないと譲渡益非課税を規定している[206]。そこで、複数の法人が他の法人に資産を現物出資してその直後に複数の譲渡法人が出資持分をまとめ80％以上を保有する形を整えれば、資産の譲渡益を非課税とすることができる。譲渡法人の真実の経済効果は譲受法人に対する「資産の売却」であったとしても「資産の現物出資」という法形式を選択する

ことによって譲渡益を非課税にすることができるのである。

　第二に，米国の税法では，資産の譲渡法人はその対価として取得した譲受法人の株式の帳簿価額は譲渡した資産の帳簿価額を引き継ぐこととし，その資産の譲渡につき譲渡益を計上した場合にはその譲渡益を受入帳簿価額に加算することとしている[207]。譲渡法人が譲受法人に資産の現物出資を行うときその負債引受をしてもらう場合には，負債引受を金銭等の支払とみなさないと定めている[208]。これらの規定を利用すると，法人が帳簿価額6億円，時価10億円の資産を売買すれば4億円の譲渡益が生じるが，「売買」でなく「現物出資」という法形式を用いれば，その4億円の譲渡益は非課税であり，対価として取得した譲受法人の株式の受入帳簿価額を譲渡資産の帳簿価額6億円とすることができる。　もし，4億円の譲渡益を計上する場合には，譲受法人の株式の受入帳簿価額は6億円＋4億円＝10億円となる。このように支配関係のあるグループ企業間でどの法人で譲渡益を計上するかが選択できるので，非課税法人や赤字法人において譲渡益が生じるように選択が行われると，税金が消えることになる。

　また，この場合，譲受法人が譲渡法人の4億円の負債を引き受ける場合，実質的には帳簿価額6億円の資産の現物出資に対しその対価として株式を交付するほかに4億円の現金を支払うようなことになるが，税法はあえて負債の引受を金銭等の支払とみなさないので，この手法が流行した。そこで，税法改正を行い，引き受けた負債の帳簿価額が出資を受けた資産の帳簿価額を上回る場合には，資産の譲渡法人は譲渡益を計上し，譲受法人は資産の受入帳簿価額に同額を加算しなければならないことにし，負債の引受が明らかに「租税回避の意図」によると認められる場合にはその資産の時価を限度として引き受けた負債の金額と同額の譲渡益を加算しなければならないこととした。

　第三に「現物出資した資産の帳簿価額をその対価として取得する譲受法人の株式の帳簿価額として引き継ぐ」手法によって，「経済価値のない資産の帳簿価額」を人為的に創造することができ，この帳簿価額を所得控除のために利用することができる[209]。

② 課税標準を国外に移転するベーシス・シフト

上記①の原理「現物出資に伴う負債の引受に関する課税ルール」を利用して米国から課税標準を海外に移転する手口がある。これは,「ベーシス・シフト」210) と呼ばれている。これは, 多くは企業グループ内取引であるが, 次のような手順を踏んで行われる。米国法人は, 米国で納税義務のない外国法人や非課税法人から現物出資を受け, 併せて外国法人の負債を引き受ける。外国法人は, 米国法人の株式の受入帳簿価額はその現物出資した資産の帳簿価額を引き継ぐことになる。

この負債の引受は, 米国税法では金銭等の交付とはみなされないので, 譲渡益の計上を要しない。米国税法は, 租税回避を防止するため, 明らかに「租税回避の意図」があると認められる場合には金銭等の交付があったものとしたので, 外国法人はその金銭等の交付があったとされる金額の譲渡益を計上し, 米国法人は現物出資として受け取る資産の受入帳簿価額にその譲渡益相当額を加算することになる。結果として米国法人が取得した資産の税務上の帳簿価額は, 外国法人の計上した譲渡益だけ嵩上げされていく。

外国法人は譲渡益につき非課税とされる一方で, 米国法人は嵩上げされた帳簿価額を基にその資産を次に転売するときの譲渡益を圧縮したり, その資産の減価償却費の計上によって所得控除を増やすことができる。これを防止する規定がなければ, 第一次租税回避防止規定を利用して第二次の租税回避が可能になり, 税金が国外に消えていく。

③ 不確定債務と資産の抱合せ現物出資

経済的価値のない資産の帳簿価額の創造は, 税務上認識されていない不確定債務と資産の抱合せの現物出資211) によって行われる。

現物出資において資産の移転とともに負債の引受が行われた場合の米国税法の取扱ルールは, 上記①で述べたとおりであるが, 現物出資の対価として譲渡法人が取得する株式の受入帳簿価額を出資した資産の帳簿価額から引受された負債の金額を控除した残額とすると定めている。税務上認識されない不確定債務と資産を抱合せて現物出資するとき, その時点では「含み損益」は実現しな

いものとされ，譲渡法人は株式の受入帳簿価額を「負債の控除」なしに出資した資産の帳簿価額どおり引き継ぐことができる。経済的には，このような抱合せ現物出資の時価はその資産の時価から不確定債務の時価だけ減額した残額となっているはずであるが，この段階では税務上未実現の負債は無視されるのである。譲渡法人は，この株式を不確定債務とともに時価譲渡するとき，譲渡損失を生じ，譲受法人は，不確定債務の確定によって損失を生じる。このため，経済価値を反映しない税務上の帳簿価額の創造によって，損失の二重控除が行われ，税金が失われることになる。

④ 含み損のある資産の取得を利用するハイベーシス・ローバリュー

上記①の現物出資による税務上の帳簿価額の引継ルールの応用事例として，含み損のある資産を納税者に移転させ，その後納税者がその資産を売却してその含み損を実現させ，所得控除に充てる方法が流行している。これはハイベーシス・ローバリューというスキームである[212]。米国として税金が国外に消える方法として問題視するのは，グループ内の外国法人が含み損のある資産を米国法人である子会社に現物出資する場合，その現物出資は非課税であり，米国法人が取得する資産の受入帳簿価額はその外国法人の帳簿価額を引き継ぎ，その後この資産を処分して含み損を実現し，米国の課税所得を減少させる点である。

米国議会が解明したエンロンの租税回避策の中にプロジェクト・スティール[213]という名のアイデアがある。これは，グループ外のプロモーターが保有する含み損のある資産をエンロンのグループ法人に現物出資させてこの含み損をグループとして実現させ，プロモーターの方も現物出資の対価として取得するグループ法人の株式の税務上の帳簿価額として出資した含み損のある資産の税務上の帳簿価額を引き継ぐ結果，その株式を処分するとき譲渡損を計上することができるという損失の二重控除といわれる計画である。

⑤ リース・ストリップ[214]という名の不思議な取引

米国で納税義務のない外国法人が保有している航空機などのリース資産について生ずる将来のリース料収入を別の会社に譲渡する契約を締結し，譲渡益を

外国で計上すると，このリース資産は将来のリース料を稼得しない財産になり，実際の経済価値は激減する。この外国法人は米国法人にこのリース資産を非課税で現物出資すると，米国法人は外国法人の税務上の帳簿価額（リース料の譲渡前の帳簿価額）を引き継ぐことになり，米国でその受入帳簿価額を基礎に減価償却費を計上したり，この経済価値の激減したリース資産を時価で処分するときは，外国法人が抜き取った譲渡益に相当する含み損が米国で実現することになる。このリース・ストリップによって，米国の税金は外国に消えていく。

(2) 第2類型　非法人の利用
──パートナーシップの多彩なスキーム

たいていの国では，納税義務者を個人または法人と定めているので，合法的に節税するため個人でもなく法人でもない存在を利用することが普及している。

このような存在を本書では「非法人」と呼ぶことにする。これには，日本でよく利用される民法上の組合や商法上の匿名組合をはじめ，外国でよく利用される各種のパートナーシップ，リミテッド・ライアビリティ・カンパニー，信託や遺産財団などが含まれる。これらの存在を法人とするか，法人でない団体とするか，または単なる契約とするかについては，各国の私法や税法に差異があり，その差異を利用する租税回避行為が多い。本書では，主として米国のパートナーシップを中心に有名なアイデアを取り上げてみよう。

①　パートナーシップ

日本の任意組合や匿名組合は私法上団体ではなく契約として規定されるが，その課税関係について税法に詳細な規定はない。これと似て非なるものとして外国にはパートナーシップが存在し，米国税法をみると，きわめて詳細な規定が設けられている。このことは，米国経済においてパートナーシップがいかに重要な存在になっているかを示すものである。米国のパートナーシップの基本ルールは，次のように要約できる。

パートナーがパートナーシップに資産を拠出して持分を取得する場合，パートナーとパートナーシップのいずれも損益を認識されず，出資者の資産の税務

上の帳簿価額はパートナーシップ持分の帳簿価額として引き継がれる[215]。また，パートナーがパートナーシップの負債を引き受ける場合，パートナーが引き受けた負債に相当する額を出資したものとし，パートナーシップがパートナーの負債を引き受ける場合，パートナーシップがパートナーに同額の分配をしたものとされる[216]。

　パートナーシップが損益を生じた場合，観念的にパートナーに対する損益の分配が行われ，パートナーシップ持分の帳簿価額は増減する。損益分配割合はパートナーシップ契約によって合意される。持分の償還については償還により受け取る資産の帳簿価額は，持分の帳簿価額を引き継ぐものとされる。持分の譲渡があっても，パートナーシップの保有する資産の帳簿価額は修正されない。

　② 　**負債の引受によるパートナーシップ持分の帳簿価額の嵩上げ**

　パートナーシップがパートナーからその負債を引き受ける場合，パートナーシップがパートナーに金銭の分配を行ったものとされ，そのパートナーのパートナーシップ持分の税務上の帳簿価額は減額し，経済価値は税務上の帳簿価額よりも小さくなる。このため，この負債の引受によって経済価値のない持分の税務上の帳簿価額が創造される。その後，パートナーはこの嵩上げされた税務上の帳簿価額を基礎として損金計上を行うことができる。このアイデアは，インフレーテッド・パートナーシップ・ベーシス[217]の名で知られている。

　③ 　**パートナーシップ・ストラドル**[218]

　取引当事者の一方の意思表示により特定の取引を成立させる権利をオプションといい，一定期間内に株式，債券，通貨などの特定商品を一定数量，一定価格（権利行使価格）で買う権利をコール・オプションといい，売りつける権利をプット・オプションという。ストラドルとは，同一行使価格のコール・オプション1単位とプット・オプション1単位の買いあるいは売りの組合せをいう。

　法人は，2階建てのパートナーシップを組成して下層パートナーシップにストラドルのポジションをとらせ，利益が生じたポジションを処分させると，パートナーとして法人と上層パートナーシップが有するパートナーシップ持分の税務上の帳簿価額は利益計上により同額だけ増加する。このとき，法人は米

国法人に上層パートナーシップの持分を時価で譲渡する。すると，ストラドルではパートナーシップ持分の経済価値は変化しないために，法人には譲渡損が生じる。

米国法人の上層パートナーシップ持分の税務上の帳簿価値は，経済価値と同額になり，その後，上層パートナーシップは下層パートナーシップの持分を米国法人に時価で譲渡する。このとき，上層パートナーシップには譲渡損が生じる。その後，下層パートナーシップは，損失が生じたポジションを処分し，この損失を米国法人に分配する。

米国法人の下層パートナーシップ持分の税務上の帳簿価額は損失計上により同額だけ減少する。その後米国法人が下層パートナーシップ持分を処分したとき，譲渡益が生じるが，上層パートナーシップが米国法人に下層パートナーシップ持分を譲渡したときに生じた譲渡損の繰延分が損金計上されるので，その譲渡益は相殺される。

④ 含み益のある資産による減価償却資産の税務上の帳簿価額の嵩上げ

法人が自社株の税務上の帳簿価額をすでに減価償却済みの減価償却資産の税務上の帳簿価額に移し変えて，嵩上げを行い，創造された減価償却費によって所得控除を行うアイデアがある。米国議会によって解明されたエンロンの租税回避策の中に「プロジェクト・コンドル」[219] という名のアイデアがこの類型に属する。米国税法ではパートナーシップに拠出する前の含み益で拠出後に実現する所得をパートナー間で配分する「修正配分ルール」[220] やパートナーシップ持分の償還のときにパートナーシップから取得する資産の税務上の帳簿価額の「引継ルール」[221] がある。

エンロンは，関連者とともにパートナーシップを組成し，エンロンが保有する含み益のある資産と自社株をこれに拠出する。パートナーは，拠出された資産を加速度償却し，パートナーシップ契約でそのすべての減価償却費をエンロンだけに分配し，これに対応する所得は他のパートナーに分配する修正配分を行うことに合意する。パートナーシップ持分はその資産の拠出の時点における時価だけ増加する。その後，そのパートナーの持分を償還するが，パートナー

シップから受け取る減価償却資産の税務上の帳簿価額は，その持分の税務上の帳簿価額を引き継ぐことになる。

　このパートナーシップにはエンロンの株式が唯一の資産として残るが，その株式の税務上の帳簿価額は，持分の税務上の帳簿価額と同額だけ引き下げられる。他のパートナーは，税務上の帳簿価額を嵩上げされた減価償却資産を受け取り，減価償却費により課税所得を減らし，パートナーシップに残っている税務上の帳簿価額の引き下げられた自社株については，損益の認識をされない資産と株式との交換など次の租税回避策に用いられる。

　エンロンは，「プロジェクト・コンドル」に類似した「プロジェクト・タミーⅠ」や「プロジェクト・タミーⅡ」[222)]というアイデアを用いた。例えばタミーⅠの場合，エンロンとその子会社はパートナーシップを組成し，含み益のある資産を拠出し，パートナーシップ持分を取得し，それぞれの有するパートナーシップ持分の95％をグループ内法人である単一のパートナーに拠出してパートナーシップ持分を集中させた上，パートナーシップは含み益のある資産を他に売却すると，譲渡益が実現するとともに，パートナーシップ持分のベーシスが引き上げられる。この成果のほとんどすべては単一のパートナーに配分される。

　パートナーシップは，売却収入をもって価値の低い減価償却資産の購入やエンロン優先株を購入し，その後パートナーシップ持分の償還を行い，単一のパートナーにその価値の低い減価償却資産を分配する。すると，この価値の低い減価償却資産はパートナーシップ持分の高いベーシスを引き継ぐことになる一方，パートナーシップに残る唯一の財産はエンロン優先株のみとなる。この取引でこの減価償却資産は経済価値が小さく税務上の帳簿価額が高い含み損のある資産が創出され，その資産の減価償却により損金が創造される。もし，この資産を時価で譲渡するとすれば，譲渡損が生じることになる。その価値の低い減価償却資産のベーシスの引上げに伴ってエンロン優先株の税務上の帳簿価額が引き下げられることになるが，この株式の処分を行う段階で譲渡益が生じることになる。

⑤ 含み益のある資産の非課税譲渡と税務上の帳簿価額の移し変え

パートナー間で含み益のある資産を非課税で譲渡しかつその時価で他のパートナーに税務上の帳簿価額を移し変えるためにパートナーシップ課税ルールが利用される。このアイデアはパートナーシップ・ベーシス・シフティング[223]と呼ばれる。

米国議会が解明したエンロンの租税回避策の中に「プロジェクト・トーマス」[224]という名のアイデアがある。時価は高いが減価償却によって税務上の帳簿価額が低い減価償却資産を有するエンロンは、プロモーターとともにパートナーシップを組成し、この含み益のある資産と自社の子会社株を拠出して離脱権付で95％のパートナーシップ持分を取得し、これを税法上無視されるリミテッド・ライアビリティ・カンパニーに移転し、その後リミテッド・ライアビリティ・カンパニーをパートナーシップから離脱させ、リミテッド・ライアビリティ・カンパニーのパートナーシップ持分を清算させ、自社の子会社株をパートナーシップからリミテッド・ライアビリティ・カンパニーに分配させる。この結果、自社の子会社株の価値が持分の金額を超えているため、これを調整するためパートナーシップの負債も分配される。そこでパートナーによるパートナーシップの負債の引受に関するルールが適用され、自社の子会社株の税務上の受入帳簿価額は、パートナーシップの保有していたときの税務上の帳簿価額から持分の清算のときに引き受けた負債の金額を減額した残額まで引き下げられる。これと同額だけパートナーシップはその残余財産である含み益のある資産の税務上の帳簿価額を引き上げた。

このパートナーシップは、残りのパートナーであるプロモーターのみによって所有されることになる。その後、プロモーターはパートナーシップを通じてその含み益のある資産を売却するが、その資産の税務上の帳簿価額はすでに引き上げられているので、これと同額で売却される場合には譲渡益は生じないことになる。

この取引の結果、含み益のある資産は、エンロンからプロモーターに非課税で移転され、エンロンはその資産の時価に相当する経済的価値を他の資産で受

け取ることになる。

⑥ みせかけのリース・アレンジメントによる非減価償却資産から減価償却資産に税務上の帳簿価額の移し替え

最小の経済的支出で減価償却資産の税務上の帳簿価額を引き上げるために非減価償却資産から減価償却資産に税務上の帳簿価額を移し変えるアイデアがある。このアイデアは，エンロンでは「プロジェクト・テレサ」[225]と呼ばれた。エンロンは第三者とプロモーターとともに法人Rにリース資産と受取手形と現金を拠出し，その法人Rの普通株式と優先株式を取得する。第三者とプロモーターは，現金を拠出し，法人Rの優先株式を取得した。

また，エンロンは，その子会社Tに別の子会社Bのすべての普通株式を拠出してT普通株式の80％を取得し，法人Rはエンロンから拠出された受取手形と現金を拠出してT普通株式の20％とT優先株式を取得した。その直後にエンロンと法人Rはリミテッド・パートナーシップVを組成し，法人RはVにエンロンから拠出されたリース資産と第三者とプロモーターから拠出された現金およびT優先株式を拠出してそのリミテッド・パートナーシップVの持分の98％を取得した。エンロンの子会社Cは，現金と米国財務省証券を拠出してVのゼネラル・パートナー持分1％を取得し，プロモーターは，現金を拠出してVのリミテッド・パートナー持分1％を取得した。ついで，エンロン関連会社は5年間にわたりVからT優先株式を定期的に購入することにすると，税務上この購入は「関連会社からの配当」とみなされることになる。エンロンの子会社DはVからT優先株式を購入し，約束手形を渡した。その直後に税制改正が行われ，「異常配当ルール」[226]が改正されたことにより，意図した利点が排除されたので，Tは税務上類似の効果をもつ償還プランを実施した。

法人Rは，エンロン連結納税グループに加入し，Vが清算を行い，その結果，清算分配により法人Rは，リース資産を受け取ることになる。このとき，リース資産の税務上の帳簿価額はVの受取配当総額を反映して引き上げられており，これに基づく減価償却費の損金計上が予定されていた。このアイデアの狙いは，パートナーシップに減価償却資産と関連会社の優先株式を拠出し，優先株式か

らの受取配当を益金不算入とし、非減価償却資産であるパートナーシップ持分の帳簿価額を益金不算入部分を含む受取配当の金額だけ嵩上げして、このパートナーシップの清算を行って減価償却資産の分配を行い、減価償却資産の税務上の帳簿価額を受取配当の金額だけ引き上げることである。

米国税法では「投資簿価修正ルール」によって連結納税グループ内からの非課税配当の受取については配当支払法人に対する投資の帳簿価額を引き下げなければならないとされるが、配当として扱われる償還が投資簿価を引き下げることになってはその狙いに反するので、配当の受取者は連結納税グループ外の法人でなければならない。そこで、エンロンは、法人Rに対し株式価値の98％を取得しつつ議決権の75％の取得に止めている。

(3) 第3類型　会社から株主への資産の分配

会社から株主への資産の分配において株主の受入帳簿価額に関する規定によって経済価値と異なる帳簿価額とすることにより課税標準の引下げを行う事例が多い。米国税法上、資産の分配は、その形態を問わず、利益積立金から払い出され、利益積立金の分配は配当として扱われ[227]、利益積立金を超える分配は投資元本の回収とされる。株主は株式の帳簿価額を受け取った資産の金額だけ減額しなければならず[228]、株式の帳簿価額がゼロになった後の資産の分配は譲渡益とされる[229]。資産の分配に伴い法人の負債を株主が引き受ける場合や負債の担保となっている資産が分配される場合には、分配された金額は分配された資産の価額から負債の金額を減算された残額とされる。

① 負債の担保となっている資産の分配による含み損の創造

法人が投資媒体とする子会社から担保付有価証券の分配を受ける。この子会社に利益積立金がない場合、通常、親会社が所有する子会社株式の帳簿価額は分配された資産の額だけ減額される。米国税法では分配された資産が負債の担保になっている場合には分配された資産の価額から負債の金額を控除した金額が分配された金額とされるので、経済価値のある資産が同額の負債の担保に供されている場合にこの資産が分配されるとき、あたかもその資産の分配がな

かったものとして扱われることになる。このようなとき，分配された資産の税務上の評価額はゼロとなり，親会社の保有する子会社株式の帳簿価額は減少しない。その後，親会社がこの子会社株式を時価で売却すると，譲渡損の計上ができることになる。

米国ではこのアイデアはボンド・アンド・セールス・ストラテジーのイニシャルをとってBOSS[230]の名でよく知られている。

② 償還株式の税務上の帳簿価額の引継による譲渡原価の嵩上げ

米国税法では株式の償還または自己株式の取得は一定の場合には「株式の譲渡」として取り扱われるが，一定の場合に該当しない場合には株式償還の支払代金は税務上支払法人の利益積立金の範囲内で配当とみなされる[231]。また，米国財務省規則では償還株式の税務上の帳簿価額を譲渡原価として損金に計上する機会が失われるため償還後に残存する同じ銘柄の株式の帳簿価額にこれを加算させ，譲渡原価として損金に計上することを可能にする目的で，償還株式の税務上の帳簿価額を同じグループ内の法人に引き継ぐことを認める帳簿価額引継ルールを定めている。

このルールを利用して，米国法人が外国法人株主の所有する株式を償還してみなし配当の計上を国外で行わせ，償還株式の税務上の帳簿価額を残存する株式の保有者である同じグループ内の他の米国法人に移し変え，その後これを譲渡原価として米国で譲渡損を計上するというベーシス・シフティング[232]のアイデアがある。

③ 不動産投資信託を利用する課税所得の課税法人から非課税法人への移転

米国税法は，日本の特別目的会社，投資会社および特定信託などのモデルともいうべき投資媒体の支払配当の損金算入を認めている。税法自らが，一定の投資媒体を法人であるが投資所得の導管となることを認めている。そのような代表的な投資媒体として不動産投資信託[233]がある。これを利用して課税所得を課税法人から非課税法人に移転する「ファースト・ペイ・ストック／ステップ・ダウン・プリファード」[234]という有名なアイデアがある。

米国法人と非課税法人は，不動産投資信託を組成し，これを通じて投資活動

を行う。課税法人が普通株式を取得し，非課税法人が優先株式を取得する。投資初期に得た投資果実は優先株式を有する非課税法人に分配される。この優先分配額は，非課税法人の受取累計額が投資元本と市場レートの投資収益との合計額に到達した時点でゼロになる。その後，不動産投資信託は優先株式を償還し，米国法人が唯一の株主となり，この不動産投資信託は清算される。

　米国税法では，清算において完全な子会社から取得する残余財産の分配は非課税とされる。そのため，米国法人は，非課税で投資元本を回収することができるとともに，残余財産について分配法人の帳簿価額を引き継ぐことになる。分配される資産が，税務上投資元本となるか投資収益の配当となるかを操作することにより，すべての株主が非課税となる。

　米国財務省規則は，このような租税回避行為を防止するため，「ファースト・ペイ・ストック」について，その分配は投資収益のみでなく投資元本の回収部分を含むと定義し，課税庁は実質課税の原則により経済的実質を反映した取引を認定することができると定めた[235]。

④　自社株報酬による損金の二重計上

　米国財務省規則では，米国法人の株主がその米国法人の従業員に資産を交付した場合には，株主が米国法人にその資産を拠出しその米国法人が直ちにその資産を従業員に交付したものとみなすと定めている[236]。このルールを利用して，米国法人はその子会社を媒体として自社株を取得してこれを従業員に交付すると，税法上この子会社は米国法人の株主とみなされ，その株主から自社株を出資され，これを従業員に報酬として交付したものとされる。子会社から米国法人への自社株の出資は資本取引として課税関係は生じない。

　米国法人の所有する子会社株式の税務上の帳簿価額は減少しない。子会社が所有する米国法人の株式の税務上の帳簿価額は，米国法人の自社株をそれを発行した米国法人に出資しているとみなされるので，変更せず，現実に子会社の保有する株式数が減少するので，清算直前に米国法人の子会社株式勘定に含み損が生じる。米国法人は自社株を従業員に交付するとき，自社株の金額を支払報酬として損金に計上することができる[237]。子会社は未交付の米国法人の自社

株を売却し，その後に清算する。米国税法では清算に伴う残余財産の分配は，配当ではなく株式との交換として扱われる[238]。子会社の清算により，米国法人の子会社株式の含み損が実現する。このようにして，自社株を従業員に現物給付することにより損失の二重控除が行われる。

(4) 第4類型　負債の引受の対価として取得した資産の取得価額

　資産の税務上の帳簿価額は，その取得に要したコストであるが，負債の引受を行う代わりに取得した資産の取得に要したコストは金銭その他の財産の支払額である。大切なことは，負債の引受額は将来返済すべき金額（額面金額）であって，これを現在価値に割り引いた金額ではない。

　外国法人が長期借入金で金融資産を購入し，この金融資産をこの長期借入の担保とし，借入金の利子は担保に供された金融資産から支払われるとする場合，米国法人がこの外国法人から長期借入金の元本のみの負債を引き受け，支払利子の負債についてはこの外国法人の連帯債務者になることとし，外国法人はその負債の引受の見返りとしてその負債の経済価値（額面金額の現在割引価値）に相当する金融資産の一部を米国法人に譲渡することにより，負債の引受の対価として取得した資産の税務上の帳簿価額をその経済価値より高くした後にその資産を譲渡して譲渡損を計上するというアイデアが流行した。このアイデアは，「インフレーテッド・ベーシス」[239] という名で知られている。

　また，米国税法では負債の現在割引価値に等しい時価の金融資産と負債元本を譲渡した場合，負債の帳簿価額がその資産の帳簿価額を超えるときは，その超過額は譲渡益とみなされる。資産の譲受者は，資産の譲渡者が認識する譲渡益に相当する金額だけ譲受資産の帳簿価額を引き上げることができる。このルールをグループ内の企業間取引に利用して所得の海外移転が行われる。グループ内の外国法人や非課税法人がその資産の譲渡者となり，米国法人がその資産の譲受者となる場合には，外国法人や非課税法人が認識する譲渡益に対しては米国で課税できず，米国法人が認識する譲渡損によって，米国の税金が失われることになる。

(5) 第5類型　金融資産の取引による課税繰延

合法的な節税の方法として,「当期の税負担を減少させる」ことを目的とする「期間損益」の操作を,デリバティブ取引などの損益計上時期によって行うことが流行している。

① 想定元本取引

米国財務省規則では「想定元本取引」[240]を金利スワップ,通貨スワップ,ベーシス・スワップ,金利キャップ,金利フロア,商品スワップ,株式スワップ,株式指数スワップ等の一定の想定元本に基づいて受払を行う金融商品と定義している。想定元本取引の支払は,定期的支払(契約期間において1年以内の間隔で定期的に行う支払)と非定期的支払(定期的支払および契約終了時の支払以外の支払)に分類され,それぞれの損益の認識は,定期的支払については期間の経過に応じて行い,非定期的支払については経済実態に応じて行うこととされる。想定元本取引において受け取る金額を固定しないで株式や株式指数などに連動するように契約期間終了まで金額が確定しない取引を行い,益金の認識を繰り延べるアイデアが生じる。

そこで,所得を受取レグと支払レグに分けて,支払レグは定期的に支払うこととし,支払の時点で損金に計上し,受取レグは受取時期を先に延ばして益金の計上を遅らせ,課税の繰延を行うアイデアである。このような方法で「期間損益」が租税回避の目的で悪用されるときは,この行為計算を否認する権限を課税庁に与える財務省規則の包括的否認規定がある。

② 負債ストラドル

同一行使価格のコール・オプション1単位とプット・オプション1単位の買いまたは売りの組合せをストラドルといい,相場が行使価格から上下いずれかに変動すると,利益または損失が生ずる。ストラドル・ポジションをとれば,経済的には損益は生じないが,相場変動が生じる事象が生じた場合,損失を生じた金融資産を先に処分して損金計上を行い,利益を生じた金融資産の処分を遅らせ,課税の繰延を図る「負債ストラドル」[241]という名のアイデアがある。

米国税法では当期に生じた損失で保険等により補塡されないものは当期に

金計上できること,損金計上できる損失は完結した取引によって生ずる真正な損失でなければならないこととされている。このような租税回避を防止するため,財務省規則は,一方の債券とそのヘッジ手段とされた他方の金融商品のキャッシュ・フローとの組合せが通常の利付債券などの金融商品と認められる場合にはこれらを「統合債券」[242]として単一の金融商品とし,一方の金融商品を満期前に処分すると統合債券を処分したものとみなしてこの時点において評価益を認識すべきものと規定している。

③ 繰越損失を無駄にしないようにみなし売却ルールを利用

エンロンは,1996年度〜1999年度までの30億ドルの損失を2000年度に繰り越したが,2000年度にさらに20億ドルの営業損失の発生が予想されたとき,税務調査の終結を期待して,これらの繰越損失を十分吸収することができるように56億ドルのキャピタル・ゲインが発生し,その翌年度に同額のキャピタル・ロスを生じるアイデアを生み出した。

米国税法では,先物契約,先渡契約,空売り,オプション等の取引につき,納税者が含み益を生じたポジションの「みなし売却」[243]とみなされる場合には,その取引日に時価で売却されたものとして,収益を計上しなければならないと定めている。納税者が同一または実質的に同一の資産の空売りを行うこと,同一または実質的に同一の資産についてオフセット想定元本契約を締結すること,あるいは同一または実質的に同一の資産を引き渡す先物契約または先渡契約を締結すること,そのいずれかの取引の場合,その時点で含み益のあるポジションの「みなし売却」を行うものとみなされる。

納税者はそのいずれかの取引と実質的に同一の効果をもつ一以上の取引を行いまたは一以上のポジションを取得する場合,「みなし売却」を行うものとみなされる。先渡契約は,その先渡契約において一定の資産を一定の価格で引き渡すことまたは現金で精算することを定めている場合には含み益を生じたポジションの「みなし売却」とみなされる。

エンロンは,パートナーシップを組成し,資産を拠出してパートナーシップ持分を取得した。パートナーシップ持分の税務上の帳簿価額は,拠出した資産

の税務上の帳簿価額を引き継ぐ。このパートナーシップは，デリバティブ取引を行い，一定の金融ポジションを取得し，「みなし売却」ルールが適用される状況を作り出す。みなし売却により創造された譲渡益だけパートナーシップ持分は増加するので，その後パートナーシップ持分を清算することにより，分配された資産の税務上の帳簿価額は清算直前に有していたパートナーシップ持分の税務上の帳簿価額である。米国税法は，この例外として，完全清算の場合その清算の分配とされる資産が現金，売掛債権および棚卸資産以外にない場合には，パートナーシップ持分の税務上の帳簿価額が分配された現金および売掛債権や棚卸資産の税務上の帳簿価額の合計額を超える金額を損金に計上することができると定めている。エンロンは，この例外を利用したのである。

(6) 第6類型　仕組み取引

いろいろな巧妙な仕組み取引が創造されている。代表的な仕組み取引を例示しよう。

① 循環金融による利子およびファクタリング経費の創出と所得の海外移転

グループ内の循環金融を行い米国子会社の支払利子とファクタリング経費を創出して連結納税の損金計上を行い，第三者とともに設立したオランダ事業体にこれに対応する所得を計上することにより，米国から課税所得を海外に移転するアイデアがある。この種の代表的なものとしてエンロンの「プロジェクト・アパッチ」[244]がある。

エンロンは，非関連法人とデラウエア・リミテッド・ライアビリティ・カンパニーを組成し，現金を拠出してその持分の99.8％を取得する。このデラウエア・リミテッド・ライアビリティ・カンパニーは米国税法ではパートナーシップとして取り扱われることを選択する。

次に，ルクセンブルグに法人を設立し，デラウエア・リミテッド・ライアビリティ・カンパニーがエンロンと非関連法人から拠出された現金全部をこのルクセンブルグ法人に拠出してその全株式を取得することにする。ルクセンブルグ法人は，米国税法（タックス・ヘイブン対策税制）ではエンロンの被支配外国法

人（CFC）に該当する。オランダ銀行は，オランダでその子会社を設立し，この子会社が多数の外国銀行から資金を借り入れる。

その後，ルクセンブルグ法人とオランダ銀行の子会社は，オランダ事業体を組成し，ルクセンブルグ法人はデラウエア・リミテッド・ライアビリティ・カンパニーから拠出された現金全部をオランダ事業体に拠出してそのコモンユニット全部（持分の60％）を取得し，オランダ銀行の子会社はオランダ銀行から拠出された現金と外国銀行からの借入金の全部をオランダ事業体に拠出してその優先ユニット全部（持分の40％）を取得する。このオランダ事業体は，ルクセンブルグとオランダの税法上パートナーシップとして取り扱われるが，米国の税法上はチェック・ザ・ボックス規則により，法人として取り扱われることを選択する。

エンロンは，デラウエア・リミテッド・ライアビリティ・カンパニーおよびルクセンブルグ法人を通じて間接的にオランダ事業体の株式の50％超を所有することになるので，オランダ事業体は米国の税法上被支配外国法人（CFC）となる。次の仕掛けは，コモンユニットは優先ユニットが未払いの間はいかなる収益の分配も受け取ることができないこと，優先ユニットはオランダ事業体の選択により償還が可能であり，留保収益から優先分配を受けることができ，オランダ銀行の子会社の拠出金に相当する優先清算分配を受けることができることとして，実際に優先ユニットは未払いのままにすることである。

そのため，エンロンが間接所有するコモンユニットは，優先ユニットが未払いの間は収益の分配を受けることができない。オランダ事業体は，その資金全部を米国法人に貸し付けて，米国法人はこの借入金利子を米国で損金計上するが，その借入金の60％は米国法人がオランダ事業体に拠出した現金であるから，実質的には自己金融である。

また，米国のタックス・ヘイブン対策税制[245]では被支配外国法人（CFC）の米国株主はCFCの当期のサブパートF所得の出資持分に対応する部分やCFCの当期のみなし償還の出資持分に対応する部分に対して米国で合算課税を受けることとされている。通常であれば，オランダ事業体は米国法人のCFCである

ため，米国法人から受け取る利子はサブパートF所得となり，オランダ事業体の債権投資は米国資産への投資としてみなし償還ルールを適用され，合算課税を受ける。エンロンはこの合算課税を回避するために，オランダ事業体が生じる留保収益の全部を非関連者の有する優先ユニットに配分し，米国法人が有するコモンユニットには全く配分しないことにして，オランダ事業体のサブパートF所得は米国法人に合算されず，みなし償還もないという立場をとることにした。

② 外国のファクタリング会社

経済的に回収リスクのない債権を割り引いて外国法人にファクタリングに出すことによって割引相当額の所得を海外に移転するというアイデアがある[246]。米国法人が外国法人とともに売掛債権のファクタリングを行う会社をタックス・ヘイブンに設立する。米国法人はタックス・ヘイブン会社に現金を拠出して議決権のない普通株式を取得し，外国法人はタックス・ヘイブン会社の売掛債権を担保として銀行から借入を行い，その借入金である現金を拠出して議決権のある優先株式を取得する。米国法人はタックス・ヘイブン会社の資金を対価として自己の売掛債権をタックス・ヘイブン会社に数％の割引で売却する。タックス・ヘイブン会社は債権回収を業とする米国子会社を設立する。この仕組みによって，外国法人はその割引を原資とする優先配当を税金なしで受け取り，米国法人は譲渡する債権について割引相当額の損金計上を行うことができる。一定期間経過後，この仕組みを解消する場合，米国法人は損金計上した割引相当額を取り戻せる対価を得てタックス・ヘイブン会社の株式を譲渡することができる。

③ リースイン・リースアウト[247]

米国法人が非課税外国法人が国外に保有する不動産についてリース契約（これを「ヘッドリース」という）を締結すると同時にその物件をその非課税外国法人にリースバックする契約（これを「サブリース」という）を締結する。ヘッドリースの期間を40年，サブリースの期間を20年とし，米国法人が追加20年契約更新のオプションを有するものとする。ヘッドリースのリース料は，開始時に89百

万ドル，終了時に8百万ドルとすると，米国法人は税法に従い89百万ドルを最初の6年間で，8百万ドルを残りの34年間で均等に損金に計上することができる。サブリースのリース料は，最初の20年間とその後の更新オプション実行の期間に分けて均等額とする。また，米国法人がヘッドリースについて支払う89百万ドルのうち60百万ドルを銀行からの借入金で支払い，29百万ドルを自己資金で支払うこととするが，借入条件は期間20年，固定金利の元利均等返済とする。 外国法人は受取リース料の89百万ドルのうち60百万ドル（米国法人の借入金額と同額）を同じ銀行に預金する。この資金は外国法人から米国法人に支払うべきサブリース料の支払に充当される。

外国法人は，米国法人の指示により20年後の固定額支払オプションのための資金を確保するため15百万ドルをリスクのない債券に投資する。この仕組みによって，米国法人は，外国法人のサブリース料の支払が停滞しないようにしつつ銀行借入の返済資金を外国法人のサブリース料の支払で賄うことになり，20年間の契約上の債権と銀行借入の債務に係る信用リスクは相殺され，支払利子と支払リース料を損金に計上することができる。

④ ファントム所得とファントム損失

米国税法では投資媒体として不動産モーゲージ投資導管(REMIC)が認められている。REMICは，不動産ローン債権を保有しこれを担保とする証券（シニア債，劣後債，エクイティ証券等）を発行する事業体で，それ自体は納税義務を負わず，これらの証券の保有者が納税義務を負う。REMICは一種類以上の通常持分証券を発行するが，通常持分証券は税務上通常の債務証書と同様に扱われ，支払利子に相当する金額がREMICの利益から控除され，残余の利益はこの証券の保有者の課税所得と合算される。

REMICは当初通常持分証券の低い金利を支払うのみであるため，損益計算上の余剰が生じ，証券保有者に所得が発生するが，その後，通常持分証券に高い金利を支払うため，所有者に損失が発生する。どのような事業体も税法で定める一定の要件を満たす場合にはREMICとして取り扱われることを選択することができる。

第5章●租税回避行為による税金の喪失は阻止できるか

　事業体がその選択によってREMICになると、それ自体は納税義務を負わず、その発行した持分証券の保有者がREMICの所得について納税義務を負うことになる。投資の初期において計算上の所得（これを「ファントム所得」という）が持分証券の保有者に生じるので、この所得とこれに対する税金を取引することによって税負担を軽減するアイデアがある。

　エンロンは、「プロジェクト・コチーズ」[248]という名でこのアイデアを利用した。エンロンの子会社にプロモーターが含み損のあるREMIC持分証券を拠出して普通株式を取得し、エンロンは一定金額の所得が生じるREMIC通常持分証券を拠出して優先株式を取得する。エンロンは当初から保有していたその子会社の普通株式の全部をプロモーターに売却する。

　エンロンとプロモーターはその子会社の株主として株主間契約を締結し、（ⅰ）将来の期日にエンロンは優先株式B全部を償還し、優先株式Aを普通株式と交換し、プロモーターは普通株式と20年ゼロクーポン債を等価の10年利付証書と交換する資本再構成を行い、再びエンロンが普通株式全部を保有すること、（ⅱ）その子会社は将来の期日まで米国税法の認める事業体の一つである不動産投資信託（REIT）となることを選択し、支払配当損金算入要件を満たすこと（選択の結果としてエンロンの連結納税グループを離脱する）、（ⅲ）プロモーターはその子会社がプロモーターに米国税法の定める同意配当を支払ったものとし、プロモーターがその同意配当に等しい額の現金配当をその子会社から受け取ったものとして税務上取り扱うことに合意する。

　次に、プロモーターはエンロンから10年利付証書に係るプットオプション（資本再構成において受け取った10年利付証書を売却できる権利）を購入し、エンロンとプロモーターは、エンロンの有する優先株式につきプットオプション契約とコールオプション契約した。REMIC持分証書に係るファントム所得の計上によりプロモーターが拠出したREMIC持分証書の税務上の帳簿価額は時価を大きく上回ることになる（含み損が発生する）。プロモーターが拠出したREMIC持分証券と交換に受け取った子会社株式の税務上の帳簿価額は、REMIC持分証券の帳簿価額を引き継ぐので、時価を著しく上回ることになり、この子会社株

式の処分により譲渡損を計上することができる。

一定期間後に資本再構成が実施されると，REMIC持分証券はプロモーターに全額分配されたファントム所得に対応するファントム損失をエンロンに生じさせる。そのとき，その子会社のREITの選択を取り消すかまたはREITの適格要件を欠如することにより，再びエンロンの連結納税グループに加入させて，その子会社が保有するREMIC持分証券のファントム損失を計上することによって，エンロンとプロモーターが損失の二重控除を行うことができることになる。

5 タックス・シェルターの目的別類型

タックス・プランニングにおいてタックス・シェルターを考案する場合，同時にいくつかの目的を達成するように設計されることが多い。その主たる目的によって分類すると，(1)所得移転型，(2)課税繰延型，(3)課税排除型，(4)所得分類変更型等に分けることができる。本書では，それぞれの特性を述べることにする。

(1) 第1類型 所得移転型

タックス・シェルターの本質は，「当期の税負担を減少させるスキーム」であることである。一般に，私的自治・契約自由の原則の下では各取引の当事者の意思により損益の計上時期は自由に決定されるべきであり，特に現金主義の下では期間損益の操作が容易に行われる。そのため，米国の税法では，法人，法人をパートナーとするパートナーシップおよびタックス・シェルターは課税所得の計算上現金主義の利用を禁止している[249]。税務会計における期間損益の重要性にかんがみ，現金主義の禁止のほか，米国税法は，(ⅰ)「明瞭な所得の反映」原則[250]，(ⅱ)利子に関する会計方法[251]，(ⅲ)想定元本契約に関する会計方法[252]，(ⅳ)ヘッジ取引に関する会計方法[253]，(ⅴ)割賦方法[254]，(ⅵ)不確定販売に関する会計方法，(ⅶ)経済的パフォーマンス・ルール[255]など詳

細な規定を設けている。それにもかかわらず，課税繰延の方法として，所得帰属主体の変更や所得発生場所の変更，所得発生時期の変更などの所得移転の手法が利用されている。

① 移転価格利用型

関連企業間取引については移転価格税制が適用されるが，この適用を回避するために情を知って租税回避を行うために第三者をアコモデーション・パーティ[256]とする取引が仕組まれる。

（A） 割賦販売／不確定割賦販売[257]

　　米国法人と非課税外国法人がパートナーシップを組成し，このパートナーシップを通じて割賦方法が適用される金融商品を購入し，これを割賦販売に関する税法ルールが適用される支払方法で他の者に転売する。受取代金が確定しない不確定割賦販売においては，米国法人は受取代価の受領期間にわたって売上原価を均等額で割賦計上すべきことになる。このルールにより売上原価の計上の繰延，売上収入の計上の時期をずらし，パートナーシップ契約によりプラス所得を非課税外国法人，マイナス所得を米国法人に配分した後，予定の投資リターンを非課税外国法人に与える金額で，非課税外国法人のパートナーシップ持分を買い取る。この取引では，アコモデーション・パーティである非課税外国法人に所得移転を行うという目的が達成される。

（B） 再保険契約[258]

　　米国では損害保険に係る所得を稼得する米国法人は一定の非課税措置を認められている。米国で保険商品を販売する米国法人がタックス・ヘイブンに保険業を行う子会社を設立し，米国の保険契約の販売から生じた所得を第三者たる保険会社経由の再保険契約を通じてタックス・ヘイブン子会社に移転する。米国のタックス・ヘイブン対策税制により合算課税されることを回避するため，その後，タックス・ヘイブン子会社は米国法人として課税されることを選択する。当該子会社は，この米国法人としての地位を選択することによって，損害保険に係る所得を稼得する米国法人に認め

られる非課税措置の適用を受ける。

　この一連の取引により，当該子会社という国内法上の非課税法人への所得移転が行われる。このスキームでは第三者の介在によって外形上関連取引ではないという偽装が施されている。

（C）　エンロンのプロジェクト・アパッチ[259]

　プロジェクト・アパッチについては，第6類型仕組み取引において述べたとおりである。米国法人が非関連者である外国法人とともにオランダ事業体を設立し，グループ企業内部の循環金融において支払利子とファクタリング経費を創出して連結納税の申告書の損金計上を行い，これに対応する所得をオランダ事業体において計上する。そのために実質的には自己金融によって米国子会社の支払利子の損金算入を制限されないように，また，タックス・ヘイブン対策税制により合算課税されないように，技術的な対策を講じている。その結果，実質的にみると，グループ内取引によって創出した損金に相当する所得が国外に移転される。

　オランダ事業体がこのスキームの鍵となっているが，これを設立する際に協力した非関連者である外国法人がアコモデーション・パーティである場合には，外形的には非関連者であるが，実質的に情を知って協力している場合には，税法改正によって関連者とみなす規定を設けないと，このようなスキームに対抗することは困難である。

（D）　外国ファクタリング会社

　このスキームについては，第6類型仕組み取引において述べたとおりである。

　米国法人が非関連者である外国法人とともにタックス・ヘイブンにファクタリング子会社を設立し，優良債権を割り引いてタックス・ヘイブン子会社に売却し，タックス・ヘイブン子会社が米国子会社を設立して債権回収を行う。米国法人は割引相当額の損金を計上し，これに対応する所得をタックス・ヘイブンに移転する。タックス・ヘイブン子会社の出資割合は，タックス・ヘイブン対策税制の適用により合算課税されないように，第三

者である外国法人の協力を得ているが，この外国法人がアコモデーション・パーティである場合には，外形的には非関連者であるが，実質的には情を知って協力している場合には，税法改正によって関連者とみなす規定を設けないと，このようなスキームに対抗することは困難である。

② 移転価格型以外の所得移転

移転価格型以外の所得移転のスキームには，第1類型の現物出資における負債の引受に係るベーシス・シフト，含み損のある資産の取得を利用するハイベーシス・ローバリュー，第2類型の含み益のある資産による減価償却資産の帳簿価額の嵩上げ，第3類型の償還株式の税務上の帳簿価額の引継による譲渡原価の嵩上げ，不動産投資信託を利用する課税所得の課税法人から非課税法人への移転，などが含まれる。

(2) 第2類型　課税繰延

収益計上の繰延，創出した損金の先行計上などにより課税の繰延を目的とするスキームが考案された。第1類型の所得移転を目的とするスキームは，同時に課税繰延を目的とするスキームである場合が，エンロンのプロジェクト・アパッチ，プロジェクト・コンドル[260]，割賦販売／不確定割賦販売，外国ファクタリング会社などのように少なくない。第2類型のパートナーシップ・ストラドル，第5類型の想定元本取引，負債ストラドル，第6類型のリースイン・リースアウトのほか，次のような事例を挙げることができる。

① パススルーエンティティ・ストラドル[261]

納税者が他の者とともにS法人を設立し，S法人のストラドル取引（両建て取引）により利益の出たポジションと損失の出たポジションを生じる。納税者と他の株主は持分に応じて利益を受け取り，その後S法人は他の株主の持分を出資額で償還し，納税者がS法人の唯一の株主となり，先に計上した利益に対応する損失を納税者のみが課税上利用する。ストラドル取引では経済的には損益がゼロとなり，S法人株式の経済的価値はストラドル取引によって増減しない。最終的にS法人を清算するとき，納税者の所得はゼロとなる。

② 法人所有生命保険[262]

米国税法では生命保険契約についてその運用益による契約の価値の増加分は発生しても課税されず，死亡保険金は給付されても課税されない。保険料の支払のための借入金利子は，原則として損金計上を否認されるが，例外として保険契約の当初7年間のうち3年以内に限り，損金計上が認められる。その後の期間については，支払保険料のキャッシュ・フローを賄うために，保険会社が支払保険料の大部分をローディング・ディビデンドと称して契約者に還流させていた。契約者は支払利子に充てるため保険金拠出額から資金を引き出し，僅かなネットキャッシュ・アウトで4年目以後の契約を継続することができる仕組みであり，支払利子の損金計上による節税効果が契約者にとってのメリットであった。

(3) 第3類型　課税排除型

当期の税負担を減少させることが租税回避の目的であると考え，「期間損益」の問題であって，繰り延べられた益金は翌期以降に計上されるから失われる税収はその間の利子相当額のみであり，「仮装・隠蔽による所得隠し」や「偽りその他の不正の行為による脱税」に比べ，どんなに巨額の課税繰延であっても所詮「期間損益」であり，単なる「期ずれ」の問題にすぎないと軽視する見解が，古い頭の役人や学者の考えに残っている。このような考えは，期間計算こそ税務会計の基盤であることを軽視する点で間違った考えである上，実際には永久の課税繰延を意図しながら，単なる期間損益であり，いつか益金に算入するものであることを装うタックス・プランニングが流行している事実を看過するものであり，そのようなスキームは，単なる課税繰延と区別して特に「課税排除」と分類し，対抗措置を立法化しなければ，税収ロスを永久化することになる可能性が大きいものである。

米国で課税排除型に分類すべきスキームとしては，第1類型の現物出資における負債の引受により課税標準を国外に移転するベーシス・シフト，不確定債務と資産の抱合せ現物出資，エンロンのプロジェクト・ターニャ／プロジェク

ト・ヴァラ263），含み損のある資産の取得を利用するハイベーシス・ローバリュー，エンロンのプロジェクト・スティール，リース・ストリップ，第2類型のインフレーテッド・パートナーシップ・ベーシス（負債の引受によるパートナーシップ持分の帳簿価額の嵩上げ），エンロンのプロジェクト・トーマスまたはパートナーシップ・ベーシス・シフティング（含み益のある資産の非課税譲渡と税務上の帳簿価額の移し変え），エンロンのプロジェクト・タミーⅠおよびタミーⅡ，エンロンのプロジェクト・テレサ（みせかけのリース・アレンジメントによる非減価償却資産から減価償却資産に税務上の帳簿価額の移し変え），第3類型のBOSS（負債の担保となっている資産の分配による含み損の創造），償還株式の税務上の帳簿価額の引継による譲渡原価の嵩上げ，ファースト・ペイ・ストック／ステップ・ダウン・プリファード（不動産投資信託を利用する課税法人から非課税法人への移転），第4類型のインフレーテッド・ベーシス（負債の引受の対価として取得した資産の取得価額），第6類型のファントム所得とファントム損失，エンロンのプロジェクト・コチーズ，所得移転型の再保険契約などがある。これらのほか，特に「キラーB」264）やチャリタブル・リメインダー・トラスト265）という名のスキームについて説明しておく。

① キラーB

米国のBタイプ組織再編成は，議決権株式との「株式交換」について再編後の親会社が子会社を支配していること（議決権株式および総株式の80％以上を保有すること）が非課税要件と定めている。米国法人は，子会社（デラウエア法人），外国法人（持株会社）を通じ外国事業会社の持分を所有している。米国税法では外国関連会社が米国資産を購入する場合に利益積立金を原資として投資するとこれを配当とみなす規定があるが，米国法人はこのみなし配当の課税を回避して，外国事業会社の利益積立金を原資として自己株式を購入するスキームを考案した。米国法人は，国外に完全子会社を設立し，この完全子会社が銀行借入金を原資として市場で自己株式を購入する。

次に，この完全子会社は外国法人（持株会社）との間で三角型のB型再編成を行い，子会社（デラウエア法人）の保有する外国法人（持株会社）の株式と完全子

会社の親会社である米国法人株式を交換する。次に，子会社（デラウエア法人）は取得した米国法人株式と米国法人の保有する完全子会社株式を交換する。その結果，市場で取得した米国法人株式は米国法人に移転し，再編後に完全子会社は外国事業会社の有する利益積立金を原資として配当を受け取り，これをもって銀行借入金を返済する。この一連の取引によって米国法人は，米国のみなし配当課税を回避して自己株式を購入することができる。

このスキームでは，完全子会社が米国法人株式を購入する段階で利益積立金を有していないこと，完全子会社が外国事業会社から配当を受け取るとき，タックス・ヘイブン対策税制のサブパートF所得として合算課税を受けないことが，重要な鍵となっている。

② チャリタブル・リメインダー・トラスト

米国では，一定の期間にわたり慈善団体や受益者に定期的に分配金を支払い，残余財産の受益権を慈善団体に分配する信託がチャリタブル・リメインダー・トラストの名で知られている。米国法人は含み益のある資産を短期間に高い分配金を支払うチャリタブル・リメインダー・トラストに拠出する。チャリタブル・リメインダー・トラストは借入金を受益者に支払う分配金の原資とするが，米国税法ではこのような分配は信託財産の元本の払戻しとして非課税とされる。

信託期間が終了する際，チャリタブル・リメインダー・トラストはその資産を売却しまたは現物を慈善団体に分配する。その結果として，米国法人は保有する含み益に係る課税を受けずに現金化することができる。このスキームでは，非課税団体を利用して利益相当額を元本の返還とする税務上の取扱により損益取引を資本取引に返還することが，重要な鍵となっている。その意味では，所得分類変更型に分類することもできるスキームである。

(4) 第4類型　所得分類変更型

所得分類の変更によって課税排除の目的が達成できる。上に述べたチャリタブル・リメインダー・トラストのように，損益取引を資本取引に変更する事例は，所得分類変更型の代表例である。第3類型のファースト・ペイ・ストック

／ステップ・ダウン・プリファードもこれに属する。

6 タックス・シェルターの手法別類型

　タックス・プランニングで考案されるタックス・シェルターは，多種多様な目的と手法を組み合わせて策定される。この手法をコーポレート的手法とコーポレート・ファイナンス的手法に分けることができる。米国のタックス・シェルターの主流は，ベーシス・ステップアップ（帳簿価額の嵩上げ）により将来の損金である「帳簿価額」を大きくするための手法[266]である。資産の取得者の帳簿価額は，「取得価額」であり，資産の譲渡者の「譲渡原価＋譲渡益」である。資産の帳簿価額の連鎖において，ある段階の一方の者の資産の帳簿価額の増加は，他の者の益金または資本等の増加を意味する。資産の譲渡があり，譲渡者において譲渡益を計上する場合，譲渡者が非課税法人や外国法人である場合には，譲渡益の課税がされないのに，将来の損金となる帳簿価額だけが嵩上げされる。このようなコーポレート的手法によるスキームは，税負担の恒久的な繰延，むしろ課税排除というべきスキームとなる。譲渡者が課税法人である場合には，譲渡益に課税されるので，原理的には所得移転であり，税率差や繰越欠損金などを利用することによって現実の譲渡益課税が生じないように工夫することになる。

　ベーシス・ステップアップの源泉としての貸方項目を益金の代わりに資本等の増加とすることができる。これには納税者の資本等の増加だけでなく，子会社の資本等の増加も利用される。

①　コーポレート的手法

（A）　非課税法人の利用法[267]

　　非課税法人や外国法人に譲渡益を計上させる等により課税法人の帳簿価額を嵩上げする方法としては

　　（ⅰ）　ハイベーシス・ローバリュー（現物出資における帳簿価額の引継ルールを利用して「含み損」のある資産を当初の帳簿価額で引き継ぎ，その後この資

産を処分したときに譲渡損を計上して税務上のメリットを享受できるスキーム）

(ⅱ) インフレーテッド・ベーシス（負債の引受の対価として資産を取得しその負債の額面と時価の差を利用して取得する資産の帳簿価額を嵩上げし，これを処分することにより損金を計上するスキーム）

(ⅲ) ベーシス・シフト（非課税法人や外国法人が米国法人に負債付の資産を移転するため現物出資を行い，債務引受をさせる場合，負債の帳簿価額が資産の帳簿価額を上回っているとき，譲渡法人はその超過額に相当する譲渡益を認識し，譲受法人はその資産の帳簿価額に譲渡益を加算した額を受入価額とするので，譲渡益は米国では課税されず，譲受法人の資産の帳簿価額の嵩上げが生じ，その後の処分時における譲渡益が圧縮されるスキーム）

(ⅳ) BOSS（米国法人が非課税法人や外国法人に現金を拠出して株式を取得し，その非課税法人や外国法人は銀行借入により拠出金相当の有価証券を購入してこれを銀行借入の担保とした上，この有価証券を米国法人に分配すると，受け取った有価証券の受入価額はゼロであるが保有する非課税法人や外国法人の株式の帳簿価額はそのままである。そこで米国法人がこの株式を処分すると，譲渡収入はゼロで，譲渡原価である当初の拠出額の損金を計上することができるスキーム）

(ⅴ) インフレーテッド・パートナーシップ・ベーシス（パートナーシップからの分配として取り扱われるパートナーの負債のパートナーシップによる引受が時価でなく額面で行われることを利用してパートナーシップ持分の帳簿価額の嵩上げをし，その後この持分を処分するとき損金計上をするスキーム）

(ⅵ) ベーシス・シフティング（非課税法人や外国法人の保有する株式の帳簿価額を同じグループ企業である米国法人に引き継がせ，その後米国法人が株式を処分するときの譲渡原価の控除により税負担の減少を図るスキーム）

(ⅶ) ファースト・ペイ・ストック／ステップ・ダウン・プリファード（非課税法人の優先配当の受取が経済的には拠出額の元本と投資収益の回収

であるが税務上は受取配当とされるため，非課税法人に所得を多く配分し，課税法人も経済的に投資収益を受け取るが非課税となるスキーム）

(ⅷ) 割賦販売／不確定割賦販売（米国法人と外国法人がパートナーシップを組成し，外国法人がパートナーシップ持分の大きい割合を取得し，パートナーシップが金融商品を購入して他社に譲渡し，その対価を現金と手形で受け取る。この場合，譲渡原価は割賦基準で5年間均等額により譲渡収入は現金主義によることにし，譲渡益の大部分を外国法人に分配し，その後米国法人が追加出資により持分割合のほとんどすべてを取得し，その後パートナーシップが手形を処分すると，譲渡損が計上され，その大部分が米国法人に分配するスキーム）

(ⅸ) チャリタブル・リメインダー・トラスト（非課税の慈善信託を利用して米国法人が保有する資産の含み益に係る譲渡益課税を受けずにこれを現金化するよう損益取引を資本取引に変換するスキーム）などが知られている。

(B) 課税法人の利用法[268]

課税法人の帳簿価額を嵩上げするためにその源泉となる益金または資本等の増加を他の課税法人に計上させる方法としては

(ⅰ) ファントム所得（ペイスルー証券を発行する不動産モーゲージ投資導管（REMIC）を利用し，REMICの持分証券に係る受取利息と支払利息のタイムラグから生じるファントム所得（計算上の所得）に課税され，その後に生じるファントム損失（計算上の損失）が生じるため，例えば繰越欠損金のあ法人にファントム所得を生じさせ，黒字法人にファントム損失を生じさせることにより税負担の減少を図るスキーム）

(ⅱ) エンロンのプロジェクト・スティール（新設法人にエンロンが現金とリース資産を拠出してその法人の議決権および価値の80％超を取得し，プロモーターが現金と含み損のある資産を拠出することとし，この法人を連結納税グループの中でその含み損を実現させてエンロンの課税所得を減少させる一方で，プロモーターは取得した法人株式の税務上の帳簿価額が拠出した資産の帳簿価額を引き継ぐためこの株式の税務上の帳簿価額は時価を著しく超えることになり，これを処分するとき譲渡損を計上することができるスキーム）

（ⅲ）エンロンのプロジェクト・コチーズ（不動産モーゲージ投資導管（REMIC）の持分証券を用いてエンロン子会社にエンロンが一定の所得を生じる通常証券を拠出して，その優先株式を取得し，プロモーターが含み損のある持分証券を拠出してその普通株式を取得し，現物出資による非課税譲渡の後で子会社は不動産投資信託（REIT）として扱われることを選択し，エンロンの連結納税グループから離脱する。プロモータは普通株式に係る配当を通じて子会社のREMIC持分証券から生じるファントム所得の分配を受ける。エンロンとプロモーターとの株主間契約で定めている資本構成変更により子会社は再びエンロンの連結納税グループに加入して後で生じるファントム損失を損金計上し，プロモーターが保有する子会社株式の税務上の帳簿価額は拠出したREMIC持分証券の帳簿価額を引き継ぐため時価を著しく超えているのでこれを処分することにより譲渡損を計上する損失二重控除のスキーム）

（ⅳ）介在者取引（株式または営業・資産の譲渡の選択において譲渡者の譲渡益課税が少なく取得者の取得資産の帳簿価額が大きいときに節税効果は大きくなる。「株式の時価」と「営業・資産の時価」が同一であれば帳簿価額の大きい方を譲渡すれば譲渡益は小さくなる。取得者にとっては株式取得の場合はその法人の所有資産の帳簿価額を引き継ぎ，資産取得の場合は取得に要した金額を受入帳簿価額とする。取得資産の帳簿価額が大きい方が節税効果が大きくなる。例えば営業権（のれん）が生じる場合資産の帳簿価額が株式の帳簿価額より低いとき，取得者は資産の購入を望み，譲渡者は株式の譲渡を望むことがある。このような場合に介在法人が利用される）などが知られている。

（C）非法人の利用法[269]

　ここで「非法人」とはパートナーシップのほか，法人格を有するが税法上法人としての課税を受けないＳ法人などの事業体をいう。パートナーシップへの財産の拠出やパートナーシップの財産の分配を通じて，課税繰延，非減価償却資産から減価償却資産への帳簿価額の移転，自己株式から償却資産への帳簿価額の移転などの手法を用いたタックス・シェルターは少なくない。

エンロンのタックス・シェルターには，これらの手法を用いたものとして①プロジェクト・トーマス，②プロジェクト・コンドル，③プロジェクト・タミー，④プロジェクト・テレサなどがある。

(D) 組織再編成の利用法[270]

　組織再編成の本質は，資産の移転とその対価としての株式の取得であり，資本取引としての性格を有するので，これを促進するため，税務上の帳簿価額の引継，課税の繰延が認められている。これらの規定を利用するタックス・シェルターには，①キラーB，②清算REIT，③不確定債務，④エンロンのプロジェクト・ターニャ，⑤エンロンのプロジェクト・ヴァラなどがある。

② コーポレート・ファイナンス的手法

　コーポレート・ファイナンスでは，投資（出資）と融資（貸付）との企業選択[271]が基本的に重要である。多国籍企業のグループ全体としての節税の観点から，資金供給を行う場合，高税率国へは支払利子の損金算入の可能性を考慮に入れて貸付を選択し，低税率国へは利益の貯蔵の可能性を考慮に入れて出資を選択する傾向がある。米国のタックス・シェルターでは，そのような常識的な選択を越えて，同じ資金供給・資金調達を供給国では投資として扱い，需要国では融資として扱われる金融商品「ハイブリッド・インストラメント」を利用する。

　その税務上のメリットは，資金調達側では借入金利子の損金算入であり，資金供給側では利子相当額が配当とされるため，制度上受取配当益金不算入を認められる国ではこれを利用し，源泉地国の税については外国税額控除を受けられることである。また，原始的な発想ではあるが，グループ内金融と同様，自己資金を自分が借りて借入金利子を創出するため，「循環金融」や「迂回融資」を行い，複数関係国間の情報を収集できなければ資金フローの全貌が政府に把握されない点を利用して，ある国で支払利子を計上し，他の国では受取利子の益金算入を回避するスキームがある[272]。

　リース取引では貸手と借手の双方で減価償却費を計上する「ダブルディピン

グ」を目的とするスキームがある。さらに, ストラクチャード・ファイナンス[273]では, 税務上は負債とされるが会計上は資本とされる非対称的金融商品や負債にオプションを組入れた複合金融商品がツールとして利用される。次にいくつかの事例を示すことにする。

(A) 外国税額控除[274]

米国では外国税額控除は所得の種類別に控除限度額を計算する「バスケット方式」[275] (パッシブ所得, 高率課税の利子所得, 金融サービス所得, 海運所得, 10％以上50％以下の持分を有する関連法人からの配当所得, その他所得など9種類)と一括限度額方式により行われる。50％超の関連会社からの受取配当や利子, 賃貸料, 使用料については, これらのバスケットに分類せず, その支払の基因となった関連会社の所得をそれぞれのバスケットに分類することとされる (ルックスルー・ルール)。外国の税率が米国の税率より低い場合には外国の利益は現地に留保するが, 逆に外国の税率が米国の税率よりも高い場合にはその利益積立金を配当等として米国に還元して外国税額控除によりその税率差を取り戻す方が有利と考えられる。そこで, 外国子会社から僅かな配当を受けることにより, 外国税額を米国の税務上だけ引き上げて, 多くの外国税額を控除する「クレジットハイピング」というスキームが利用される。この場合, 米国と外国における「資本と負債」の課税上の取扱の差異が利用される。

(ⅰ) 米国法人が10ドルで外国子会社を設立し, その子会社は非関連法人から90ドルを借り入れ, 合計100ドルで他の非関連法人の発行する利付債を購入する。この外国ではその子会社が非関連法人から借り入れた90ドルを出資とみなされ, その支払利子の損金計上は認められず, 利付債の受取利子に対して課税される。その外国の子会社の利益積立金を全額配当すると, 米国で外国税額控除により税負担が減少される。

(ⅱ) 米国法人は10ドルで外国子会社を設立するが, これは米国税法では外国支店として取り扱われる。この外国子会社は非関連法人から90ドルを借り入れ, 合計100ドルで第二外国の他の非関連法人の発行する優

先株式に投資する。その配当はその第二外国で課税される。その子会社は，この第一外国の課税上パートナーシップとみなされ，90ドルの借入金はパートナーシップへの出資とみなされる。そこで，90ドルを貸し付けた非関連者は，子会社が負担した第二外国税の90％について第一外国の申告において外国税額控除が認められる。米国においては米国法人の100％保有する外国子会社が課された第二外国税の100％について外国税額控除が適用される。この場合，米国法人と非関連法人が同じ外国税を二重控除していることになる。

(B) エンロンのプロジェクト・ヴァルハラ[276]

エンロンと米国関連法人はLLCを組成し，エンロンがその持分の95％，米国関連法人が5％を取得し，このLLCは米国の税務上パートナーシップとして取り扱われることを選択した。このLLCはドイツ法人Aを設立し，その普通株式全部を取得した。ドイツ法人Aはドイツ法人Bの普通株式を取得した。Bはエンロンから借入を行う。AとBは，ドイツ法人であるが，米国の税務上はパススルー・エンティティとして取り扱われることを選択した。A，Bおよび第三者であるドイツ銀行Cは利益参加契約を締結してCはBの利益参加権を取得する。その後，LLC，AおよびCは，プット・オプションおよびコール・オプション契約を締結する。BはAからの資本とエンロンからの借入金およびCの利益参加権の付与の対価として受け取った資金でエンロンの米国関連法人D（ヘッジ取引業）の優先株式を取得した。エンロンはこの資金をCのNY支店に貸し付けた。この場合，ドイツ銀行CがBから受け取る利益参加権のリターンがドイツ税法では益金不算入となる受取配当になり，Cがエンロンからの借入金の支払利子を損金算入とする仕組みにより，Cの税務上のメリットが生じるようにエンロンが全面協力している。エンロンは「ドイツ税法上は法人として取り扱われるが米国税法上はパススルー・エンティティとして取り扱われること」を選択できるドイツ法人を組成し，その法人がCから受け取る現金でDの優先株式を購入し，この優先株式の受取配当を利益参加権に係る分配の原資

とする。エンロンのCへの貸付に係る手形の金利と利益参加権の金利との間のレート・スプレッドが実質的なアコモデーション・フィーとなる。また，この取引ではBを米国税務上はパススルー・エンティティとして取り扱われることを選択することによって，利益参加権に係る支払は支払利子として損金計上することができるとともに，Bの段階で課された外国税について外国税額控除を適用される。

（C） エンロンのプロジェクト・レニゲード[277)]

米国税法では金融資産証券化投資信託（FASIT）という特別目的会社がそれ自体は納税義務者とならない導管として認められている。その持分は通常持分と所有者持分に分けられ，前者は債務とされ，後者の保有者がFASITの資産・負債および損益の帰属主体とされる。プロモーターがエンロンの子会社Aに3億2,000万ドルの手形貸付を行い，子会社Aはその借入金をその子会社Bに貸し付け，BはCに3億1,200万ドルを拠出してその98％の持分を取得し，プロモーターはCに800万ドルの現金を拠出してその2％の持分を取得した。

その後，Cはその現金3億2,000万ドルでプロモーターからAの発行した3億手形2,000万ドルの手形を購入した。Cは課税上FASITとして取り扱われることを選択する。プロモーターはCに対しこの手形を譲渡するとき，将来の金利収入および元本の償還を連邦利率（AFR）の120％で割り引くことによって課税所得を計算することができる。このスキームは，プロモーターに課税所得を発生させることを目的として循環金融とFASITの負債性金融商品の評価に関するルールを利用している。

〔注〕
185) 金子宏『租税法（第九版）』弘文堂，2003，p.126，木村弘之亮『租税法総則』成文堂，1998，pp.169-175，清永敬次『租税回避の研究』ミネルヴァ書房，1995，宮武敏夫『国際租税法』有斐閣，1993，pp.169-182，松沢智『租税手続法』中央経済社，1997，pp.145-147，水野忠恒『租税法』有斐閣，2003，p.24，北野弘久『税法学原論（第五版）』青林書院，2003，p.127。

186) 山本守之・守之会『検証税法上の不確定概念』中央経済社，2004年。
187) 泉美之松『税法条文の読み方』東京教育情報センター，pp. 47-110。
188) 国税通則法68条。
189) 国税通則法70条5項，所得税法238条1項および239条1項，法人税法159条1項，相続税法68条1項。
190) 所得税法234条2項，法人税法156条，相続税法60条4項。
191) 所得税法243条，法人税法163条，相続税法72条。
192) 本庄資『アメリカン・タックス・シェルター基礎研究』税務経理協会，2003, pp. 3-4, 11-12, 305, 310。
193) IRS-CIは，本部をワシントンに置き，全米6地域局，35地方事務所を有するほか，全米10不正還付調査センター，海外重要拠点にマネーロンダリングおよび国際金融犯罪の取締事務所を有し，特別捜査官を戦略的に配置している。IRS-CIは，連邦，州・地方の捜査機関と協力して捜査活動（潜入捜査を含む）を実施している。
194) 租税特別措置法62条1項。
195) 金丸和弘「フィルムリース事件と事実認定による否認」ジュリスト No. 1261, 2004. 2. 1，渕圭吾「フィルムリースを用いた仮装行為と事実認定」ジュリスト No. 1165, 1999. 10. 15。
196) 吉田幸久「親会社が子会社の第三者割当増資を行うことによって子会社株式に含まれる資産価値を社外流出させた場合における親会社に対する法人税課税の可否が争われた事例」税理2002. 5，川端康之「外国子会社への現物出資の圧縮記帳」税研，2002. 11，村重慶一「法人税法22条2項および132条1項1号を適用した法人税の構成処分が違法とされた事例」税務事例, Vol. 34, No. 9, 2002. 9，藤曲武美「第三者有利発行増資と法人税法22条2項」経経通信, 2002. 4，品川芳宣「海外子会社株式に係る含み益の増資移転と資産の無償譲渡」税研，2002. 7．川田剛「外国子会社による第三者株式割当と内国法人への寄附金課税」税務事例, Vol. 34, No. 6, 2002. 6。
197) 占部裕典「土地等の譲渡について売買契約という法形式が採られている以上それが税負担の軽減を図るためであったとしても実質的には交換であるとして課税することはできないとされた事例」判例時報，1703号，高野幸大「資産の譲渡および取得のためにした複数の契約を不可分一体の交換と認定し取得資産の価額と契約代金の相殺差金の合計額を基にしてした所得税更正処分が適法とされ交換取得資産の価額を基に相続開始前3年以内に取得した資産の課税価格計算の特例についての旧措置法69条の4の規定を適用してした相続税更正処分は取り消された事例」判例時報，1673号，増田英敏「不動産の補足金付売買契約の租税法上の否認とその法的根拠」ジュリスト，No. 1182, 2000. 7. 15，同「不動産を巡る私法上の契約行為の否認と租税法律主義」税務事例, Vol. 32, No. 11, 2000. 11，品川芳宣「不動産の補足金付相互売買（交換）における譲渡価額」税研，2000. 1。
198) 植野禎仁「私法上の事実認定による否認」国際商事法務, Vol. 31. No. 4, 2003。
199) 水野忠恒「外国税額控除に関する最近の裁判例とその問題点」国際租税, Vol. 23, No. 3, 木村弘之亮「三井住友銀行条約法令漁り事件」ジュリスト，No.

1219, 2002. 3. 15, 同「住銀のトリーティショッピング事件」税務弘報, 2002. 1, 占部裕典「租税回避行為論再考―外国税額控除枠の利用にかかる法人税更正処分等取消請求控訴事件を素材として―」税法学, 548, 川田剛「外国税額控除余裕枠の利用の可否」国際租税, Vol.21, No.11, 平野嘉秋「外国税額控除余裕枠の利用の可否」税務弘報, 2002. 4。
200) 本庄資「エンロンの租税動機取引の分析研究について」租税研究, 646号, pp.115－129。
201) IRS－CI *Internal Revenue Manual Part 9 Criminal Investigation* .
202) 本庄資『アメリカン・タックス・シェルター基礎研究』税務経理協会, 2003, pp. 3－4。
203) 中里実『タックス・シェルター』有斐閣, 2002, pp. 2, 8, 12, 13, 15, 大田洋・錦織康高・伊藤剛志「金融商品に関する課税」『ファイナンス大全』商事法務, 2003, pp.746－843。
204) 本庄資「米国租税回避をめぐる税務上の諸問題」『国際税制研究』No.12, 2004, pp.100－108。
205) 本庄資編著『タックス・シェルター事例研究』税務経理協会, 2004, pp.113－116。
206) IRC351。
207) IRC358。
208) IRC357。
209) 本庄資編著, 前掲書, p.121。
210) Ibid, pp.122－123。
211) Ibid, pp.123－125。
212) Ibid, pp.126－127。
213) Ibid, pp.127－128。
214) Ibid, p.128。
215) IRC721, IRC722。
216) IRC752。
217) 本庄資編著, 前掲書, pp.132－133。
218) Ibid, pp.135－136。
219) Ibid, pp.136－137。
220) IRC704(c)。
221) IRC732(b)。
222) 本庄資編著, 前掲書, pp.140－141。
223) Ibid, pp.138－140。
224) Ibid, pp.138－140。
225) Ibid, pp.141－143。
226) IRC1059(a)(1)。
227) IRC316, IRC301(c)(1)。
228) IRC301(c)(2)。

229) IRC301(c)(3)。
230) 本庄資編著，前掲書，pp.146−148。
231) IRC302(a)。
232) 本庄資編著，前掲書，pp.148−149。
233) IRC856−859。
234) Ibid, pp.149−151。
235) Reg. 1.7701(1)−3。
236) Reg. 1.83−6(d)。
237) IRC83(h)。
238) IRC331。
239) 本庄資編著，前掲書，pp.155−156。
240) Ibid, pp.157−158。
241) Ibid, pp.158−159。
242) Reg. 1.1275−6。
243) IRC1259。
244) 本庄資編著，前掲書，pp.162−164。
245) IRC951, 956。
246) 本庄資編著，前掲書，pp.164−165。
247) Ibid, p.166。
248) Ibid, pp.128−130。
249) IRC448。本庄資『アメリカン・タックス・シェルター基礎研究』税務経理協会，2003, pp.194−197。
250) IRC446。
251) 本庄資編著，前掲書，pp.183−184。
252) Ibid, pp.184−189。
253) Ibid, pp.189−194。
254) Ibid, pp.197−213。
255) Ibid, pp.215−219。
256) Ibid, pp.55−56, 61, 142, 145, 149, 324, 327−328, 本庄資編著『タックス・シェルター事例研究』税務経理協会，2004, pp.14, 27, 29−30, 177, 185, 287, 295。
257) Ibid, pp.176−177。
258) Ibid, pp.177−178。
259) Ibid, pp.15, 77, 91, 94, 114−115, 162, 176, 181, 290。
260) Ibid, pp.15, 87, 113, 115, 136, 180−181, 184, 249。
261) Ibid, pp.85−86, 133−135, 182。
262) Ibid, pp.26, 88, 114−115, 170, 185, 298。
263) Ibid, pp.102, 116, 125, 192, 270。
264) Ibid, pp.16, 105, 114, 116, 169, 194, 259。
265) Ibid, pp.17, 114, 116, 172, 197, 230。

266) Ibid, pp.204−205。
267) Ibid, pp.208−232。
268) Ibid, pp.232−243。
269) Ibid, pp.244−259。
270) Ibid, pp.259−272。
271) Ibid, pp.283−289。
272) Ibid, pp.290−304。
273) Ibid, pp.305−316。
274) Ibid, pp.284−286。
275) IRC904。
276) 本庄資編著,前掲書,pp.16, 287−289。
277) Ibid, pp.295−297。

第6章

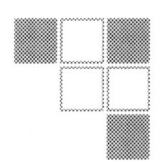

脱税によって
侵食される税収

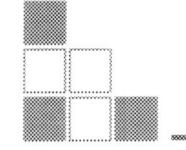

　税法によって納税義務を負う者（納税義務者）は，税法を遵守してその納税義務を履行しなければならない。源泉徴収制度によって租税を徴収し納付する義務を負担する者（徴収納付義務者）は，税法を遵守してその租税を徴収する義務と徴収した租税を納付する義務を履行しなければならない。税法は，納税義務者と徴収義務者を合わせて納税者と呼んでいる。

　国税に関する現行税法では原則として申告納税制度が採用されている。申告納税制度においては，納税者は納付すべき税額を申告する義務を課され，納付すべき税額は納税者の申告によって確定するとされ，無申告の場合または過少申告の場合に課税庁の更正・決定によって確定される。

　申告納税制度は，納税者が自ら課税標準および税額を申告して確定しこれを納付する制度であり，民主的納税思想を基盤とする効率的な徴税方式である[278]が，納税者が高度の納税道義をもち自発的に税法を遵守して正確な申告を行い確実に納付することを前提にしている。個別税法で法定申告期限が定められおり，この期限内に行われる納税申告を期限内申告といい，納税者は本来期限内申告を行うべきであるが，課税庁の決定があるまでは期限後申告を行うことができる。法定申告期限を徒過した場合には延滞税および無申告加算税またはこ

れに代わる重加算税が課される。

　納税者は申告後その申告税額が過少であること，純損失等の金額が過大であること，還付金に相当する税額が過大であること等を認識したときは課税庁の更正があるまでは申告した課税標準等または税額等を修正する申告を行うことができる。また，納税者は更正・決定後その更正・決定による税額が過少であること，純損失等の金額が過大であること等を認識したときは更正・決定に係る課税標準を修正することができる。修正申告は，申告等の内容を自己の不利益に変更する申告である[279]。

　国税を法定納期限内に納付しない場合には未納税額を課税標準として延滞税という附帯税が課される。申告義務および徴収納付義務が適正に履行されない場合には加算税という附帯税が課される。加算税には無申告加算税，過少申告加算税，不納付加算税および重加算税の4種類がある。これらは，申告義務および徴収納付義務の違反に対して特別な経済的負担を課すことによって，義務の履行を促すものである。

　この加算税を課される行為が同時に個別税法によって刑罰を科されることが少なくない。所得税法についてみると，正当な理由なしに法定申告期限内に確定申告書を提出しない行為は無申告加算税に加えて刑罰を科され，源泉徴収した税額を納付しない行為は不納付加算税に加えて刑罰を科される。その無申告や不納付が事実の隠蔽または仮装に基づく場合には無申告加算税や不納付加算税の代わりに重加算税を課されるが，偽りその他不正の行為により所得税を免れる行為や偽りその他不正の行為により源泉徴収して納付すべき所得税を免れる行為は刑罰を科される。事実の隠蔽または仮装に基づく無申告および不納付は，偽りその他不正の行為に該当することが多く，重加算税に加え，刑罰が科されることになる[280]。

1 加算税

(1) 無申告加算税[281]

　法定申告期限内に申告が行われず，期限後申告または課税庁の決定によって税額が確定した場合あるいは期限後申告または課税庁の決定があった後に修正申告または課税庁の更正によって増差税額が生じた場合には，期限内申告がなされなかったことに正当な理由があると認められない限り，その税額または増差税額の15％の無申告加算税が課される。期限後申告または修正申告が，税務調査があったことによって更正・決定を予知して行われたものでない場合には，無申告加算税は５％に軽減される。

(2) 過少申告加算税[282]

　期限内申告が行われた場合に修正申告または課税庁の更正があり当初の申告税額が過少となったときは，当初の税額の計算の基礎としなかったことに正当な理由があると認められる事実に基づく税額を控除して，増差税額の10％の過少申告加算税が課される。増差税額が期限内申告税額または50万円のいずれか大きい金額を超える場合には，その超過額の５％に相当する金額が加算される。ただし，修正申告が，税務調査があったことによって更正を予知して行われたものでない場合には，過少申告加算税は課されない。

(3) 不納付加算税[283]

　源泉徴収等による国税が法定納期限までに納付されない場合，納付しないことに正当な理由があると認められない限り，納税告知に係る税額または法定納期限後に納税告知を受けるまでに納付された税額の10％の不納付加算税が課される。源泉徴収等による国税が，納税告知を受けずに法定納期限後に納付された場合，その納付が，税務調査があったことによって告知を予知して行われたものでない場合には，不納付加算税は５％に軽減される。

(4) 重加算税[284]

納付すべき税額の計算の基礎事実についてその全部または一部を隠蔽または仮装することによる無申告，過少申告または不納付に対しては，無申告加算税，過少申告加算税または不納付加算税の代わりに重加算税が課される。無申告加算税の代わりに課される重加算税は，重無申告加算税といい，計算の基礎となる税額の40％とされ，過少申告加算税の代わりに課される重加算税は，重過少申告加算税といい，計算の基礎となる税額の35％とされ，不納付加算税の代わりに課される重加算税は，重不納付加算税といい，計算の基礎となる税額の35％とされる。重加算税の目的は，納税者が隠蔽または仮装という不正手段を用いた場合に特に重い負担を課すことによって申告義務および徴収納付義務の履行を確保することである。事実の隠蔽とは，売上除外，証拠書類の廃棄・改ざん等，課税要件事実の全部または一部を隠すことをいい，事実の仮装とは，架空仕入，架空経費，架空契約，他人名義や架空名義の利用等，存在しない課税要件事実が存在するかのようにみせかけることをいう。

2　脱税犯とその刑罰

(1) 租 税 犯

租税の確定，徴収および納付に関する犯罪を租税犯[285]といい，これに対する刑罰を租税罰というが，租税犯は国家の租税債権を侵害する脱税犯と国家の租税確定権・徴収権の正常な行使を危険に陥らせる租税危害犯に大別される。学問上，これらはさらに細かく分類される。脱税犯は，ほ脱犯[286]，間接脱税犯，不納付犯および滞納処分免脱犯に分けられ，租税危害犯は，単純無申告犯，虚偽申告犯，不徴収犯および検査拒否犯に分けられる。脱税犯のうち，ほ脱犯は納税者が偽りその他不正の行為によって租税を免れまたはその還付を受けることを構成要件とする犯罪であり，間接脱税犯は税収確保のために一定の行為が禁止されている場合に許可なくその行為をすることを構成要件とする犯罪であり，不納付犯は徴収納付義務者が徴収して納付すべき租税を納付しないことを

構成要件とする犯罪であり、滞納処分免脱犯は滞納処分の執行を免れるために財産を隠蔽する等課税権者の利益を害する行為を構成要件とする犯罪である。

租税危害犯のうち、単純無申告犯は正当な理由がないのに納税申告書をその法定申告期限までに提出しないことを構成要件とする犯罪であり、虚偽申告犯は納税申告書に虚偽の記載を行うことを構成要件とする犯罪であり、不徴収犯は徴収納付義務者が納税義務者から徴収すべき租税を徴収しないことを構成要件とする犯罪であり、検査拒否犯は税務職員の質問に答弁をせず、もしくは偽りの答弁をし、またはその検査を拒み妨げもしくは忌避しあるいは偽りの記載をした帳簿書類を提出する行為を構成要件とする犯罪である。

(2) 租税犯の刑罰

脱税犯については、直接税のほ脱犯に対しては5年以下の懲役もしくは500万円の罰金またはこれらの併科とされ、間接消費税のほ脱犯および間接脱税犯に対しては5年以下の懲役もしくは50万円以下の罰金またはこれらの併科とされ、不納付犯に対しては3年以下の懲役もしくは100万円以下の罰金またはこれらの併科とされ、滞納処分免脱犯に対しては3年以下の懲役もしくは50万円以下の罰金またはこれらの併科とされる。租税危害犯については、直接税に対しては1年以下の懲役または20万円以下の罰金とされ、間接税に対しては義務の種類に応じて懲役と罰金との選択刑、罰金のみ、または罰金と科料との選択刑などとされている。

(3) 没収と追徴

刑法の没収および追徴[287]の規定は租税犯にも適用される。酒税法や関税法は必要的没収の規定を設けている。刑法では没収は付加刑であり、犯人に主刑を言い渡す場合にこれに付加して言い渡すことができるだけで、独立して言い渡すことができない。追徴は犯罪生成物、取得物、報酬物やその対価物の全部または一部を没収できないときにその価額に相当する一定金額の納付を命ずるものである。

3　すべての脱税は必ず摘発しなければならない

　脱税と租税回避の区別について，難しい法学者の説明でなく，一般人に分かりやすい次のような有名な比喩がある。
　「川に2本の橋が架かっている。一本は有料の橋であり，他は無料の橋である。対岸へ行くのに有料の橋を選んだ人は渡賃を払わなければならない。その支払を怠れば脱税である。無料の橋を選んだ人に渡賃を支払わすことはできない。この選択が租税回避である。」
　上記の比喩でいえば，有料の橋と無料の橋が利用できる状態にあることから不公平が生じるというのであれば，無料の橋を閉鎖すべきである。この措置は，個別的否認規定の立法である。これを閉鎖せずに通過できる状態にしたまま，これを通過したことを咎め立てることは「罠」を設けて引っかかる獲物を捕らえるようにアンフェアにみえる。しかし，番人のいない投げ銭式の有料の橋を選びながら1銭のトールも払わず渡る人と良心に従って表示されたトールを払って渡る人との間には明白な不公平がある。これを放置すれば，有料とは名ばかりで，払わないことが当たり前になってしまい，誰も払う人はいなくなるであろう。そうならないためには，不正を許さない装置が必要である。
　不正行為を摘発するため，番人を置くか，監視カメラなどのモニターシステムが必要である。不正行為者の制裁も，また，公平でなければならない。脱税は，放置すれば伝染病のように自主申告納税制度の基盤である納税者の遵法精神を腐食していく。
　脱税は必ず摘発されるという状況を作り出さなければ，たまたま不運な脱税者のみの脱税が発覚するだけという腐敗した納税環境が拡大していくことになる。

第6章※脱税によって侵食される税収

▼ 4 摘発を免れた犯罪収益や脱税マネーで巨大化する地下経済

　課税対象となる所得の範囲については，学説としては，①制限的所得概念[288]と②包括的所得概念[289]の対立がある。制限的所得概念によれば，経済的利得のうち反復的・継続的な利得のみを所得とし一時的・偶発的・恩恵的な利得を除外すべきことになるが，包括的所得概念によれば，担税力が増加する経済的利得のすべてを所得とし反復的・継続的な利得のみでなく一時的・偶発的・恩恵的な利得も課税対象となる。

　租税の機能である財源調達機能，所得再分配機能および景気調整機能を十分に発揮し，税負担の公平を維持するために，すべての経済的利得を課税対象とする包括的所得概念が多くの国で受け入れられている。米国や日本では，担税力を増加する経済的利得は，その源泉，種類，合法性の有無にかかわらず，課税対象となる所得とされる。

　ここで，特に注意すべきことは，適法な利得のみならず不法な利得[290]も等しく課税対象とされることである。不法利得は，私法上無効な場合であっても現実に利得者の管理支配の下にあるときは，課税対象となる。米国ではかつて国家が不法利得に課税すると国家がその利得を生じた不法行為を是認することになるので，課税すべきでないという説が有力であった時代もあったが，この説に従えば，納税者が課税を免れるために課税庁に対して不法利得であると主張することになり，司法官憲でない税務当局が適法利得と不法利得との判別をしなければならないという問題が生じる。それでは，課税上不法利得の方が適法利得よりも優遇される結果になり，国家が犯罪を助長する結果になってしまう。その後，米国でそのような考え方は否定されることになった。

　いまや，税法の理論としては，不法利得が課税対象となることに反対する者はいない[291]。しかし，実際に不法利得に対し課税がなされているか。事実上，不法利得に対し適正な課税がなされなければ，適法利得に比較して，著しい不

165

公平を生じることになる。

　したがって，脱税を，犯罪収益に係る脱税と適法利得の脱税に分けて考える場合，一口に脱税の摘発といっても，国家は適法利得の脱税だけを摘発すればよいということでなく，犯罪の摘発および犯罪収益に係る脱税を摘発しなければならないと考える[292]。いずれの脱税も，不正行為により租税収入を減少させ，税負担の公平を阻害し，申告納税制度の基盤である納税道義・税法遵守の精神を腐食するものである。また，摘発を免れた犯罪収益や適法利得の脱税マネーは，いわゆるアングラマネーとして国民所得統計に表現されず政府の諸政策の埒外に存在する地下経済を継続的に肥大化させていく。

　国家としては，犯罪の摘発を通じて犯罪収益を捕捉するために司法警察を中心とする法執行機関を有し，脱税の摘発を専門的に担当する税関や国税庁の査察機関を有し，これらの機関がそれぞれの与えられた権限と人的資源の範囲内で精一杯の努力を尽くしているが，巨大化していく地下経済の存在感に対応する現行法制度と現行組織機構にはすでに限界がある。

　この事実に気がつけば，いまや政府のコントロール外にまぎれもなく存在する巨大な地下経済を白日の下に晒し，国民の目に見える形でその膨張を抑制するために，これらの各国家機関を統一された権限の下に置くよう再構築を行い，犯罪捜査や犯罪収益および脱税に関する情報を各機関が共有できるよう法制度を改める必要があると感じるであろう。そうでなければ，法制度と組織機構は，現状のままでは，巨大な地下経済の前で相対的に弱体化してしまうことになる。

5　犯罪の摘発状況と脱税の摘発状況

(1)　刑　法　犯（交通関係業過を除く）[293]

　刑法犯の認知件数は，昭和50年から増加し，特に平成8年以降急増している。平成14年は369万3,928件に達した。罪名をみると，窃盗が最も多く，横領（遺失物等横領を含む），詐欺，傷害等の順になっている。刑法犯の検挙人員は，平成4年以降増加傾向にあり，平成14年は121万9,564人で4年連続戦後最高を

記録している。これに対し，検挙率は低下傾向にあり，平成14年は刑法犯全体で38.8％にすぎない。強盗，傷害，暴行，脅迫，恐喝，強姦，強制猥褻，住居侵入および器物損壊等の暴力的な9罪種は，認知件数の増加に比して検挙率は著しく低下している。

　刑法犯のうち，窃盗についてみると，認知件数の急増，検挙率の急落という傾向が続き，平成14年は認知件数237万7,488件，検挙率17.0％という好ましくない状況にある。侵入盗は33万8,294件で過去最高の件数であるが，ピッキングという特殊工具の使用事件が問題となっている。非侵入盗も増加傾向にあり，126万3,759件で過去最高の件数であり，熟練を要するすりに比較して荒っぽい手口であるひったくりが急増し，特殊な手口として建設機械等の使用による自動預金支払機（ATM）等の機械ごとの窃盗が問題となっている。特異な類型の刑法犯についてみると，現金輸送車強盗の認知件数は10件前後で推移しているが，深夜スーパーマーケット強盗は平成10年に300件を超え，13年527件と増加している。

　クレジットカード，キャッシュカード，消費者金融カード等のカード犯罪の認知件数は，平成10年以降6千件前後で推移している。平成14年のカード犯罪の検挙件数は，3,521件で検挙率は71.3％であったが，内訳をみると窃取・拾得カードの使用が55.3％，偽造カードの使用が21.8％で大半を占めているが，電子機器の使用によりカード上の電磁的情報を不正に取得するスキミングで作った不正カードの使用など手口が悪質化している。

　平成12年2月から施行された組織的犯罪処罰法は，殺人その他の所定の刑法犯が団体の活動として組織的に行われた場合や団体に不正な権益を得させる目的で実行された場合その処罰を加重することとし，犯罪収益の仮装や隠匿等のいわゆるマネーロンダリングを一定の条件の下で処罰することにしている。その内訳をみると，組織的常習賭博，組織的賭博場開帳等図利，組織的殺人，組織的強要，組織的威力業務妨害，組織的詐欺，組織的恐喝，組織的犯人蔵匿，不法収益等による法人等支配，犯罪収益等隠匿，犯罪収益等収受などがある。ただ，平成14年の検察庁新規受理件数は81件に止まっている。

(2) 特別法犯

平成14年の特別法犯は，検察庁新規受理件数でみると，97万6,232人である。道路交通法違反および保管場所法違反がその90.4%を占めているが，これを除く特別法犯は9万4,020人で薬物関係（麻薬取締法，あへん法，大麻取締法，覚醒剤取締法，毒劇法および麻薬特例法）が35.8%，保安関係（銃刀法，火薬類取締法，軽犯罪法および酩酊防止法）が12.6%，外事関係（入管法および外登法）が12.0%，風俗関係（売春防止法，風営適正化法，児童福祉法，競馬法，自転車競技法，モーターボート競走法，児童買春・児童ポルノ禁止法）が6.4%，環境関係（廃棄物処理法，海洋汚染防止法，水質汚濁防止法，大気汚染防止法，自然公園法，ダイオキシン類対策特別措置法）が5.0%，労働関係（労働基準法，労働安全衛生法，船員法，職業安定法および労働者派遣法）が3.1%，経済関係（外為法，商法，独占禁止法，証券取引法，特許法，実用新案法，意匠法，商標法，著作権法，出資法，貸金業規制法，不正競争防止法，宅地建物取引業法，訪問販売法，国土利用計画法および破産法）が1.5%となっている。

薬物犯罪は，覚せい剤取締法違反，麻薬等事犯，毒劇法違反に大別される。この犯罪は，密輸や組織犯罪と結合し，犯罪の国際化という側面をもち，地下経済の主流をなすものとして注目されている。覚せい剤については，検挙人員は戦後のピークである昭和29年に5万5,664人，その後罰則強化，徹底検挙および啓蒙活動により急減したが，第二濫用期の昭和59年に2万4,372人となり，昭和63年まで2万人台で推移し，平成元年に2万人を割り，平成14年1万6,964人である。その違反態様をみると，使用が55.3%と最も多く，所持が35.7%で，これらだけで9割を超え，譲渡・譲受は0.8%，密輸は0.1%と少ない。検挙対象が末端消費者のみであり，営利犯は434人（2.6%），暴力団構成員等は6,738人（40.2%）にすぎないので，地下経済の主役の検挙率がどのような水準にあるのかが問題である。

麻薬等事犯については，検挙人員は起伏を繰り返しつつ増加し，平成14年には1,873人であり，増加傾向を示している。

覚せい剤等の押収量をみると，覚せい剤（粉末）は平成11年に1,994kg，12年

1,031kgと急増したが,平成14年442kgであり,大麻は平成13年に最高の995kgとなったが,平成14年621kgである。最近ＭＤＭＡ等錠剤型合成麻薬が平成14年に19万錠以上と顕著な増加を示している。

平成3年10月5日に制定された麻薬特例法では,業として行う不法輸入等の処罰規定,マネーロンダリング処罰規定,薬物犯罪収益の必要的没収・追徴規定,国際的コントロールド・デリバリー規定が設けられた。平成5年以降14年までの累計で,麻薬特例法違反事件は205件となり,麻薬特例法違反事件の没収は169人4億6,068万円,追徴は2,889人82億9,638万円となっている。

近年,インターネット利用犯罪の検挙件数が増加してきた。平成14年には1,039件となった。ハイテク犯罪は,コンピュータ技術や電気通信技術を悪用した犯罪をいい,狭義のコンピュータ関連犯罪（30件）,ネットワーク利用犯罪（958件）および不正アクセス行為等（51件）に大別される。このうちネットワーク利用犯罪は,コンピュータ・ネットワークを利用して行われる犯罪であり,インターネット・オークション等の詐欺（112件）,拳銃や猥褻物など違法な物品の売買（109件）,児童買春・児童ポルノの販売・頒布等（408件）多様なものがこれに含まれている。特に国境を越えた犯罪が行われる。

日本では暴力団対策法による指定暴力団の数は24であるが,平成14年末現在暴力団構成員等の人員数は構成員43,600人,準構成員41,700人,合計85,300人とされる。平成14年の交通関係業過や交通関係法令違反を除く刑法犯および特別法犯の検挙人員41万4,183人に占める暴力団構成員等は3万824人で7.4％を占めている。刑法犯のうち脅迫（39.7％）,恐喝（33.5％）,賭博（71.3％）,逮捕監禁（53.1％）,特別法犯のうち覚せい剤取締法（40.2％）,大麻取締法（21.9％）,麻薬取締法（17.0％）,売春防止法（21.1％）,児童福祉法（25.8％）,職業安定法（27.3％）,風営適正化法（12.4％）,自転車競技法（81.5％）,競馬法（70.6％）などでは高い割合を占めている。

日本の在留外国人のうち不法残留者数（推計値）は,平成15年初22万552人とされる。入管法違反の検挙件数は,平成14年過去最高の7,990件である。蛇頭等の国際的な密航請負組織が関与する集団密航事件の検挙件数は,平成14年

170人である。外国人は，来日外国人とその他の外国人に大別される。来日外国人とは，日本にいる外国人のうち定着居住者，在日米軍関係者，在留資格不明の者以外の者をいう。来日外国人の刑法犯の検挙件数は増加傾向にあり，平成14年2万4,259件と過去最高となった。また，特別法の検挙件数も増加傾向にあり，1万488件と過去最高になった。

公務員犯罪の平成14年の検察庁新規受理人員は，2万8,253人であるが，その84.4％を占める交通関係業過を除くと，職権濫用(907人)，偽造(547人)，窃盗(326人)，横領(203人)，詐欺(184人)，収賄(155人)の順になっている。

(3) 脱税事犯

国税査察官は，不正の手段により故意に税を免れた者に対して任意調査だけでなく強制的権限をもって犯罪捜査に準ずる査察調査[294]を実施して実態を解明し，その結果に基づいて検察官に告発[295]し，公訴提起を求めている。

最近の査察事件の処理事績[296]は，次の表のとおりである。

年度	査察事件			脱税額	
	処理済件数	告発件数	告発率	金額(億円)	1件当り金額(百万円)
10	234	160	68.4	394	169
11	205	148	72.2	316	154
12	205	146	71.2	271	132
13	212	151	71.2	309	146
14	196	145	74.0	357	182

最近5年間の各会計年度に国税庁から検察庁に告発された所得税法違反，法人税法違反，その他の税法違反[297]については，次の表のとおりである。

第6章※脱税によって侵食される税収

年度	所得税法		法人税法		その他	
	件数	1件当り脱税額	件数	1件当り脱税額	件数	1件当り脱税額
10	46	256.57百万円	110	187.75百万円	4	406.25百万円
11	60	209.10	81	159.70	7	446.71
12	40	162.63	99	148.71	7	318.71
13	35	232.34	111	142.36	5	649.40
14	32	183.25	105	175.46	8	1,115.75

　最近5年間の検察庁における所得税法違反, 相続税法違反, 法人税法違反, 消費税法違反および地方税法違反の起訴人員, 不起訴人員等[298]については, 次のとおりである。

年次	所得税法			相続税法			法人税法			消費税法			地方税法		
	起訴	不起訴	起訴率(%)	起訴	不起訴	起訴率(%)	起訴	不起訴	起訴率(%)	起訴	不起訴	起訴率(%)	起訴	不起訴	起訴率(%)
10	81	15	84.4	7	1	87.5	245	27	90.1	23	3	88.5	8	6	57.1
11	55	3	94.8	42	21	66.7	192	30	86.5	5	1	83.3	22	16	57.9
12	71	14	83.5	3	2	60.0	195	17	92.0	—	1	—	10	2	83.3
13	55	37	59.8	5	—	100.0	284	18	94.0	2	1	66.7	22	7	75.9
14	52	8	86.7	4	—	100.0	200	12	94.3	16	2	88.9	60	31	65.9

　このように, 国税庁査察－検察庁ルートの脱税摘発によれば, この5年間平均の国税庁査察の処理件数210件, 告発件数150件で, 告発率は71.4%であり, 検察庁の直接国税事件の起訴率は87.9%である。

　国税庁査察は, 大口・悪質な脱税嫌疑事件をターゲットにするという基本方針[299]を明らかにしている。そこで, 次の疑問が生じるであろう。

① 査察立件されない脱税事件はどうなるのか
② 査察立件された脱税事件のうち告発されない28.6%の事件はどうなるのか
③ 告発された脱税事件のうち起訴されない12.1%の事件はどうなるのか。

これらの脱税事件は，租税処罰法において租税犯を刑事犯とする以上，構成要件該当性，違法性および有責性を満たす場合には，すべて平等に刑罰を科されるべきである。査察立件割合が適正であるか否かという問題については，権威ある推計モデルが開発されていないので，分母とされるべき脱税嫌疑事件数が正確に推計されないため，誰にも的確な判断ができない状態である。

　国税庁査察が脱税嫌疑事件を内偵調査において一定の基準により「大口・悪質な脱税」と「それ以外の脱税」に区分し，「それ以外の脱税」として査察立件をしないと決めて処理するものと，内偵調査においては「大口・悪質な脱税」と見込んで査察立件したが，その結果「それ以外の脱税」であることが明らかになったので，検察庁に告発しないことにすると決めて処理するものは，いずれも国税庁レベルのみの判断で，刑罰の潜在的対象から除外される。そのような場合，国税庁査察で内偵調査または任意調査によって収集された資料情報に基づいて課税処分ができるかという問題がある。この問題点については，税法学者の間で積極説と消極説が分かれている[300]ことは，すでに述べた。

　また，国税庁査察が査察調査によって把握した証拠により「大口・悪質な脱税」と判断して検察庁に告発したが，起訴便宜主義[301]により検察庁が公訴維持の可能性等の検討を行い，不起訴とすると決めて処理するものは，検察庁レベルの判断で刑罰の対象から除外される。この場合，国税庁査察によって収集された資料情報に基づいて課税処分ができるかという問題がある。この問題点についても，同様に，税法学者の間で積極説と消極説が分かれている[302]。

▼ 6　重加算税を課されるが刑罰を科されない脱税

　国税庁は，達成すべき目標として「適正かつ公平な税務行政の推進」を掲げ，適正に申告を行わない納税者に対しては的確な調査を行うことを基本方針[303]と定めている。平成14年度における税務調査の件数は，249千件，追徴税額は，8,753億円であった。調査の実施に当たっては，大口・悪質な不正計算が想定される調査必要度の高い納税者に対する調査に重点を置きつつ，経済取引の国

際化，高度情報化，複雑化，広域化の進展や不正手口の巧妙化等に的確に対処するように努力している。したがって，国税庁は，その限定された人的資源を大口・悪質な不正発見に重点を置いた調査に傾斜配分している。平成14年度の調査事績[304]は，次のとおりであった。

① 個人課税部門（所得税・消費税）の調査状況

実地調査は，所得税につき74千件，消費税につき27千件行い，申告漏れ所得や非違がそれぞれ64千件，21千件発見された。実地調査で発見された申告漏れ所得金額は5,033億円で，追徴税額は1,059億円であった。1件当りの申告漏れ所得金額は684万円，1件当りの追徴税額は144万円であった。平成14年度の1件当り事業所得の申告漏れ所得金額が高額であった上位10業種は，(1)貸金業（3,093万円），(2)風俗業（2,261万円），(3)病院（1,653万円），(4)バー（1,256万円），(5)焼肉（1,159万円），(6)くず金卸売業（1,158万円），(7)廃棄物処理業（1,153万円），(8)情報サービス業（1,045万円），(9)産婦人科医（1,000万円），(10)整形外科医（988万円）と発表された。

	調査等総計	所得税			消費税		
		実地調査	簡易接触	合計	実地調査	簡易接触	合計
調査件数	780,438	73,533	694,721	768,254	26,842	12,184	39,026
申告漏れ件数	575,335	63,994	505,129	569,123	20,562	6,212	26,774
申告漏れ所得金額（億円）		5,033	3,532	8,565			
追徴税額（億円）							
本税	1,237	902	190	1,092	132	14	146
加算税	203	157	20	177	24	2	25
合計	1,440	1,059	210	1,269	155	16	171

② 法人税の調査状況

実地調査は，12万2千件実施され，非違件数は8万9千件，その申告漏れ所得金額は1兆5,555億円，このうち「仮装・隠蔽」による不正計算の件数は2万5千件であり，不正脱漏所得金額は4,003億円であった。調査による追徴税

額は4,173億円である。調査1件当りの申告漏れ所得金額は1,279万円,不正申告1件当りの不正脱漏所得金額は1,591万円であった。不正発見割合は,20.7%であったが,平成14年度の不正発見割合の高い上位10業種は,(1)バー・クラブ(54.6%),(2)パチンコ(47.5%),(3)書籍雑誌販売(32.6%),(4)廃棄物処理(32.2%),(5)外国料理(27.9%),(6)一般土木建築工事(27.7%),(7)土木工事(27.1%),(8)自動車・自転車販売(25.3%),(9)建築工事(24.6%),(10)農業・畜産業(24.6%)であった。

不正申告1件当りの不正脱漏所得金額の大きい上位10業種は,(1)木造建築工事(6,496万円),(2)自動車・同付属品製造(6,343万円),(3)パチンコ(5,611万円),(4)貿易業(4,292万円),(5)新聞・出版(3,931万円),(6)鉄鋼販売(3,742万円),(7)その他娯楽(2,903万円),(8)建売・土地売買(2,870万円),(9)生鮮魚介卸売(2,844万円),(10)電気通信機械器具卸売(2,498万円)であった。

	法 人 税	消 費 税
調査件数(千件)	122	109
更正・決定件数(千件)	89	57
不正計算の件数(千件)	25	
申告漏れ所得金額(億円)	15,555	
不正脱漏所得金額(億円)	4,003	
追徴税額(億円)	4,173	666
加算税額(億円)	647	114

③ 法人税の調査状況（調査課所管法人）

	法 人 税	消 費 税
調 査 件 数	4,879	4,900
更正・決定件数	4,019	2,982
不正計算の件数	899	
申告漏れ所得金額（億円）	8,388	
不正脱漏所得金額（億円）	647	
追徴税額（億円）	2,259	167
加算税額（億円）	281	24

④ 公益法人等の調査状況

	法 人 税	消 費 税	源泉所得税
調 査 件 数	1,481	1,291	6,047
更正・決定件数	1,134	856	3,313
不正計算の件数	106		
申告漏れ所得金額（百万円）	22,988		
不正脱漏所得金額（百万円）	2,598		
追徴税額（百万円）	2,944	3,754	3,099

⑤ 譲渡所得の調査状況

調 査 件 数		15,468
申告漏れ件数		9,307
申告漏れ所得金額（億円）		1,171
重加算税	賦 課 件 数	394
	賦課対象所得金額（億円）	63

⑥ 相続税の調査状況

調査件数	11,406
申告漏れ件数	10,171
うち重加算税賦課件数	1,934
申告漏れ課税価格（億円）	3,748
うち重加算税賦課対象（億円）	731
申告漏れ税額（億円）	854
調査による加算税額（億円）	138

⑦ 源泉所得税の調査状況

調査・指導件数（千件）	183
非違件数（千件）	47
追徴税額（億円）	741
うち調査による追徴税額	627
本　税　額（億円）	562
加 算 税 額	65

　このように国税庁の調査事績は「申告漏れ件数」「申告漏れ所得金額」という概念と仮装・隠蔽による「不正計算の件数」「不正脱漏所得金額」という概念を区別して用いている。税務調査により発見された無申告や過少申告の「申告漏れ所得金額」は，行政処分である課税処分（更正・決定）の対象となり，無申告加算税や過少申告加算税を課されるが，その申告漏れが仮装・隠蔽による不正計算によって生じたものと認められる場合には，無申告加算税や過少申告加算税に代えて重加算税が課される。仮装・隠蔽による不正計算に基づく申告漏れは，その本質において脱税といい得るものである。例えば，国税庁の発表した調査事績のうち，不正脱漏所得は，法人税の場合4,003億円（調査課所管法人の場合647億円，公益法人等の場合26億円，無所得申告法人の場合1,229億円），譲渡所得の場合63億円，相続税の場合731億円，などと，査察事案の不正所得金額

を大きく上回る。このような発表事績から，例えばなぜ調査課所管法人については不正計算を発見しながら査察調査を実施しないのかという疑問を生じる。査察組織機構の拡充を行わないまま推移していけば，これ以上査察の処理件数を伸ばすことは現実的でなく，経済取引構造の複雑化・国際化・情報化に対応する条件を整備せずに一定の処理件数を維持しようとすれば，こじんまりとまとめやすい事案を数多く手掛けざるを得なくなり，国際的な不正計算や巨大組織の複雑な脱税に長期間をかけて取り組むことがますます困難になっていく。これでは，大口・悪質な脱税事案に挑戦するという基本方針に逆行する結果を招くおそれがある。課税処分のみの重加算税賦課事案が増加すればするほど，同じ罪質の脱税であり規模の点でも大口でありながら，刑事罰をもって処断される中小企業と重加算税のみで終わる大企業との間に執行面で不公平感を生じることがないかという危惧の念を抱かざるを得ない。

　仮に，ほ脱率を悪質の程度の判断に用いるとすれば，金額ベースでは大口であっても，申告所得金額も大きい事業体が常に悪質の範疇から免れてしまう。

　最近は多様な事業体を用いる脱税が横行しているが，パススルー型，ハイブリッド型などの事業体を利用した事件については，誰に焦点を合わせるべきかという基本問題に合理的な対応が要求される。濫用的タックス・シェルターを利用した大企業の脱税や地下経済を支配する組織犯罪グループの脱税に挑戦するためには，米国IRC-CIに匹敵する組織機構が必要になる。その場合には，徴税コストが一時的に上昇することになるであろうが，徴税コストの抑制のために，課税対象となるべきアングラマネーという潜在的な税収源の開発を放棄することは，課税の公平を基本とする税務行政に許されることではないのである。

　戦後，申告納税制度と同時に国税査察官制度[305]を米国から導入した当初の決意に立ち戻って，日本は国税査察官と検察官の増員を実現して，税務行政が当面している巨大なアングラマネーへの挑戦を可能にすべきであろう。

〔注〕

278) 日本の徴税費
　　国税庁『日本における税務行政』によれば，平成14年度の徴税費総額は7,316億円で，国税庁が扱う租税および印紙収入に対する徴税費の割合を税収100円当たりでみた金額（徴税コスト）は，昭和25年度に2.79円であったが，平成14年度には1.62円となっている。このように，徴税コストが低下したのは，国民経済の伸長に伴って租税収入が著しく増加したのに対し，税務執行を担当する人員がほぼ一定でかつ年々増加する事務量に対処するため効率的運営に努力してきた結果である。徴税コストの低下は，一定金額の税収を上げるためのコストを低下させるという意味で，税収確保の効率化という面では好ましいことであるが，徴税費は公平のための原価でもあり，単に税収額との比較だけでは評価し得ない面も有している。

279) 自主申告納税制度の維持には，税知識の普及のための納税者教育と指導，記帳と申告についての相談と指導，税法遵守の精神の昂揚，優良納税者の顕彰，などの施策とともに，税法不遵守の監視と制裁が必要である。国によっては，税法違反の発見のための密告・通報制度や税法違反の抑止措置として「恥と社会的制裁」を予定した違反者の公示精度が整備されている。日本には高額納税者について顕彰と社会的監視を目的とする公示制度がある。故意に過少申告を行い，公示逃れをした後に修正申告を提出する者が存在するが，これは申告期限の徒過する時に既遂となる脱税犯とされる可能性がある。この種の潜在的脱税者たちは，社会的監視を嫌って「個人プライバシー」保護の口実で公示制度を葬り去ろうとする。

280) 重加算税と刑事罰とが二重処罰の禁止に抵触するのではないかという議論が行われている。金子宏『租税法（第九版）』弘文堂，2003，pp.596，812，松沢智『租税処罰法』有斐閣，1999，pp.33，74，90，127，232，236，北野弘久『税法学原論（第五版）』青林書院，2003，p.494，品川芳宣『附帯税の事例研究』財経詳報社，pp.253-254，佐藤英明『脱税と制裁』弘文堂，1992，pp.55-60，276-328。

281) 国税通則法66条。
282) 国税通則法65条。
283) 国税通則法67条。
284) 国税通則法68条。
285) 金子宏，前掲書，pp.787-802。
286) 所得税法238条1項および239条1項，法人税法159条1項，相続税法68条1項，消費税法64条1項など。
287) 刑法19条，19条の2および20条。
288) 金子宏，前掲書，pp.181，215，237。
289) Ibid, pp.182, 237。
290) Ibid, p.183。
291) 三木義一「不法利得課税論」『所得税の理論と課題』税務経理協会，2001，pp.97-106。
292) 本庄資「日本のマネーロンダリングと脱税に対する税務行政の役割」税経通信，

59巻10号，2004，pp.145－158。
293）　法務省法務総合研究所編『平成15年版犯罪白書』。
294）　国税犯則取締法1条および2条。
295）　国税犯則取締法12条の2。
296）　国税庁「日本における税務行政」表24査察事件の処理事績，財務省「平成14事務年度国税庁が達成すべき目標に対する実績の評価書」，p.68。
297）　法務省法務総合研究所編「平成15年度犯罪白書」，p.42。
298）　Ibid，p.42。
299）　財務省「平成14事務年度国税庁が達成すべき目標に対する実績の評価書」，pp.63－64，71。
300）　本庄資「日本のマネーロンダリングと脱税に対する税務行政の役割」税経通信，59巻10号，2004，p.153。
301）　刑事訴訟法247条および248条。
302）　本庄資「日本のマネーロンダリングと脱税に対する税務行政の役割」税経通信，59巻10－91－号，2004，p.153。
303）　財務省，前掲書，p.70－71。
304）　国税庁記者発表資料。
305）　昭和23年7月30日閣議決定「脱税その他租税犯罪に対する処罰の厳正な適用について」。

第7章

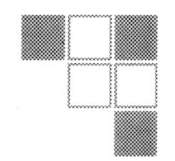

マネーロンダリングによって腐食される税収

　狭義のマネーロンダリングは，犯罪収益を金融機関の口座間取引等を通じてその資金出所を隠蔽して合法的な資金であるかのように偽装することを意味する。

　広義のマネーロンダリングは，適法利得ではあるが不正行為により租税を免れた資金を「政府によって帳簿，記録または報告により捕捉されないアングラマネー」という状態から金融機関等の口座間取引等を通じてその資金出所を隠蔽して合法的な資金であるかのように偽装して表の経済に戻すことを意味する。

　マネーロンダリングは，国内に限らず国際的な金融機関の口座間取引等を通じて行われるため，日本で課税されるべき犯罪収益や適法利得の脱税マネーがマネーロンダリングのプロセスを通じて容易に国外に移転される。

　米国は特に組織犯罪に対処し犯罪収益によって表の経済社会が支配されることを防止するためその資金源を絶つ必要があると考え，マネーロンダリング対策のために国家戦略[306]として USA PATRIOT Act特別法を立法化し米国の規制当局，法執行機関，情報機関，国際機関および民間金融機関等の連携を強化してきた。米国は，米国の金融システムをマネーロンダリングから保護するためには，それが不可分の一体を成す国際金融システムを保護する必要があり，

一国限りで対応することは所詮無理であると考えるに至った。特に2001年9月11日のテロリスト米国本土攻撃以降,米国はテロリストの資金調達や資金供与がマネーロンダリングと同様の手口で行われていることに着眼し,テロリスト・ファイナンスを絶つ戦いをマネーロンダリングを絶つ戦いの国家戦略と合体させた[307]。

1 国際社会のマネーロンダリング対策

(1) 米国のマネーロンダリング対策

米国の2003年国家戦略は,その目標として①マネーロンダリングおよびテロリスト・ファイナンスから国際金融システムを保護すること,②主要なマネーロンダリング組織およびシステムを識別し調査し訴追する米国政府の能力を向上させること,③効果的な規制を確実にすること,を掲げている。

第一目標のために,(ⅰ)テロリスト資金の世界規模のチャンネルを分断するためテロリスト資産をブロックすること,(ⅱ)犯罪者およびテロリストの国際金融システムへのアクセスを困難化させ資金移動の透明性を高める国際的スタンダードを確立すること,(ⅲ)国際的スタンダードのグローバル・コンプライアンスを高めること,を具体的な目的としている。

国際的スタンダードとしては,1989年にG7で創設された金融活動作業部会(FATF)[308]が規制,管理,監督,刑罰,国際協力に関する各国法制に組み入れるべきマネーロンダリング対策の範囲を明確化する「40勧告」とテロリスト・ファイナンス対策の範囲を明確化する「8特別勧告」を公表している。各国の国際的スタンダードの実施状況について,FATFやこれに類似した各地域機関,国際通貨基金(IMF)や世界銀行などによる客観的評価を行い,各国のマネーロンダリング対策およびテロリスト・ファイナンス対策における対抗能力(立法化,取締と訴追の訓練,金融機関の監督,金融犯罪捜査の訓練を含む)の強化のために支援し,国際的スタンダードを実施しない国・地域に対してはFATFが非協力国・地域(NCCT)リストを公表して圧力をかける。米国は,マネー

第7章※マネーロンダリングによって腐食される税収

ロンダリングやテロリスト・ファイナンスに利用される特定の金融メカニズムに焦点を合わせて，各省庁から成る多様な機関を通じて，特定の金融メカニズムを摘発する。2003年国家戦略が焦点を当てた特定の金融メカニズムとしては，(A)資金調達の導管として利用される慈善団体，(B)ハワラ等の代替的送金システム，(C)バルクキャッシュの密輸，(D)貿易ベースのマネーロンダリング，(E)貿易ベースのテロリスト・ファイナンス，(F)サイバー犯罪を例示している。

　第二目標のために，(ⅰ)各省庁間の総合調整を強化すること，(ⅱ)法執行機関と各種タスクフォースが金融データベースと分析ツールを利用し提供することを確実にすること，(ⅲ)法執行機関の要員その他の資源を最高の影響をもつ標的と金融システムに集中すること，(ⅳ)新規および改正した法規の権限の利用，(ⅴ)国際協力の増加，(ⅵ)米国政府と金融界の相互関係の改善，(ⅶ)州・地方政府のマネーロンダリングおよび金融犯罪事件の捜査・訴追の支援，を具体的な目的としている。米国は，連邦政府や州・地方政府の各規制当局，各法執行機関，各情報機関，またはこれらの外国カウンターパートナーがばらばらのターゲットにばらばらに対処しても，組織犯罪グループによるマネーロンダリングやテロリスト・ファイナンスを撲滅できないことを自覚し，各政府機関の人的資源を効果的に特定のターゲットに集中投入するため，財務省と司法省に各省庁の総合調整機能を付与し，各省庁から成る組織の強化に努めている。代表的な組織としては，(A)組織犯罪麻薬取締タスクフォース，(B)高度麻薬取引エリア，(C)高度金融犯罪エリア，(D)合同テロリズムタスクフォース，(E)外国テロリスト資産ターゲットグループ，などがある。米国財務省に1990年に金融犯罪取締ネットワーク（FinCEN）[309]が創設されたが，マネーロンダリングの技術やシステムの進化に対応して，2003年に各政府機関から成る麻薬マネーロンダリング対策金融情報センターが設けられることになった。

　各法執行機関がそれぞれの事案について情報収集を行い，それぞれのデータ・ベースを有し，分析している現状を改革して，各法執行機関の入手するすべての情報を集中管理し，分析する単一の情報センターが必要になってきた。FinCENは米国の金融情報ユニット（FIU）として，多様な銀行秘密法（BSA）

関連データ・ベースでマネーロンダリング活動をトレースできる能力を向上させ、全米の情報源との迅速かつ効率的なクロスリンケージを作り上げることによって新世代の分析ツールを開発するとともに、そのデータ・ベースと人的資源は新しい麻薬マネーロンダリング対策金融情報センターで重要な役割を与えられることになった。

犯罪組織などのマネーロンダリングに利用される金融インフラを識別して攻撃するため、米国はUSA PATRIOT Act法、銀行秘密法（BSA）、国際経済緊急事態権限法などのすべての立法を積極的に活用する。金融機関等を通じるマネーロンダリングに対抗するためには、法執行機関、規制当局と金融機関の相互協力関係が不可欠である。米国の2003年国家戦略は、①すべての金融機関に関するマネーロンダリング規制の強化、②政府機関と民間金融機関との通信、ガイダンスおよび情報の共有の拡充を通じるマネーロンダリング対策の管理効果の向上、③規制遵守と取締りの強化を目的としている。

(2) 金融活動作業部会（FATF）のマネーロンダリング対策

1989年アルシュ・サミットのG7で設立されたFATFは、マネーロンダリングのために銀行制度や金融機関を利用することを防止するために行われた各国の成果を評価しよりよい防止措置を考案することを使命としている。FATFは、マネーロンダリングと戦うために、26OECD加盟国（15EU加盟国を含む）、欧州委員会、湾岸協力理事会が加盟している唯一の専門的な国際機関である。FATFは、マネーロンダリング対策の国際的基準として「40の勧告」を1990年に公表したが、その後の経験を考慮に入れて1996年に改正し、さらにマネーロンダリング技術の進歩や新しいシステムの開発に対応するため、2003年に新しい40の勧告を公表した。これは、マネーロンダリング対策の国際基準として加盟国のみでなく非加盟国によっても認められるに至った。

FATFの40勧告は、各国に次のことを要求している。

① 国連条約に従い，マネーロンダリングを犯罪化すること
② 権限ある当局が洗浄された財産，資金洗浄または前提犯罪から得た収益，犯罪の実行に使用されまたは使用を企図した供用物を没収することを可能にする法的措置をとること
③ マネーロンダリングおよびテロリスト・ファイナンスを防止するため金融機関，非金融機関および職業専門家がとるべき次の措置を定めること
（ⅰ） 金融機関は「匿名口座」および「偽名口座」を保有しないこと
（ⅱ） 一定の場合に顧客の身元確認や照合を含む顧客管理と記録保存を行うこと
（ⅲ） 金融機関は重要な公的地位を有する者について財源・資金源の確認や業務の継続監視などを実施すること
（ⅳ） 金融機関は取引相手機関の情報を収集しそのマネーロンダリング対策およびテロリスト・ファイナンス対策を評価すること
（ⅴ） 金融機関は，マネーロンダリングにおける匿名性に係る技術の使用を防止する措置を講じること
（ⅵ） 各国は，一定の基準を満たす場合には金融機関が顧客管理手続または業務紹介について仲介機関または第三者機関に依存することを認めることができること
（ⅶ） 金融機関は，権限ある当局の要請に迅速に対応することができるよう国内取引および国際取引に関するすべての必要な記録を5年以上の間保存すべきこと
（ⅷ） 金融機関は，明らかな経済目的または合法的な目的を有しない複雑かつ異常な大口の取引またはすべての通常でない形態の取引について特別な注意を払い，その取引の背景と目的を調査しその結果を文書化し，これを権限ある当局および監査人が利用できるようにすること

（ⅸ） 金融機関の顧客管理義務および記録保存義務は，次の場合には指定された非金融業者および職業専門家にも適用されること
　　A　カジノ：顧客が一定の基準額以上の金融取引を行う場合
　　B　不動産業者：顧客のために不動産の売買に関する取引に関与する場合
　　C　貴金属商・宝石商：顧客と一定の基準額以上の現金取引を行う場合
　　D　弁護士，公証人，他の独立法律家および会計士：不動産の売買，顧客の資金，証券その他の資産の管理，銀行口座，貯蓄口座または証券口座の管理，会社の設立，運営，管理のための出資金の組成，法人または法的取決めの設立，運営，管理および企業の買収・売却などの活動について顧客のために取引の準備または実行をする場合
　　E　信託および法人のサービス・プロバイダー：顧客のための取引の準備または実行をする場合
④　「疑わしい取引」の届出および遵守義務
　金融機関は，資金が犯罪収益ではないか，テロリスト・ファイナンスに関係しているのではないかと疑う場合または疑うに足る「合理的根拠」がある場合には，その疑いを金融情報機関（FIU）に迅速に届け出ることを法令化すること
　（ⅰ）　情報開示制限違反の免責
　　A　金融機関，その役員および従業員は，「疑わしい取引」報告について，契約，法規または行政上の「情報開示制限」に違反したことから生じる刑事上・民事上の責任を免除されること
　　B　「疑わしい取引」報告を行った事実を漏らすことを禁止すること
　（ⅱ）　マネーロンダリング対策およびテロリスト・ファイナンス対策のプログラムを金融機関に策定させること
　（ⅲ）　指定された非金融業者および職業専門家の「疑わしい取引」届出

義務
⑤　マネーロンダリングおよびテロリスト・ファイナンス防止のためのその他の措置
　（ⅰ）　刑事，民事または行政上の制裁措置
　（ⅱ）　シェルバンクの禁止
　（ⅲ）　通貨および持参人払方式の譲渡可能商品の物理的移送等の探索・監視
　（ⅳ）　指定非金融業者・職業専門家を除く職業や専門家に対するFATF勧告の適用
⑥　FATF勧告を遵守していない国に対する対抗措置
⑦　規制および監督
　（ⅰ）　金融機関の規制および監督
　（ⅱ）　指定された非金融業者および職業専門家の規制および監督
　（ⅲ）　各国のガイドラインの策定
⑧　マネーロンダリング対策およびテロリスト・ファイナンス対策のための制度的措置その他の措置
　（ⅰ）　国の中央機関として金融情報機関（FIU）を設立すること
　（ⅱ）　マネーロンダリングおよびテロリスト・ファイナンスの捜査技術を支援・開発すること
　（ⅲ）　マネーロンダリングおよび前提犯罪の捜査，訴追のために使用する書類・情報を入手することができるよう措置すること
　（ⅳ）　監督者の権限（検査権限，金融機関の義務の遵守状況の監視，義務不履行の行政処分）を法令化すること
　（ⅴ）　権限ある当局に対して財政的，人的および技術的資源を提供すること
　（ⅵ）　政策立案者，金融情報機関（FIU），法執行機関および監督者の協力と総合調整を行うこと

（ⅶ）対策の有効性・効率性に関する包括的な統計を整備すること
　　　　A　「疑わしい取引」届出の状況
　　　　B　捜査，訴追および裁判の状況
　　　　C　財産の凍結，押収および没収の状況
　　　　D　法律上の相互援助その他の国際的な協力の状況
⑨　法人および法的取決めの透明性
　　（ⅰ）マネーロンダリングのための法人の不法な利用を防止する措置を講じること
　　（ⅱ）マネーロンダリングのための法的取決めの不法な利用を防止する措置を講じること
⑩　国 際 協 力
　各国は，ウィーン条約，パレルモ条約および1990年テロリスト・ファイナンス防止条約，犯罪収益の洗浄，捜索，押収および没収に関する欧州議会条約を批准し，完全に実施すること
⑪　法律上の相互援助および犯人引渡
　　（ⅰ）マネーロンダリングおよびテロリスト・ファイナンスの捜査，訴追および関連手続について法律上の相互援助を迅速に，効果的に行うこと
　　　　A　法律上の相互援助を妨げ，不合理または不当な制限条件を課さないこと
　　　　B　法律上の相互援助の要請を実施するために明確かつ効率的な手続を定めること
　　　　C　「犯罪が租税問題に関連すること」のみを理由として法律上の相互援助の要請を拒否すべきでないこと
　　　　D　「金融機関の守秘義務」を理由として法律上の相互援助の要請を拒否すべきでないこと
　　（ⅱ）法律上の相互援助の要請に基づく権限ある当局の権力の行使

（ⅲ）双罰性のない場合でも法律上の相互援助を行うこと
　　（ⅳ）外国の要請に基づき財産の凍結，押収および没収を行う権限の付与
　　（ⅴ）マネーロンダリングを「引渡犯罪」として認識すること
⑫　情 報 交 換

　FATFは，2001年9月11日の米国に対するテロ攻撃の後，テロリスト・ファイナンス対策をその活動範囲に加え，2001年10月に国際基準として次の「8特別勧告」を公表した。

(1)　国連諸文書の批准と履行
(2)　テロリスト・ファイナンスおよび関連マネーロンダリングの犯罪化
(3)　テロリスト資産の凍結と没収
(4)　「疑わしい取引」の届出と遵守
(5)　テロリスト・ファイナンスに対する刑事，民事および行政上の国際協力
(6)　代替的送金システム
(7)　電 信 送 金
(8)　非営利団体の悪用の阻止

2　米国のマネーロンダリング／テロリスト・ファイナンスの摘発事例

　米国は，2001年からマネーロンダリング／テロリスト・ファイナンスとの戦いをブッシュ政権の国家戦略（National Strategy）とし，財務省および司法省を機軸に連邦各省庁および州・地方政府に所在する規制当局，法執行機関および

情報機関を総合調整し，所要の立法と執行に政府職員を集中投入し，民間金融機関および国際機関や外国政府との密接な協力関係を構築してきた。その業績については，評価測定を行い，その結果を予算編成に反映することとしている。この戦略の遂行に当たって，毎年目標，目的，優先事項を公開決定して，具体的な作戦（Operation）を遂行し，その成果を公表している。米国政府が公表したマネーロンダリング白書に基づき，その摘発事例を取り上げ，類型化して，日本のマネーロンダリング／テロリスト・ファイナンスとの戦いを検討する。

(1) マネーロンダリング／テロリスト・ファイナンスに対する作戦の成功事例[310]

事例1　ワイヤーカッター作戦（Operation Wire Cutter）

米国関税庁（the U.S. Customs Service）の入国管理・関税取締局（the U.S. Bureau of Immigration and Customs Enforcement：BICE）は，麻薬取締局（the Drug Enforcement Administration：DEA）およびコロンビア当局と協力して，コロンビア・ペソ・ブローカーおよびそのマネーロンダリング組織に対する2年半に及ぶ潜入調査の結果，2002年に37人を逮捕した。これらの個人は，複数のコロンビア麻薬カルテルのために資金洗浄を行った。その手口は，ペソブローカーが潜入捜査官に麻薬取引の収益金をニューヨーク，マイアミ，シカゴ，ロサンゼルス，サンフアン，で受け取り，米国金融機関の特定口座や米国銀行とのコレスポンデント口座を有する銀行に電信送金をするように指示し，その後，洗浄された資金をコロンビア銀行で引き出すものであった。この作戦で，特別捜査官は，800万ドルの現金，400kgのコカイン，100kgのマリファナ，6.5kgのヘロイン，9丁の銃砲，6台の自動車を差し押さえた。BICEは，日本でも連続テレビ放送の人気番組であった「マイアミ・バイス」でもその活躍が知られているが，本件は，財務省と麻薬取締局（DEA）の連携プレーの成功を誇示する事例の一つである。

事例2　疑わしい活動報告（SAR）によるペルー人スパイ・ボスの逮捕

シティバンク（マイアミ）はAの1,500万ドルの預金につき「疑わしい活動報

告」(Suspicious Activity Report：SAR) を行い，FBIはAが元ペルー国家情報局長Xの鞄持ちであると認定した。AとXはペルーで政府資金の持逃げ，麻薬取引および人権違反の罪で捜査中であった。FBIは，ペルーの仮逮捕状を入手してマネーロンダリングと汚職の罪でAをマイアミで逮捕した。Xは，麻薬売人から受け取る金，防御契約によるキックバック，公金横領，銃砲密輸の収益を移動し隠匿するため世界規模の銀行口座網や隠れ蓑の会社を有し，4億5,000万ドル超の不法収益をペルー，スイス，ケイマン諸島，パナマおよび米国の銀行に預金していた。Aの逮捕後，Xは元ペルー国家情報局職員Bを通じてこの捜査で差し押さえられた3,800万ドルを解除するよう米国銀行員に強要した。Bは強要電話につきマイアミで逮捕された後，FBIに協力し，Xのベネズエラの所在地を告げたため，Xはベネズエラで逮捕された。本件は，金融機関のSARを基に有名な情報機関FBIと外国捜査当局とが行った連携プレーの成功を誇示する事例の一つである。

[事例3] オアシス作戦（Operation Oasis）

2001年，米国関税庁は，一定の国への金銭証券の移動を標的とするテロリズム対抗措置オアシス作戦に着手した。その標的には，10,000ドル超の金銭証券を運搬するクーリエハブや航空機乗客が含まれていた。その結果，5ヶ月で200件超1,000万ドル超の移動が阻止された。本件は，税関がバルク・キャシュ密輸とともに「金銭証券」の密輸に着眼して水際作戦に成功した事例の一つである。

[事例4] NY市警のマネーロンダリング

2002年，NY市警官が麻薬売買収益600万ドルないし1,000万ドルのマネーロンダリングで有罪を認めた。コロンビア麻薬売人は2年間に60ｔのコカインをNYに出荷したが，被告人たちに対し，麻薬売人にNY市の街路上で会い10万ドルないし50万ドルの現金入りの袋を受け取るよう麻薬代金のピックアップを指示し，被告人たちはレンタルカーで麻薬収益を，コロンビアに輸出するビデオゲーム，計算機，印刷カートリッジ，自転車などの商品代金として，マイアミの企業に引き渡した。この種の取引は，コロンビア麻薬売人が用いる「取引

ベースのBMPEロンダリング・システム」と一致している。組織犯罪者は，取締側の人間も仲間に引き入れて利用するが，本件は，法執行機関が警察の不祥事件を隠そうとせず，摘発しその事実を公開するという決然たる基本姿勢を示す事例である。本件は，「エルドラド・タスク・フォース」という財務省主導のタスク・フォース（関税局とIRS，NY市警（内部監察官を含む），検察庁から構成された）が調査し，NY東部地区検察局が訴追した総力作戦の成果とされる。

> 事例5 テロリスト・ファイナンス・リング潰し

　北カロライナで大量にたばこを買うレバノン人グループに注目してFBI合同タスクフォースが調査に着手し，レバノンのヒズボラに関係のあるたばこ密輸を暴露し，2001年にこのレバノン人グループはたばこ密輸，脱税，米国法18.2339B違反の共謀で起訴され，2002年，北カロライナの連邦陪審は，ゆすり，陰謀，たばこ密輸収益のマネーロンダリングの共謀を通じてテロリストグループ，ヒズボラ（Hezbollah）に支援したかどでレバノン人Aが有罪とされた。

　本件は，財務省アルコール・たばこ・火器局（AFT），FBIが連邦レベルの調査を担当し，移民・帰化局（the Immigration and Naturalization Service：INS）及び州・地方の法執行機関の協力を得て成功した事例の一つである。

> 事例6 金鉱作戦（Operation Goldmine）

　DEA，司法省資産没収マネーロンダリング課および危険麻薬課およびパナマ司法省は，多数のコロンビア麻薬売人の麻薬収益を洗浄するパナマ宝石商Aの活動を摘発した。Aは，過去6年間に5億ドル超の仕入を申告してきた。DEAのパナマ事務所とパナマ警察は，1.6 tの金製品，2.3 tの銀製品，9銀行の100万ドル超の口座等を差し押さえた。さらに，NY東部警察はDEAロングアイランド事務所と協力してAの口座の100万ドルを差し押さえた。この捜査により，20人が逮捕された。本件は，この種の総力作戦の最初の事例とされ，パナマ・コロン自由貿易地帯における事業活動に対する警告となった。このような自由貿易地帯は，有名なBMPEマネーロンダリングにとって不可欠の要素になっている場合が少なくない。司法省，DEA，NY警察及び外国警察当局との連携プレーの成功を誇示する事例の一つである。

事例7　NY銀行調査

　1998年のリパブリック・ナショナル・バンクのSARに基づき，FBIのロシア組織犯罪タスクフォースとNY南部地区検察局は，Aとその妻B，Aの企業およびNY銀行幹部の調査を開始した。SARによれば，ロシア銀行のコレスポンデント口座からNY銀行の口座に一連の多額の疑わしい送金があった。NY銀行の口座，Aの企業およびNY銀行にあるロシア銀行のコレスポンデント口座に対し差押令状が執行され，11口座2,163万ドルが差し押さえられ，AおよびBは共謀，マネーロンダリング，不法収益の送金事業につき有罪を認め，810万ドルの刑事没収に合意した。

事例8　カリルカーファン（Khalil Kharfan）組織

　DEAとNY南部地区検察局は，コロンビア，プエルトリコ，フロリダ，NYで活動しているカリルカーファン組織のマネーロンダリングおよび麻薬事業を標的とする長期捜査を終了し，約100万ドルを差し押さえた。この組織は，1億ドル超の麻薬収益を洗浄した。これまでの調査によれば，この組織は非常に洗練され，世界規模の資金移動を行う数種類の通信システムを利用していた。プエルトリコ，フロリダ，NYおよびニュージャージーにスタッフが駐在するコロンビア細胞とパナマ，イスラエル，スイス，およびコロンビアにある国際事業と銀行は，資金を預金して移動することができる仮装事業を行うために「メンバー」を利用した。本件は，DEAと検察庁が協力して国際的な犯罪組織に挑戦した事例の一つである。

事例9　ブライアン・ラッセル・スターンズ

　テキサスから数百万ドルの国際金融事業を行っていると見せかけたブライアン・ラッセル・スターンズは，世界中の投資家から5,000万ドルを騙し取ったかどで有罪とされた。陪審は，起訴された80郡のすべてにおいてマネーロンダリング，郵便詐欺その他の犯罪で有罪とし，マネーロンダリング活動からの3,500万ドルの収益を没収して投資家に返済することができると判断しこの調査中，IRSは250万ドルのテキサス・マンション，リアジェット，ガルフストリーム航空機および200万ドルのヘリコプター，豪華な自動車，ヨット，石油

投資，フロリダの邸宅，150万ドルの銀行口座，数十万ドルの宝石を差し押さえた。これらの資産の収益は被害者への損害賠償の一部として使用される。

[事例10] ナッシュビルの麻薬事件

テネシー人は，ナッシュビルにおける大規模なコカインの配給とマネーロンダリング組織における3年間の共謀につき有罪とされた。その手口は，コカインとその対価をシカゴ・ナッシュビル間で運搬するため，巧妙な隠しコンパートメントのある自動車の利用であった。ナッシュビル組織犯罪・麻薬取締タスクフォース（OCDEFT）がこの事件の調査を担当したが，IRSが麻薬売買組織のマネーロンダリングに関する調査の指導官庁（the lead agency）となった。

[事例11] キャップストーン作戦（Operation Capstone）

入国管理・関税取締局（the U.S. Bureau of Immigration and Customs Enforcement：BICE）は，コロンビア麻薬売人の8,000万ドル超の国際移動を担当する主要なマネーロンダリング・メカニズムに焦点を合わせた。この調査によれば，麻薬売人は国際保険，金融専門家および国際市場を利用しており，複雑な調査のため，米国，コロンビア，イギリス，マン島およびパナマの法執行機関の国際協力が必要であった。この結果，米国で950万ドル，コロンビアで2,000万ドルの保険証券，パナマで120万ドルの銀行口座が差押された。本件は，バイスの事件であるが，諸外国の協力による成果を誇示する事例の一つであり，資産の差押も国際的に行われた。

[事例12] ブロードウェー・ナショナル・バンク

2002年，NY市に3支店を有するブロードウェー・ナショナル・バンクは，疑わしい預金1億2,300万ドルの報告の懈怠，マネーロンダリング防止計画の履行の懈怠，犯罪グループが7,600万ドルの現金を連邦政府に報告する必要がないように預金構成を仕組むことを許容したことにつき，有罪と認めた。検察官によれば，この銀行は複数の麻薬ギャングやマネーロンダリング・シンジケートが選択した銀行であり，1996年〜1998年に100を超える口座を通じ1億2,300万ドルをプレースし，移動したと認められ，400万ドルの罰金刑に処せられた。この銀行は，1998年以後通貨当局（the Office of the Comptroller of the Currency) によって監視されていた。

[事例13] 銀行員調査

　2002年，ニュージャージー地区検察局と入国管理・関税取締局（BICE）は，ニュージャージー市出身の銀行員Aとブラジルの両替商を各種銀行口座および違法な送金事業を通じて5億ドル以上を移動したマネーロンダリング・スキームについて起訴した。Aは，X銀行NY支店の国際金融担当であったが，マネーロンダリング，違法な現金預金口座開設，無免許送金ビジネスの運営および脱税で刑事訴追された。BICEは，DEAおよびIRSの実質的支援を受けて，X銀行の39口座1,580万ドルを差し押さえた。本件は，検察庁と財務省・IRS，DEAが，脱税と麻薬犯罪および犯罪収益のマネーロンダリングの摘発のために協力し，銀行員やMSBのビヘービアを調査した成功事例である。

[事例14] 口座名義人（account representative）

　2002年，証券会社の口座名義人Aがメキシコの州知事Xの数百万ドルの洗浄の幇助罪で起訴された。Xは，メキシコ南東カルテルから米国への荷物の保護・輸送（州有施設の使用を含む）に対し推定3,000万ドルを受け取ったとされた。Xとその息子Yは，多額の麻薬収益を外国および米国の銀行およびブローカー口座に預金した。XとYは，これらの資金の所有権を隠し，発見を回避するようAに依頼した。Aは，その麻薬収益とその所有権を隠すために仕組まれたオフショア法人を設立するよう証券会社とそこにおけるAの地位を利用した。差押・没収される口座の額は，4,500万ドルと見込まれる。Xは2001年に逮捕された。この事件は，政治家の犯罪とこれに協力する証券会社の口座名義人をターゲットに米国麻薬取締局（DEA）のNY，フェニックスおよびメキシコの調査官の協力の下で，米国司法省とメキシコ司法省が行った合同調査の成果である。

[事例15] 南東部作戦（Operations Southern Approach）

　2002年にマイアミ，NY，テキサスおよびコロンビアにおける逮捕に次いで，ニュージャージーで7件の国際的マネーロンダリングが起訴された。これは，FBI，IRSおよび検察庁の捜査の結果であり，麻薬収益の洗浄の共謀で11人が

米国で逮捕され，4人がコロンビアで逮捕され，26人が起訴された。共謀の内容は，米国内の麻薬収益の移動，その性格，源泉および所有権の隠匿に分かれる。被告人たちは，麻薬売買代金を集め，金の運び屋となり，麻薬代金を移動する銀行口座を管理した。5年の組織犯罪麻薬取締タスクフォース(OCDETF)の潜入捜査の成果が起訴に結実したが，FBIとIRSは，DEAとコロンビアの政府機関の支援を受けた。米国は，国連の麻薬・向精神薬の不法取引に対する条約に従い，南米諸国の被告人の引渡しを求める。

事例16　プエルトリコ銀行

1995年～2000年に実施された入国管理・麻薬取締局（BICE）の調査により，2人の顧客の疑わしい現金取引によりプエルトリコ銀行Aを通じて3,300万ドル以上が洗浄され，銀行の顧客であるドミニカ所在の11のマネーサービスビジネス(MSB)の口座を通じて疑わしい取引の数百万ドルが送金された事実が明らかにされた。通常の現金預金が，1日当り50万ドル，3年間に3,200万ドル超が預金され直ちに電信送金された。銀行Aはこれらの口座の適正な監視と調査を懈怠し，数百万ドルの不法な麻薬収益が発見されず法執行機関に報告されずに銀行Aを通じ移動することを許した。そこで，2003年，米国と銀行Aは，銀行Aが米国法タイトル31，5318(1)，5322(b)，5324(a)(2)および5324(d)(2)に違反してSARの提出と通貨取引の報告を懈怠したことにつき銀行Aの訴追を繰り延べることについて合意した。

事例17　黄金郷（ElDorado Task Force）作戦

2003年，NY南部地区検察局はコロンビアに密輸される金製品と交換に現金を受け取るマネーロンダリングにつきNYの宝石商11人を刑事訴追した。潜入捜査により100万ドル以上の現金がマネーロンダリングの前科がある宝石商に引き渡された。これらの資金を引き渡すとき，潜入捜査官と協力的な商人は，この現金が麻薬売買収益であると述べ，その現金と引き換えに黄金100キロを受け取った。この成果は，BICEおよびIRS，NY警察その他の州・地方の法執行機関の各調査官から成るマネーロンダリング調査専門のエルドラド・タスクフォースがNYの組織犯罪麻薬取締タスクフォース(OCDETF)の協力の下で

実施した調査の結果である。

> 事例18 慈善団体（the Benevolence International Fund：BIF）

　慈善団体BIFの理事Aはウサマビンラディンとその関係者と関係し，情を知った寄附者と疑いをもたない寄附者の両方からBIFへの寄附金を利用して違法にテロリスト組織の資金を入手した。Aはシリア生まれの米国市民で，2002年に偽証罪で逮捕された。2003年にAは資金が事実上海外犯罪に消費されたときもBIFの寄附者は寄附金が平和のために使われていると信じ込まされていたことを認め，チェチェンやボスニアヘルツェゴビナの戦闘を支える靴，テント，制服や救急車を提供したことを認め，ゆすりの共謀を認めた。この慈善団体はこれに対する寄附金を損金算入することが認められるものであるためIRSの調査対象とされる。2003年にAは11年の禁固刑と国連難民高等弁務官に対する31万5,000ドル超の損害賠償の支払を命じられた。

> 事例19 北米イスラム教集会（theIslamic Assembly of North America：IANA）

　司法省は，アイダホ，シラキュース，NYの法執行機関と協力して，ミシガンベースの慈善団体IANAを調査した。IANAのインターネットウェブサイトでは反米犯罪と聖戦（jihad）の資金と人を調達するメッセージを掲載した。例えば，2003年にアイダホ大学卒業生のサウジ市民Aは，IANAの仲間を学生ビザ更新のフォームに記載することを懈怠し，ビザ詐欺で起訴された。Aの管理銀行口座を通じて説明できない資金が流出してIANA等に送金された。2003年にシラキュースで4人と貧困者救援（Help The Needy）等2団体が国際的緊急事態経済力法（International Emergency Economic Power Act：IEEPA）に違反するイラクへの資金送金の共謀やマネーロンダリングとその共謀で訴追された。1993年に設立されたHelp The Needyの使命はイラク救援であるが，被告人の中にはIANA副理事長Aが発起人になっていた。BはIEEPA違反の重罪，Cはイラクへの送金によるIEEPA違反および租税の計算・徴収の妨害による米国政府の欺瞞の共謀で，それぞれ有罪と認めた。

> 事例20　アルカイダおよびハマス（Al Qaida and Hamas）への支援物資の提供

　2003年にブルックリンの検察官はアルカイダおよびハマスへの支援物資・資源の提供の共謀でAを刑事訴追した。Aは，アルカイダに2,000万ドル超を提供し，送金は聖戦（jihad activities）のみに用いられると主張して米国人の資金を調達した。Aは多額の寄附集め旅行先のドイツで逮捕され，ドイツで裁かれた。本件は，国際テロリストの調査，逮捕，訴追，裁判，犯人引渡しについては，国際協力が不可欠であることを示す事例である。

> 事例21　大学および関連非営利研究財団

　2003年，フロリダ州タンパで，A教授および7人はテロリスト組織として指定されたパレスチナ人イスラム教聖戦北米基地（the North American base of Palestinian Islamic Jihad：PIJ）として米国施設（南フロリダ大学および関連非営利研究財団）を利用し，テロリズムへの支援物資提供の共謀の罪で起訴された。本件では8年にわたり通信傍受された会話やファックスによってPIJの世界規模の活動への積極的な関与が明らかにされた。本件は，大学の自治や個人プライバシー保護と公益との優先関係などの法的問題を含むが，米国は国家戦略として公益優先の考えを優先している。

> 事例22　聖戦トレーニングキャンプの開設のためのウェブサイト

　2002年，ワシントン州シアトルにおいて米国市民でイスラム教改宗者Aは，テロリズムへの支援物資提供および武器の使用，運搬，加工，放出の共謀で起訴された。Aは，オレゴン州の農場に聖戦トレーニングキャンプの開設を意図し，ロンドンのフィンズバリーパーク・モスクのイマのためにウェブサイトを操作した。Aは，タリバンやその支配下のアフガニスタンの者に金銭，コンピュータソフトウエア，技術およびサービスなど支援提供の共謀を認め，IEEPA違反の共謀を認めた。

> 事例23　ポートランド聖戦事件

　米軍と戦うタリバンを支援するため中国・パキスタン経由でアフガニスタンに入国した7人のうちの1人の前妻Aが前夫の旅行中前夫への送金の導管に

なった。2002年にこれらの被告人はIEEPA違反，テロリストへの支援物資・資源の提供，武器の保有の共謀で起訴された。この事件に関連してポートランド・モスクの僧侶は，社会保障税詐欺で有罪を認めた。

[事例24] アルカイダの武器入手のための麻薬作戦

2002年，3人が麻薬の密輸とアルカイダへの支援物資の提供の共謀で起訴された。彼らは潜入捜査官に600kgのヘロイン，5tのハシーシの売買とアルカイダに売りつけるスティンガー対空ミサイル4機の購入をサンディエゴや香港で交渉したかどで，米国政府の要請により香港で逮捕された。

[事例25] AUCの武器入手のための麻薬作戦

2002年，ヒューストンの検察官は，コロンビア指定テロリスト組織コロンビア統一自衛軍AUCのメンバーを麻薬取引とAUCへの支援物資・資源の提供の共謀のかどで起訴した。FBIとDEAの潜入捜査官により現金とコカインの代わりに2,500万ドルの武器をAUCに引き渡す取引のかどで3人がコスタリカで逮捕された。

[事例26] INFOCOMの違法輸出・資産隠し

2002年，ダラスのコンピュータ会社INFOCOMと社員は，1995年大統領令の特別指定テロリストであるハマスのリーダーAが保有する同社の利益持分を隠した罪で起訴された。IEEPAにより，特別指定テロリストの資産凍結を懈怠する罪で米国ベースの者は責任を追及されることになっている。

3　日本のマネーロンダリング対策

　日本は，OECD加盟国の一員としてFATF加盟国であり，また，FATFのオブザーバーである地域機関の一つであるアジア太平洋マネーロンダリング対策グループの加盟国である。そのため，日本はFATFのマネーロンダリング対策の国際基準である「40の勧告」およびテロリスト・ファイナンス対策の国際基準である「8特別勧告」を遵守し，地域的マネーロンダリング対策機関の支援と国際基準を遵守しない非協力国・地域（NCCT）対策に協調している。

日本の現行マネーロンダリング対策の現状について概観し，その上で，日本の税金が失われるメカニズムの大きな原因がマネーロンダリングであることを確認し，現状を是正するための問題点を指摘する。

(1) 日本のマネーロンダリング対策法制度

　欧米諸国ではマネーロンダリングをその前提犯罪とは別個の特別な犯罪形態として規制し，処罰の対象としてきた。地下経済は不法利得の脱税分と適法利得の脱税分から成るが，日本の対策法制は未だ揺籃期にあるため，主として「不法利得のマネーロンダリング対策法制」に限られ，「適法利得の脱税分のマネーロンダリング対策法制」の制定には至っていない。経緯を振り返ると，1989年12月の麻薬新条約（麻薬および向精神薬の不正取引の防止に関する国際連合条約）の署名・批准に伴い，1992年10月にいわゆる麻薬二法案[311]が成立し，1993年7月1日に施行された。このうち麻薬および向精神薬取締法等特例法で麻薬犯罪による不法収益の剥奪のため没収を規定し，没収を免れるために行われるマネーロンダリングを処罰できるようにし，銀行等金融機関が「疑わしい取引」を認知した場合に届出を義務づける制度を創設した。麻薬犯罪取引に限定されていたが，日本としてはこれがマネーロンダリングを処罰対象とする最初の法制となった。1999年8月にいわゆる組織的犯罪処罰法（組織的な犯罪の処罰及び犯罪収益の規制等に関する法律）が制定された。これにより日本も欧米諸国なみにマネーロンダリングの取締ができる根拠法を有することになり，2002年2月に「疑わしい取引の届出」対象は薬物犯罪から一定の重大犯罪に拡大され，マネーロンダリング情報の一元的集約，整理，分析を行い，捜査機関に付与するために日本版金融情報機関（FIU）が設置され，FIUの国際組織であるエグモント・グループに加盟した。2002年6月には「公衆等脅迫目的の犯罪行為のための資金提供等の処罰に関する法律」が成立し，同年7月2日に施行され，組織的犯罪処罰法を改正してテロリスト・ファイナンスの疑いのある取引が「疑わしい取引の届出」対象とされた。2003年1月に「金融機関等による顧客等の本人確認等に関する法律」が施行され，本人確認，本人確認記録，取引記録の

作成・保存が義務づけられた。

(2) 前提犯罪の範囲

日本のマネーロンダリング対策法制は限定的である。組織的犯罪処罰法で「犯罪収益の規制」対象となる犯罪収益とは，次に掲げる財産をいうものとされる。

---

① 財産上の不正な利益を得る目的で犯した「別表に掲げる罪」の犯罪行為により生じもしくは当該行為により得た財産または当該行為の報酬として得た財産
② 次に掲げる罪の犯罪行為により提供された資金
　イ　覚せい剤取締法41条の10（覚せい剤原料の輸入等に係る資金等の提供等）の罪
　ロ　売春防止法13条（資金等の提供）の罪
　ハ　銃砲刀剣類所持等取締法31条の13（資金等の提供）の罪
　ニ　サリン等による人身被害の防止に関する法律7条（資金等の提供）の罪
③ 不正競争防止法11条1項の違反行為により供与された財産
④ 公衆等脅迫目的の犯罪行為のための資金の提供等の処罰に関する法律2条（資金提供）に規定する罪に係る資金

この法律において「犯罪収益等」とは，犯罪収益，犯罪収益に由来する財産またはこれらの財産とこれらの財産以外の財産とが混和した財産をいう。

本書において第一に問題とするのは，この法律でマネーロンダリング対策の対象となる「前提犯罪」の範囲を規定する「別表に掲げる罪」の犯罪行為に「脱税犯」が含まれていないことである。租税処罰法において脱税犯は単なる行政犯でなく刑事犯であると考えられているが，「不法利得の脱税」および「適法利得の脱税」に係るマネーロンダリングは組織的犯罪処罰法の対象から除外

されている。もっとも，「不法利得の脱税」のうち「不法利得」が「別表に掲げる罪」の犯罪行為から得た犯罪収益については，「脱税犯」という視点でなく，「前提犯罪」からの収益としてこの法律の対象になると解される。

(3) 金融機関等を通じるマネーロンダリング対策

本書において第二に問題とするのは，この法律のマネーロンダリング対策が「金融機関を通じるマネーロンダリング」に限定されたものであるということである。当初のマネーロンダリング対策の主眼は，金融システム，特に国際金融システムのマネーロンダリングによる悪用を防止することであったが，マネーロンダリングの犯罪化の法網を潜り抜けるために，マネーロンダリングの手法と技術が発達するに伴い，犯罪収益等の真実の所有者や収益管理者を隠すために，法人や法的取決めの濫用などの傾向が顕著になってきた。FATFは，このような傾向に着目して2003年に新しい40勧告を国際基準と定めた。この基準では，金融機関のみならず，「非金融業者」（カジノ，不動産業者，貴金属商および宝石商，信託および法人のサービス・プロバイダー）や職業専門家（弁護士，公証人，他の独立法律専門家および会計士）にも，新しい勧告を適用することにした。職業専門家に「疑わしい取引の届出」義務を課し，組織的犯罪処罰法における犯罪収益等隠匿罪や犯罪収益等収受罪の適用については，弁護士等のゲートキーパー化の問題等として議論の渦中にある。したがって，日本のマネーロンダリング対策の中心である「疑わしい取引の届出」制度は，「金融機関等」に依存する制度であり，政令で定める金融機関等の定義によって適用範囲が変化することになる。

① 「疑わしい取引の届出」制度

金融機関等は，業務において収受した財産が犯罪収益等もしくは薬物犯罪収益等である疑いがありまたは当該業務に係る取引の相手方が当該業務に関し「犯罪収益等の取得・処分につき事実を仮装または犯罪収益等を隠匿する罪」「犯罪収益の発生の原因につき事実を仮装する罪」「麻薬犯罪収益等の取得・処分につき事実を仮装または薬物犯罪収益等を隠匿する罪」「薬物犯罪

収益の発生の原因につき事実を仮装する罪」に当たる行為を行っている疑いがあると認められる場合，速やかに主務大臣に届け出なければならない。金融庁は，金融機関等（預金取扱金融機関，保険会社，証券会社，外国証券会社，投資信託委託業者，証券金融会社，貸金業者，抵当証券業者，商品投資販売業者，小口債権販売業者，不動産特定共同事業者，金融先物取引業者，短資業者，住宅金融会社）が日常の取引の過程で「疑わしい取引」を発見しまたは抽出するために適正な判断をすることができるようにガイドラインを定めている。

② 金融機関等の顧客等の本人確認

金融機関等による顧客等の本人確認等に関する法律[312]は，金融機関等による顧客等の本人確認および取引記録の保存に関する措置を定め，（ⅰ）テロリズム・ファイナンス防止に関する国際条約等の的確な実施，（ⅱ）「疑わしい取引の届出」等の実効性の確保，（ⅲ）公衆等脅迫目的の犯罪行為のための資金の提供等が金融機関等を通じて行われることを防止するため金融機関等の顧客管理体制の整備の促進を図ることを目的とする。

本人確認制度では，その規制当局が各種の金融機関等を所管する各省庁と定められ，監督権限が分散されている。マネーロンダラーは，規制の弱点を狙うため，制度設計の問題として，日本としての強力な総合調整機関に，(A)本人確認制度の規制当局のみならず，(B)「前提犯罪の捜査」を行う司法警察，麻薬取締当局，税関，(C)「犯罪収益等のマネーロンダリングの捜査」を行う司法警察，(D)「犯罪収益等の脱税の捜査」を行う国税査察官を含むすべての執行機関を結合する権限を付与し，これらの機関が情報を共有することが望ましい。

③ 国外送金等に係る調書の提出等

内国税の適正な課税の確保を図るための国外送金等に係る調書の提出等に関する法律[313]は，納税者の外国為替その他の対外取引および国外にある資産の国税当局による把握に資するため，国外送金および国外からの送金の受領（「国外送金等」という）に係る調書等の制度を整備し，内国税の適正な確保を図ることを目的とする。

この法により，（ⅰ）国内で稼得した不法利得および適法利得の脱税分が海外

に移転され，洗浄されて合法的な資金として偽装されて日本に帰ってくること，(ⅱ)海外で稼得した不法利得および適法利得の脱税分が日本に移転されることを発見する機会が課税当局に与えられる。

　国外送金等を行う者は，国外送金等に係る為替取引または買取に係る金融機関等に「告知書」を提出しなければならない。告知書の提出を受ける金融機関等は，本人確認をしなければならず，顧客が国外送金等に係る為替取引を行ったとき，その国外送金等ごとに「国外送金等調書」を所轄税務署長に提出しなければならない。国外送金等調書の提出に関し，税務当局には質問検査権が与えられている。この法律による質問検査権は，犯罪捜査のために認められるものと解してはならないと定められている。

4　伝統的な金融機関等を通じないマネーロンダリング

　日本のマネーロンダリング対策法制は，「金融機関等を通じるマネーロンダリング」に限定したものである。国際的なマネーロンダリング対策も金融機関等を通じたマネーロンダリングを主たる標的とするものが多いため，最近の米国の摘発事例[314]によれば，マネーロンダラーがそのような各国の法網を潜り抜けるために新しい手法や技術を開発する傾向を示している。かつては，犯罪組織は国境を越えるマネーロンダリングのために多様な運び屋を使ってキャッシュや無記名金銭証券を移動させていた。これは，麻薬等の禁制品の密輸と同様に，摘発のリスクを賭けた価値の移動であった。

　税関の監視の強化に伴い，このような物理的な国境越えの摘発リスクを回避するために，マネーロンダラーは銀行秘密の壁に守られた金融取引に着目し，チェックの甘い金融機関等の上得意となり，金融機関等の口座を通じて禁制品の代価の決済や犯罪収益等および脱税マネーの送金などのために，価値の国境移動を行うことを選好するようになった。これは，銀行の守秘義務を好むアングラマネーと取引高の増加を好む金融機関等の双方にとって歓迎された。しかし，このように各国経済の基盤となる金融機関等が大規模なアングラマネーの

注入を受け入れることによって,金融システムが地下経済のもつ圧力によって汚染されていく。

　各国は,ある時点でマネーロンダリングを通じて表の経済が地下経済によって支配される恐怖に取りつかれ,このような事態に陥らないように対抗措置を強化し始めた。FATFの国際基準を遵守する国が広がり,世界規模の金融機関等のチェックが厳格になるにつれて,このような国際基準を遵守しない国・地域などチェック・ネットの破れ目が,マネーロンダラーによって利用される。また,FATFの国際基準を遵守する国・地域においても,規制対象となる金融機関等の範囲の差異があれば,規制外となるものが,マネーロンダラーによって利用される。FATFの定義によれば,「金融機関」とは,業務として顧客のためにまたは顧客に代わって①公衆からの預金その他の返済義務のある資金の受入,②融資（消費者金融,不動産抵当信用,ファクタリング,商取引ファイナンスを含む）,③ファイナンス・リース,④送金（公式分野および非公式分野の双方における金融活動を含む）,⑤決済手段（クレジットカード,デビットカード,小切手,トラベラーズチェック,マネーオーダー,銀行手形,電子マネーを含む）,⑥金融上の保証とコミットメント,⑦資金市場関連商品（小切手,為替手形,譲渡性預金,デリバティブ）,外国為替,為替,金利および指数取引,譲渡可能な有価証券,商品先物取引などの取引,⑧証券引受およびこれに係る金融サービスの提供,⑨個別ポートフォリオ管理および集合的ポートフォリオ管理,⑩現金または流動性証券の保護預りおよび管理,⑪他人のためのファンドまたは資金の投資,運用,管理,⑫生命保険および投資性の高い保険の引受と販売,などの活動・事業の一または二以上を行う者をいう。

　マネーロンダラーが,金融機関等のチェック・ネットに穴を開けるため,重要な公的地位を有する者の名を利用し,また,シェルバンクやシェルバンクとのコルレス契約,顧客管理手続を第三者機関や仲介機関に依存している金融機関,指定非金融機関以外の非金融機関や指定職業専門家以外の職業専門家,法人や信託などの集合的投資媒体を利用する。また,マネーロンダラーは,再びキャッシュおよび持参人払方式の譲渡可能な商品を国境越えで物理的に移送す

る行為を利用する。金融機関等に一定額以上の国内現金取引や国際現金取引のすべてを電子データベースに届け出させ管理している国・地域であっても，古典的な小口化の手口でクリアする。

　FATFが防止措置を講じようと苦慮している代替的送金システム，痕跡のトレースが困難とされる電子マネー決済の利用も想定される。FATFの国際基準の普及とともにマネーロンダラーの伝統的な金融システムへのアクセスの阻止という点で成果を上げる反面，FATFとしてはマネーロンダラーを「伝統的な金融機関等を通じないマネーロンダリング」へ誘導していくことになるという事実にどのような対処をすべきかという次の難問を突きつけられることになった。

5　日本のマネーロンダリング対策の問題点

　日本のマネーロンダリング対策は，大筋においてはFATFの国際基準に合わせて法制化されてきたが，金融庁315) を中心に「金融機関等を通じるマネーロンダリング対策」に限定されているため，FATFが伝統的な金融機関等の範囲を越えて顧客管理義務，記録保存義務，「疑わしい取引の届出」義務を「指定された非金融業者」「指定された職業専門家」「指定された非金融業者以外の金融業者」，さらに「指定された職業専門家以外の職業専門家」に拡大適用していく状況に照らせば，相当乖離したものとなっている。

　「疑わしい取引の届出」に関するガイドラインについて，金融庁は「疑わしい取引」の参考事例を預金取扱金融機関，保険会社，証券会社等について公表しているが，FATFが勧告している「指定された非金融業者および職業専門家」についてのガイドラインは未だ公表されず，これらがマネーロンダリング対策およびテロリスト・ファイナンス対策について具体的にどのような義務を負い，その義務の遵守を誰がどのように監視すべきかを明示していない。

　縦割り行政の日本において，脱税を含む多様な社会不安を起こしている「闇金融」業者の主務官庁はどこか。例えばこのような業者が外国の地下経済と連

携してマネーロンダリング・サービスを行う場合，他の金融機関と同様に，顧客管理義務，記録保存義務および「疑わしい取引の届出」義務を遵守させることによってマネーロンダリングを阻止することができると考えてよいのか。これが主務官庁の責任でできないということであれば，実行可能な施策を講じなければ日本の対策に大穴が開いていることになってしまう。

　本書では，マネーロンダリングによって金融機関等を通じて公然とまたは通じないで非公式の送金システムで不法利得や適法利得の脱税分が海外に流出し，脱税摘発の機会が失われることを問題にするのである。その視点からいえば，これまでに述べた金融機関等を通じるマネーロンダリングに関する税務調査の徹底とともに，「金融機関等を通じないマネーロンダリング」の現状とこれに対する対策を概観し，脱税摘発のメスを入れる必要があることを述べたいと思う。

6　日本における「伝統的な金融機関等を通じないマネーロンダリング」対策

　日本ではマネーロンダリング事件の摘発についても個別事案について公開されることがないが，米国ではマネーロンダリング白書ともいうべき『マネーロンダリング対策国家戦略』の形で摘発事例が公表されている。また，FATFオブザーバー国際機関であるインターポール[316]もマネーロンダリングとその前提犯罪との戦いに取り組んでおり，研究成果を公表している。これらの公表された資料から，「伝統的な金融機関等を通じないマネーロンダリング」の代表例をいくつか取り上げてその対策について考察する。

(1) 代替的送金システム（オールタナティブ・レミッタンス・システム：ARS）

　アジア太平洋地域にある民族的銀行システム（エスニック・バンキング・システム）という地下銀行の基底には「名誉と信頼」の関係が存在する。同一民族コ

ミュニティや同族の常識として，本国コミュニティと海外移民コミュニティとの間には民族的連帯感と民族的義務の絆が存在する。地下銀行の民族的バンカーは，このようなコミュニティでは尊敬される実力者として世界中に分散する同族コミュニティの民族的バンカー同士の一大ネットワークでつながっており，そのそれぞれが個人的な富を有し，現金ビジネスによるプライベート・キャッシュ・リザーブを蓄えている。多様な送金システムがあるといわれるが，典型的な場合をみると，一方の国で顧客が民族的バンカーに一定金額のキャッシュを持ち込み，特定国の特定の者への送金を依頼すると，この民族的バンカーは特定国のカウンターパートナーに連絡するだけで，カウンターパートナーが指定された金額を特定の者に引き渡す。このように，国境を越えたものは送金先の国への「連絡」「通信」だけであり，国境を越える物理的なキャッシュは全く存在しない。このように，伝統的な金融機関等を通じない送金システムが存在している。この送金システムにおいては記録や契約書は存在しないと信じられている。この送金システムは，もともと本国における外国支配や腐敗した政府など，公的な銀行制度を信頼できない海外移民たちが海外で正当にまたは不法に稼いだカネを本国の親族等に送金するために利用されていたといわれる。このような代替的送金システムは，為替管理のない国では，そのカネが適法利得や合法的な商品・サービス等の代価である限り，合法的な送金であって，非難すべき筋合いのものではなかった。為替管理のある国では，これは法網を潜脱する送金方法として問題となり，為替管理のない国においても，そのカネが適法利得の脱税分であったり不法利得や非合法な商品・サービスの代価である場合には，犯罪者や脱税者を支援する送金システムとして非難すべきものとなる。米国におけるマネーロンダリング摘発事例から，脱税マネーの海外移転やその他の犯罪収益等のアングラマネーのマネーロンダリングのためにこのような代替的送金システムが利用されていることが顕著になってきた。

　為替管理規制の問題を除けば，代替的システムの違法性が問題になるのは，送金される資金の違法性に基因する。インターポール1991年報告書第14号「違法な国際金融取引システム：地下銀行」では，①為替管理違反（資本逃避），②

第7章※マネーロンダリングによって腐食される税収

輸出入インボイス操作，③航空券の購入，④外国観光客の現金と現地通貨との両替，⑤麻薬の密輸取引の決済，⑥人身売買・人身密輸取引の決済，⑦贓物取引の決済，⑧金銀の密輸取引の決済，⑨麻薬犯罪収益・武器輸出収益の送金，⑩麻薬犯罪収益・誘拐身代金・汚職・恐喝・賭博等犯罪収益の洗浄，⑪テロリズム・ファイナンス，⑫犯罪企業に対する資金貸付および犯罪企業の資金運用などの場合には，代替的送金システムが違法なものになるとしている。このように「犯罪収益等のマネーロンダリング」のための代替的送金システムについては司法警察がこれを標的として取り組む姿勢を示している。犯罪収益等は，これを適正に申告する犯罪者が稀であると考えれば，事実上脱税マネーになっているので，国税査察官もまたこれを標的として取り組む必要がある。この分野では，司法警察と国税査察官との一体的な活動ができなければ，それぞれの取組みは実効性を欠いたものに終わってしまうであろう[317]。

「適法利得の脱税分のマネーロンダリング」のための代替的送金システムについては司法警察は動かないのか。通常の税務調査や特別の査察調査によって，代替的送金システムの摘発・解明できるか。米国の摘発事例では，CIAやFBIなどの情報機関，IRS-CI，入管・税関の法執行機関（BICE），麻薬取締局（DEA），アンダーカバーによる囮捜査・潜入捜査などの総力を挙げて取り組んでいることが明らかになっている。

現在のように，各省庁の法執行機関が別々に情報収集・管理を行い，各機関ごとの守秘義務の壁によって権限と人的資源と情報の政府としての統一的な活用が行われない状態で，代替的送金システムの実態把握とその摘発の手法を開発することは，容易なことではない。少なくとも，各法執行機関の共通のデータ・ベースが必要になる。

非公式価値移転システム（IVTS）の一部である代替的送金システム（alternative remittance system：ARS）には，さまざまなものがあるが，このうち，マネーロンダリングやテロリスト・ファイナンスのために地下送金システムとして利用された代表例を米国マネーロンダリング白書において公表された事例の中から選び出すことにする。

> **事例1** ハワラ（hawala）

　ハワラは，政府の監督規制の対象となる銀行と取引ができずまたは銀行を回避する移住民のコミュニティが本国へ送金する手段として，アジアや中東地域全体で流行している地下送金システムである。このシステムは，世界のある国で送金者がブローカーまたはディーラーに現金を渡し，そのブローカーまたはディーラーの通知を受けて，世界の他の国でカウンターパートである第二の中間者が保有する資金の中から指定された受領者に送金額から手数料を差し引いた残額を支払うというシステムであり，民族的・家族的な「信頼ベースの関係」の上に成立している。社会保障番号や十分な本人確認手段が不要であり，その民族的・家族的な信頼関係と現金さえあれば，匿名性と記録の欠如により税務調査の追及も避けられるという利点が，犯罪的金融活動（テロリスト・ファイナンスを含む）によって利用される。そのため，一連の金融取引は規制される金融システムの外部で非公式に金融証書なしで行われるため，ペーパーによる取引の痕跡を追跡することが不可能になる。このような代替的送金システムは，近代的な銀行その他の金融機関が出現する前に存在した送金システムの民族的・国家的起源によって呼び名が違う。現金その他の現金等価物（金など）を物理的に輸送せず，金銭証書も使用せずに送金するハワラ類似のシステムには，フンジ（hundi），フェイチエン(fei ch'ien)，フェイクアン（phoe kuan），フイクアン(hui k'uan)，チアオフイ(ch'iao hui)，ジンシン（nging sing）などがある。送金者側のハワラダーと受領者側のハワラダーとの勘定が一定の期間ごとにバランスしない状態になる場合，相互間送金，貿易インボイス操作，貴金属・宝石類の密輸，物理的な現金の運搬，必要があれば正規の金融システムの利用によってバランスを回復する。テロリスト組織がハワラを濫用する可能性はきわめて大きい。米国マネーロンダリング白書は，アルバラカート（Al Barakaat）を例示している。これは，1989年に設立され40ヶ国で活動する金融通信複合企業であり，通信，電信送金，インターネット，建設，為替などの業務を営んでいたが，2001年に米国はアルバラカートを特別指定グローバル・テロリスト（Special Designated Global Terrorists：SDGT）に指定してその資産を凍結し，記

第7章※マネーロンダリングによって腐食される税収

録を差し押さえ，4ヶ国における事務所を封鎖し，国際社会もドバイからソマリアその他の国への資金移動に利用されたアルバラカートのハイブリッド・ハワラ・オペレーションを潰した。

[事例2] マネーサービス・ビジネス（Money Service Business：MSB）

　米国は，マネーロンダリングと戦う法執行機関を支援するため，2001年国際的マネーロンダリング及びテロリスト・ファイナンス防止法（the International Money Laundering and Abatement Anti-Terrorist Financing Act of 2001）を制定した。この規定は，テロリズムの防止に必要な適当な措置による米国統一強化法（the Uniting and Strengthening America by Providing Appropriate Tools Required to Intercept and Obstruct Terrorism Act of 2001：USA PATRIOT Act）のタイトルⅢを構成する。この規定により，これまでのマネーロンダリング法の欠陥を埋め，刑事上・民事上の法執行機関および資産没収の能力が強化された。米国銀行や預金機関が実施するマネーロンダリング防止の包括的プログラムによって，マネーロンダラーはその不法収益を米国金融機関を通じて移動する方法を変更せざるを得なくなった。銀行秘密法（the Bank Secrecy Act：BSA）の定める疑わしい活動報告（Suspicious Activity Report：SAR），通貨取引報告（Currency Transaction Report：CTR）その他の報告の強制によって，犯罪者は疑いと調査を受けずに米国金融機関に多額の現金を預金することが困難になったため，その不法収益を金融システムに持ち込む代替方法を探求するようになる。その代表的な代替方法が証券ブローカーやマネーサービス・ビジネス（MSB）である。そこで，米国は証券業やMSBが資金洗浄に利用されることを防止する措置を講じる。例えば，財務省は証券取引委員会（the Securities and Exchange Commission：SEC）および連邦準備制度総裁委員会（the Board of Governors of the Federal Reserve System）と協議してBSAに基づき証券ブローカー・ディーラーに疑わしい活動報告（SAR）を要求する規則案を2001年に公表し，最終規則を2002年に制定した。MSBの登録制度が2001年末に施行され，SARルールが適用されるようになった。2001年末以後14,000超のMSBが登録した。財務長官は，BSAを遵守させるためノンバンク金融機関（MSBを含む）の調査権限を

IRSに委任した。IRSは，BSAを執行する基本的な機能（BSA要件を課される機関の識別，BSAの義務に関する指導，BSA遵守の調査）を所掌し，小事業・自営業部（Small Business／Self-Employed Division：SBSE）は，マネーロンダリング防止を担当する独立のグループを新設した。　送金業者は(マネーオーダービジネス，トラベラーズチェックビジネス，両替商を含む）MSBとして登録しなければならない。

①　日本における地下銀行

伝統的な金融機関を通じる外国送金でない方法で，日本から外国へ送金が行われている。これを広く代替的送金システム（Alternative Remittance System：ARS）と呼ぶ。送金されるマネーが，適法利得である場合と不法利得である場合に分けて，代替的送金システム（ARS）の問題を考える必要がある。

（A）　正業で稼得した金の母国への送金

　　日本で働いている外国人が，自分で稼得したお金を本国の家族に仕送りするために，それぞれの民族系地下銀行を利用している。街角の輸入食材店などで，例えば韓国系の場合「換銭依頼書」に送金先の銀行名，口座番号，依頼人の電話等連絡先などを記入して現金を引き渡せば，安い手数料で迅速確実に送金されるという。外国人労働者は，それぞれの事情で日本に出稼ぎに来ているのであり，老親や妻子などの扶養のために定期的な仕送りを行う必要がある。彼らは，地下銀行が無許可営業であることを知りながら，①彼らにとって通常の金融機関の手数料が余りにも高額であること，②自国系統の外国銀行の日本支店が全くないかまたは少ないこと，③送金に日時がかかりすぎることなどを理由に，安くて早く確実な送金方法として便利な地下銀行を利用するのである。地下銀行には，経験的には後ろ暗いイメージを伴うもの，外国送金ビジネスには組織犯罪や悪質業者が外国人労働者を食い物にする事例も少なくなかったことから，民族ごとに防衛のため母国への仕送りシステムを自分たちで作る場合もある。

　　日本における外国人登録者数は，1972年には74万人であったが，2002年には185万人に増加し，外国人労働者数は日系人に定住者の在留資格を認

めて就労制限をなくした1990年当時の26万人に比べ10年後には74万人に達したものと推定されている。個人の送金も10年前は約4,000億円程度であったが，現在は1兆円を超えるといわれる。

(B) 犯罪収益の海外送金

　外国人の犯罪が急増している。2004年の検挙件数は3万4,977件，検挙人員は1万3,077人に達した。一般刑法犯の検挙人員総数は34万7,880人であるから，外国人の比率は3.8%である。警察庁の統計では，外国人は来日外国人（永住権を有する者等の定着居住者，在日米軍関係者および在留資格不明者以外の者をいう）とその他の外国人に分けている。この分類によると，来日外国人の検挙件数は2万4,259件，検挙人員は7,691人であり，その他外国人の検挙件数は1万718件，検挙人員は5,386人である。特別法犯（銃刀法，麻薬取締法，覚醒剤取締法，阿片法，大麻取締法，売春防止法，外人登録法，入管法，その他）については，来日外国人の送致件数は1万488件，送致人員は8,522人であり，その他外国人の送致件数は1,351件，送致人員は1,101人である。犯罪の種類は，ピッキングなどの侵入窃盗，売春，自動車ドロボーをはじめ，多岐にわたっているが，これらの犯罪者はこのような犯罪で得た金を本国など海外に送金している。

　海外送金は，普通のマンションの一室，輸入品スーパー，飲食店，レンタルビデオなどにある地下銀行の窓口を通じて簡単に行われる。

　門倉貴史『日本地下経済白書』(祥伝社)によれば，大阪府警が1992年に韓国人の地下銀行を摘発して以来警察が検挙した地下銀行の数は40に上り，送金総額は累計約4,400億円，送金先の内訳は中国12，韓国8，タイ7，フィリピン3，ペルー2，ネパール2，イラン2，台湾，ミャンマー，パキスタン，バングラデシュ各1となっている。この記事が述べるように，摘発された地下銀行は全体からみれば氷山の一角にすぎず，実際には膨大な量のマネーが地下銀行を通じて海外に流出していると考えられる。2003年9月19日付の日刊ゲンダイは，地下銀行の送金実態は総額年間約4兆円，摘発実績の約100倍はあるといい，東京証券取引所上場企業1503社（金融機

関等を除く)の2003年3月期決算の総黒字額約2兆7,581億円の約1.5倍の金が伝統的な金融機関等を通じない方法で海外へ流出していると報告している。この記事に先立ち，2002年5月25日付毎日新聞は過去10年間に外国犯罪組織などが地下銀行を利用した海外への不正送金の総額が約4,221億9,000万円に上るという警察庁のまとめを報じている。この警察庁のまとめによれば，送金先は，アジア，南米，中近東の10ヶ国であり，摘発件数および送金額の大きいものは，中国11件，1,218億5,000万円，韓国8件，1,218億7,500万円，タイ6件，374億4,000万円，フィリピン3件，413億8,500万円，ペルー2件，898億300万円である。

(C)　これまでの摘発実績が提起する問題点

　地下銀行は，伝統的な金融機関等を通じる方法ではない方法で海外送金を行っているため，「通常の金融機関等を通じるマネーロンダリング」対策法規制では法網にひっかからない。司法警察といえども，並の努力では実態把握さえ困難である。米国のように，潜入捜査（under-covered investigation）や密告者の使用（use of informant）を合法化している国でさえ，このような地下銀行の実態把握は非常に困難な問題である。それだけに，日本において司法警察だけで対応する現行対策には限界があり，単なる無免許営業の摘発に止まらず，前提犯罪の摘発，犯罪収益の収受・隠匿の摘発，犯罪収益の脱税の摘発，海外送金業者の脱税の摘発までを完了するには，司法警察のみでは限界がある。米国はこのような限界を克服するために，税関，入管当局，沿岸警備隊，麻薬取締局，内国歳入庁犯罪捜査局（IRS-CI），CIAやFBIなどの情報機関，外国政府機関との密接な協力体制（合同捜査を含む）を採っている。

　日本では，そのような各省庁の縦割り管轄を克服できるかどうかという課題（立法を含む）にストレートに向き合う必要がある。これまで，警察としては，地下銀行の摘発に努め，報道された成功例としては，韓国人ホステス等の送金について輸入雑貨商を摘発した大阪府警，やパキスタン人を摘発した兵庫県警，タイ人組織を摘発した茨城県警，ペルー人組織を摘発

した警視庁，フィリピン人の送金を摘発した愛知県警，バングラデシュ人の組織や不法残留中国人の組織を摘発した埼玉県警，ネパール人不法滞在者の送金を摘発した群馬県警，元酒田短大生の中国人を摘発した警視庁・東京入管局などの活躍がある。これらの苦心の成果については高く評価されるべきであるが，摘発に成功した事例は，日本における地下銀行の実態の氷山の一角とみられる。この不正送金の前に不法就労の問題や不法入国，不法在留，集団密航などの問題があり，犯罪収益の不正送金については，その前提犯罪の摘発の可否の問題，麻薬・賭博・売春等の組織犯罪の摘発の可否の問題，テロリスト・ファイナンス対策の潜脱の問題など，日本の経済社会や治安を根底から脅かす大きな問題がある。このため，世界規模で各国に根を張る巨大なマネーロンダリング組織の日本端末組織に対し，日本の政府機関が現行法制の下でばらばらに分断された権限に基づいて対処せざるを得ない限り，地下銀行を撲滅する有効打率に達することは不可能に近いと思われる。日本の政府機関のもつ各機能を効果的に集結して一件ずつでも共通のターゲットを定めて処理していく体制をとることが必要である。

　警察庁は，地下銀行が外国人犯罪を助長しているという認識で摘発の強化の方針を公表しているが，日本の組織犯罪グループによる地下銀行の利用を考えれば，これまでの程度の摘発で済む話ではないのである。

(D)　地下銀行のコスト（制裁）を引き上げる必要性

　地下経済においても，経済原則が適用できる。それは，コスト・アンド・ベネフィットの原則である。抑止するにはベネフィット以上のコストをかけさせる必要がある。これまでの摘発容疑は，ほとんど銀行法違反（無許可営業）（刑罰は3年以下の懲役・300万円以下の罰金）で行われているが，実際には執行猶予付判決が出，罰金額も軽いという印象を与え，このような刑罰を地下銀行が不正送金を行うリスクまたはコストとしてとらえるとすれば，このリスクを犯すことによって得られるメリットが非常に大きい場合にはこの程度の刑罰では十分な抑制効果をもち得ないのではないかと

いう点も検討を要する。

　通常の場合，日本では犯罪収益等の没収は，付加刑にすぎず，主刑の判決なしに単独で科されることはない（刑法9条）。司法警察によって摘発された地下銀行の脱税については査察立件はどうなっているのか。通常の課税処分はなされたか。司法警察の摘発を免れている地下銀行は，国税庁査察の摘発もまた免れているのか。通常の課税処分も免れているのか。このようなことは，公表はされていないが，着実に課税されているのか。

　警察庁の定義では，「地下銀行」とは，銀行法等に基づく免許を得ずに送金依頼された金を不正に海外に送金するものをいう。小口の不特定多数の者や民族グループの者に送金サービスを行う地下銀行の場合には送金された資金の出所について遡及する意味は小さいかもしれないが，これが国内外の組織犯罪グループに利用されている場合には不正送金を単なる銀行法違反（無免許営業）で摘発すること以上に，これを利用する特定の組織犯罪グループの資金の出所，資金フローチャートの把握，犯罪実態の捕捉など前提犯罪の摘発こそ大きな意味をもつ。本来ならば，これらの犯罪収益に対して課税する必要がある。犯罪収益を隠蔽し仮装している場合には不申告犯について重加算税を課し，さらに「偽りその他の不正行為により税を免れた罪」に対し脱税犯として「5年以下の懲役もしくは500万円以下の罰金またはこれらの併科」を科す必要があるのである。そのような犯罪収益の海外送金を無免許で業とする地下銀行それ自体についても，その利益に対して原則として課税する必要がある。無免許による不正送金ビジネスからの利得を隠蔽し仮装している場合には不申告犯について重加算税を課し，さらに「偽りその他の不正行為により税を免れた罪」に対し脱税犯として刑罰を科す必要があるのである。このように，地下銀行の実態解明やその摘発は，単なる銀行法違反（無免許営業）の摘発というだけで終わるべきものでなく，脱税の摘発まで視野に入れるとき，司法警察と国税庁査察の双方にとってより大きな意義をもつことになる。

　米国の『国家戦略』のようなものがない日本では，現行法制の下で司法

警察と国税庁査察が共通のターゲットの摘発のために協働することができないのかどうか。

　自主申告納税制度の基盤を脅かす地下銀行の存在に対する国家としての取組みについて，納税者の関心が高まっている。このため，無税で利益が海外に流出することを阻止する国家としてのメカニズムを構築しなければならず，地下銀行の無免許営業を咎める程度のペナルティだけで終わるのでなく，課税，重加算税，脱税の刑罰など地下銀行のコストを抑止効果のある程度まで引き上げるために，さらに，地下経済の脱税にメスを入れることが必要であり，そのために，検察庁の下で日本の二大法執行機関が積極的に協働する体制を作り上げ，その成果が国民に知らされることがコンプライアンスを維持するために必要であると考える。

(E)　国際送金ビジネスの競争激化

　日本では合法・非合法の国際送金業者が活動している。国際送金業はビッグビジネスである。企業活動における海外送金を別にして，普通の庶民にとっても留学生のための海外送金，海外旅行や出張・赴任などのための国際キャッシュカードや両替，オンラインカジノなど身近な国際送金ニーズがあり，外国為替公認銀行や郵便局，シティバンク，ロイド銀行のゴーロイズ，などの金融機関が国際送金サービス市場の巨額の収益を追って競い合っている。世界規模の国際送金総額は，1994年には960億ドルであったが，2001年には1,360億ドルになり，2002年には1,430億ドル，2006年には1,770億ドルに拡大するとの予想が出ている。世界最大手の送金業者は，1851年に電信会社として設立されたウエスタンユニオンでいまや世界の約24％のシェアを有し，2002年には195ヶ国，約19万店の拠点網を誇る。これを追うマネーグラム，さらに大手金融機関（シティコープ，HSBC，ドイツ銀行など），大手小売業者（ウォルマート，カルフールなど），大手速達便業者（フェデックスなど），ファーストフード・チェーン（マクドナルドなど）がグローバルベースで競っているが，特定の地域，特定の民族で強い地下送金ネットワークが根を張り，これらの領域では銀行や独立の送金業者の

「正規のチャンネル」の数倍の送金額を取り扱う存在に成長している。ここに，「正規のチャンネル」と「地下送金ネットワーク」の勢力争いの図を見ることができる。さらに，正規のチャンネルにおいても，一方の代理店網拡大戦略とATMの急速な普及（2005年には230万台に拡大の予想）に伴うストアードバリューカードなどカードベース送金戦略との対立がある。過去においても海外移住者や出稼労働者の本国への仕送りが金融機関の収益の源泉となってきたが，国境を越えた人口移動が続き，先進国の少子化傾向と発展途上国の人口増加傾向を反映して先進国における移民，出稼労働者，不法入国者，不法在留者などが増加し，合法・非合法の国際送金サービス市場は拡大を続ける。ウエスタンユニオンにとっても，ラテンアメリカのみならず，新興市場である中国やインドは莫大な投資も惜しくない魅力ある送金ビジネス市場であるが，中東のハワラ，インドのフンディ，中国のフェィチェン（飛銭）などの地下送金システムはこれらの地域を支配する強力な競争相手であることは間違いない。

　日本では海外在住留学生の家族が行う海外送金ビジネスが金融機関や郵便局によって行われる。海外送金は，外国為替公認銀行または郵便局で行われている。普通，受取人が送金先の銀行に口座をもっている必要がある。当然，日本側と外国側で手数料がかかるため，少額送金の場合には手数料の割合が大きく，これを安くする点と時間がかかることで競争が行われる。日本の銀行口座から必要額を現地通貨で引き出すことができる国際キャッシュカードの利用も進んでいる。国際的ATM（現金自動預払機）やCD（現地の現金支払機）ネットワークによりVISAやマスターカードの機構が利用されている。銀行でないウエスタンユニオンは，受取人が銀行口座をもつ必要がない点をセールスポイントに代理店網の拡大で大きな存在になっている。最近は，オンラインショッピングの決済からオンラインカジノまで，海外送金ビジネスが広がっている。

　1998年4月外為法改正に伴い，個人の海外送金・海外資産運用が自由になり，企業のインハウスバンキング（海外における社債・CPの発行により調達

した資金を関連会社に貸し付けること)や為替リスクヘッジとネッティング(輸出代金と輸入代金の相殺)が可能になったが、その反面、国内金融機関はサービス競争に晒されることになった。海外送金については、外為法改正前は500万円までの送金について報告義務はなかったが、現在は200万円を超える送金については金融機関から税務当局に報告されることになった。キャッシュの持出しや持込みについては、外為法改正前は申告義務はなかったが、現在は100万円以上について通関の時に報告すべきことになった。

 このような状況の変化の中で、外国人の新規入国者数は増加し、就労する外国人、不法在留者、不法入国者もまた増加している。さらに、来日外国人の犯罪もまた増加している。巨大化してきた国際送金サービス市場の発展の原動力は、海外移住者や海外出稼労働者であったとみられるが、日本においても、在留外国人の本国仕送りの強いニーズがある。在留外国人はたとえ1ドルでも安く1時間でも早く送金したいと考え、金融機関等の送金ルートでなく、ハワラ類似の代替的送金システムである地下銀行を利用する傾向がある。問題は、不法入国者、不法在留者および一般法犯・特別法の犯罪者の海外送金である。これらの者は、通常の金融機関等の海外送金において原則として要求される「本人確認」手続や「疑わしい取引の報告」のリスクを当然回避したいと考える結果、代替的送金システムである地下銀行を利用する。これらの海外送金される資金は、犯罪収益であり、同時に脱税マネーである場合が多いと推定される。

 不法在留者については、法務省入国管理局・東京入国管理局および警視庁は、2003年10月17日に「首都東京における不法滞在外国人対策の強化に関する共同宣言」[318]を公表した。この宣言によれば、過去10年間における50万人近い者に対する強制退去の実施等にかかわらず約25万人が残っており、その約半数が東京に留まっていると推測され、不法滞在者の多くが不法就労活動に従事するほか、安易に金を得るため犯罪を行う者も少なくなく、さらに暴力団等と結託しあるいは犯罪グループを形成して凶悪犯罪

に関与する者も増加するなど，多発する外国人組織犯罪の温床となっている。そのため，東京の不法滞在者を今後5年間で半減させるため，法務省刑事局，検察庁および警察庁と協力して治安対策として，①不法滞在者の摘発強化と効率的な退去強制，②入国・在留資格審査の厳格化，③不法滞在を助長する環境の改善と悪質事案の徹底取締りを推進することにしたという。特に，上記③については，不法就労等によって得た経済的利得を海外送金する地下銀行の存在など不法滞在を支える犯罪が増加していることを指摘した。

平成16年度警視庁重点目標において，犯罪を阻止するための総合対策の推進として「総合的な組織犯罪対策の強化」を掲げ，その推進要領として，①組織犯罪情報の集約，分析による幅広い実態把握に努め，突き上げ捜査等を強化し，国際犯罪組織等による重要犯罪，偽造クレジットカード，偽装結婚，「地下銀行」および悪質雇用事犯等不良外国人の生活を支える各種犯罪の取締を徹底するほか，不法滞在者対策を協力に推進し，国際組織犯罪の根絶を図ること，②山口組，住吉会および稲川会を最重点に実態解明し，組織的犯罪処罰法等あらゆる法令を適用して中枢幹部や構成員等の大量検挙を図るほか，不良債権関連，薬物，賭博，売春，闇金融事犯等の資金源犯罪および「マネーロンダリング行為」の取締を徹底し，資金源を封圧することを明記した。

不法滞在外国人の立場で考えると，①銀行口座をもっていないこと，②本人名義の口座開設ができないこと，③本国仕送りも他人に委託するか国際郵便に忍ばせる方法では紛失・盗難等のリスクが大きいこと，④日本人名義を借用して銀行送金するとしても海外送金手数料が高く為替差損リスクが大きいこと，⑤上記④では就労時間に銀行に行くことが困難であること，などの理由で，地下銀行を利用せざるを得ないという事情がある。代替的送金システムを業とするメリットは，①キャッシュの取引であり，通常のビジネスのように売掛金回収や闇金融のように債権取立てに苦労する必要がないこと，②キャッシュの取引であり，不良在庫に苦労する必要が

ないこと，などであるといわれるが，日本ではかねてから銀行法違反，出資法違反，外為法違反として「合法的な事業」として認められないというデメリットがある。しかし，日本の場合，仮に摘発されたとしても，銀行法違反（無免許営業）の罪で比較的軽い刑罰（3年以下の懲役，300万円以下の罰金）の判決や執行猶予付判決が多く，刑罰が地下銀行に対する効果的な抑制力となっていない。

したがって，地下銀行による不正送金が外国人犯罪を助長し，日本の組織犯罪グループのマネーロンダリングを助長することによって日本の経済社会を脅かすことを考慮すれば，単に摘発の強化を図るだけに止まらず，刑罰の強化を図る必要があると考える。

犯罪者や組織犯罪グループの立場で考えると，それらがさまざまな資金源犯罪によって取得する経済的利得をマネーロンダリングするが，伝統的な金融機関を通じるマネーロンダリングは日本における対策法制（麻薬および向精神薬取締法，麻薬および向精神薬取締法等特例法，組織的犯罪処罰法）によって困難化しつつあり，このような不正資金監視体制の盲点をつく形で，日本の金融機関にある外国銀行名義の口座を支配し，非居住者である外国銀行が海外送金した形をとる。これらのマネーロンダリングに対抗するには，シェルバンクの利用禁止や外国銀行名義など非居住者名義の利用のチェック・システムを整備し，海外送金の際に金融機関に提出すべき支払等報告書の氏名等の虚偽記載について外為法違反（報告義務違反）のチェック強化が行われている。そのため，摘発のリスクを回避する「金融機関等を通じないマネーロンダリング」の利用に導かれ，ハワラ類似の代替的送金システムが魅力をもつことになる。

（F） 地下銀行の摘発と脱税マネーの捕捉

日本において地下銀行を利用する者を分類すると，①適法利得を本国仕送りする出稼外国労働者，②不法就労利得を本国仕送りする不法在留外国人，③犯罪収益を外国送金する不法滞在外国人，④犯罪収益を外国送金する外国組織犯罪グループ，⑤麻薬等の禁制品の密輸の対価を海外送金する

組織犯罪グループ，⑥犯罪収益をマネーロンダリングのために海外送金する組織犯罪グループなどに分けられる。しかし，司法警察のみで地下銀行の摘発に成功したとしても，海外送金されたマネーを没収するに至らず，また，そのマネーの源泉となった犯罪の摘発に至らなければ，ただ，地下銀行を無免許営業についての銀行法違反の罪（3年以下の懲役もしくは300万円以下の罰金またはこれらの併科）を問うだけで終わる。日本でも，代替的送金システムに対する抑止策としては，地下銀行の資金源を絶ち，これを利用する組織犯罪グループ等の資金源を絶つことがその目標であり，その目標を達成するには米国のように司法警察と国税庁や税関などの法執行機関の権限と機能を統合することが必要である。現在，地下銀行の摘発の場合，その課税はどのように処理しているのか。無申告犯として「仮装・隠蔽」を理由に重加算税を課しているか。また，「偽りその他不正の行為」による脱税として「5年以下の懲役もしくは500万円以下の罰金またはこれらの併科」を問うているか。もし，現行法制の制約で，重要な法執行機関の権限と機能の統合ができないとすれば，法改正によりその制約を解除すべきであろう。

　米国では，「脱税」はもとより合法と非合法の境界について微妙な問題がある「租税回避」に対する対抗措置を講じるに当たって，企業がタックス・シェルターを利用するかどうかを決意するときにコスト・アンド・ベネフィットの原則に支配される事実を考慮に入れて，コスト（登録義務，投資家リスト保存義務，タックス・シェルター番号の付番義務，開示義務，これらの義務違反に対するペナルティなど制裁の強化および否認リスク，プロモーター調査の充実，タックス・シェルターの審査）の引上げによってその決意を鈍らせる作戦をとっている。マネーロンダリング対策についても，その不正送金の摘発と犯罪収益の押収・没収と課税，さらに不正送金の摘発と犯罪収益の押収・没収と脱税の摘発を同時に達成しようとしている。外国の協力を得て没収した財産については，没収財産を外国とシェアする制度を実施している。

第7章 ※ マネー・ロンダリングによって腐食される税収

　刑事罰も，例えば，ヒズボラ細胞のたばこ密輸・脱税スキームのマネーロンダリング事件は，テロリスト・ファイナンス事件としてFBI，IRS－CIと司法警察の協力で，摘発し，首謀者のモハメッド・ハムドに対し，2003年2月20日に155年の懲役刑を宣告しているように，マネーロンダリング対策においてもコスト・アンド・ベネフィットの経済原則を用いて抑制しようとしている。このような点で，日本の制度については，この種の犯罪についての制裁その他のコストが十分な抑止力をもつといえるかどうか，見直す必要があろう。地下銀行の海外送金について，軽微な無免許営業の摘発だけで終わっては意味がないのであり，地下送金業に対してはその利益の没収，それが不可能である場合も，少なくとも通常の課税処分，可能ならば脱税事件として追及することが必要であろう。さらに，送金された資金についてその出所を辿るためのキーステーションとみて，司法警察と国税庁査察の双方の共通のターゲットとすべきである。

(G)　指定暴力団山口組五菱会系ヤミ金融グループの摘発

　警視庁は，出資法違反または組織犯罪処罰法（犯罪収益等隠匿・収受）違反としてヤミ金融グループを摘発した。これらのグループは，損害保険代理業，経営コンサルタント業，飲食業などの「表の企業」を設立する一方で，ヤミ金融グループを組織していた。巨額の売上金など犯罪収益は，割引金融債に換えられた。割引債は，無記名で購入できるため，その匿名性ゆえに資産隠しに用いられ，マネーロンダリングや脱税の温床になっていると批判されたが，金融機関は割引債の現物販売を中止し，購入者の身元確認を要求する措置を採り始めた。そこで，このグループは，割引債の購入から米ドルへの両替に切り替えた。その際も窓口で本人確認されないように小口分散，偽名・架空住所等を利用した。2001年1月に預貯金口座開設などの取引において顧客の身元確認を必要とする本人確認法が施行された。そこで，ラスベガスのカジノが日本に開設した複数の貸金庫を用いる資産隠しが利用された。犯罪収益の海外送金などの米国内取引について，FBI，米国本土安全保障省，などが米国連邦法（マネーロンダリング法）違

反について捜査を始め，日本も米国に捜査員を派遣した。この手法は，ラスベガスのホテルでギャンブルをするときの保証金の名目のマネーロンダリングである。米国のカジノホテルが日本国内の銀行にホテル関連企業の名義で貸金庫を借り，顧客がこれに保証金を預けておいてこれを担保に米国でギャンブルに参加できるシステムを利用するものであった。また，犯罪収益の収受方法として，架空の商品売買という法形式が用いられた。ヤミ金融の方法として債務者からテレビ・冷蔵庫などの家電製品を買い取る架空の売買契約を作成し，その代金と偽って貸付金を交付し，この製品を債務者が借りる法形式を用いて，架空のリース契約書を作成し，不法な利息をリース料として収受するものであった。さらに，宗教法人への寄附金は非課税とされることを利用して，上部団体への上納資金のプールや上納ルートが工作されていた。しかし，上納の大半は銀行振込でなく，現金持参であったという。ヤミ金融業者の預金口座の多くが架空名義や名義貸しで開設されていることが判明し，都市銀行の一部では口座解約などの対策を講じるとか，司法警察が容疑者の銀行口座について没収保全を申請するなどの対策が講じられている。

　ヤミ金融事件で，巨額の不法収益が海外でマネーロンダリングされている事実が解明されようとしている。ヤミ金融の指南役である国際金融機関クレディ・スイス (CS) の現地法人CS香港に首謀者K名義の口座を開設し，不法収益で購入した無記名割引金融債を日本証券代行に持ち込んで換金した上で，英国スタンダード・チャータード銀行東京支店を経由して，CS香港のK名義の口座に振り込み，隠匿した疑いがある。この海外送金は，銀行名義の口座間で行われたために，Kの名が表面化することはなかった。

(2) **貿易ベースのマネーロンダリング**

　税関当局は，不正薬物，銃砲などの社会悪物品や偽造通貨，偽造クレジットカード等の禁制品の「密輸入の摘発」に重点を置き，輸出については武器，盗難自動車等の不正輸出に重点を置いている。税関行政の力点は，輸入サイドの

第7章 マネー・ロンダリングによって腐食される税収

水際作戦に置かれている。どの国においても，通常の商品貨物等の輸出やその価格について精査しない傾向があり，「金融機関等を通じないマネーロンダリング」のために税関行政の死角が狙われる。米国では，麻薬犯罪収益のマネーロンダリングやテロリスト・ファイナンスの資金の調達，洗浄，移動などのために貿易ベースのマネーロンダリングを利用していることが明らかにされた。この摘発事例は，税関のみでなく，各種の法執行機関や外国政府機関との密接な共同作戦によってはじめて可能になったものであるが，タリバンやコロンビア革命軍によるテロリスト活動の支援資金調達のために国際麻薬売買を行い，コロンビア麻薬カルテルが米国における麻薬犯罪収益数十億ドルの洗浄を行うために，複雑な貿易ベースのマネーロンダリングを行ったものである。その名は，ブラックマーケット・ペソ・エクスチェンジ（BMPE）として知られる。BMPEの基本的なステップを分解すると，この取引は次の10段階から構成される。

① コロンビア麻薬カルテルが米国に麻薬を密輸し，米国で不法麻薬を売買する（米国において麻薬の密輸と販売という二つの犯罪を行う）。

② 麻薬カルテルが米国で得た麻薬犯罪収益を洗浄するためにコロンビアのペソブローカーに「連絡」する。

③ ペソブローカーはコロンビア国内で管理しているペソと麻薬カルテルが米国内で管理している米ドルと両替することに合意する。その両替方法は，ペソブローカーは麻薬カルテルの米ドルを購入し，その代金をコロンビア国内で麻薬カルテルにペソで支払う方法である。キャッシュは，物理的に国境を越えていないが，「両替の合意」により，この段階で，麻薬カルテルは麻薬犯罪収益のマネーロンダリングを実質的に完了する。麻薬カルテルは，BMPEスキームから離脱する。

④ ペソブローカーは，麻薬カルテルから購入した麻薬代金の米ドルを米国の銀行システムに預金する（プレースメント）。

⑤ ペソブローカーは，コロンビアの合法的な輸入業者に麻薬代金の米ドルを売却する。このコロンビア輸入業者は，このペソブローカーを通じて商

品を注文する。この商品としては，家具備品，電子機器，酒類，たばこ，中古自動車，部品，貴金属・宝石類などがある。
⑥　ペソブローカーは，注文された商品を米国製造業者および流通業者から購入するために米国内で契約を行い，その商品代金を米国銀行口座を含むいろいろな方法で支払う。
⑦　ペソブローカーが購入した商品は，米国からカリブ海または中南米の仕向地に輸出され，その仕向地からコロンビアに密輸される。米国から第一仕向地までの輸出は合法的に行われる。
⑧　コロンビアの輸入業者は，注文した商品の代金をペソブローカーにペソで支払う。
⑨　ペソブローカーは，麻薬カルテルと輸入業者の双方に提供したサービスに対してサービス料を請求し，麻薬カルテルから米ドルを購入するために，輸入業者から支払われたペソを充てる。
⑩　再びこのマネーサイクルを繰り返す。

米国は，このような貿易ベースのマネーロンダリング・スキームに対抗するため，一国の法執行機関のみでは無力であることを自覚し，2ヶ国以上の法執行機関の共同作戦を策定する必要があると考え，米国輸出入の異常パターンを発見するためのデータ・ベース「ニューメリカリー・インテグレーテッド・プロファイリング・システム」(NIPS) を開発し，これをコロンビア，アラブ首長国連邦などの外国に開示した。

BMPEのように複雑なスキームと異なり，米国の麻薬密輸業者が麻薬代金を支払うためにキャッシュの国境越えによる摘発リスクを回避するため米国商品の輸出（低廉譲渡）または外国商品の輸入（高価買入）という貿易ベースの移転価格の操作による海外への所得移転を行う簡単なスキームがある。課税上，特殊関連企業間取引については「移転価格課税」は，国際課税の重要な課題とされているが，その裏返しとして，資本関連や人的関連のない第三者間取引についてあまり移転価格は注目されず，税関においても輸出商品の価格についてはさほど精査されないことが，マネーロンダラーによって狙われる。みかけは非

関連者間取引であるが，実際は共謀して所得移転を行うアコモデーション・パーティを利用したこのような取引の調査については，前提犯罪である麻薬密輸を追う麻薬取締局（DEA），麻薬密輸を阻止すべき入管・関税取締局（BICE），国内の麻薬売買を取り締まる司法警察，脱税を追う内国歳入庁犯罪捜査局（IRS-CI）の共同作戦が不可欠となる。

　犯罪者や犯罪組織は，租税や関税を回避するために国際貿易メカニズムを濫用してきた。正規の国際金融システムと非公式価値移転システム（Informal Value Transfer System：IVTS）の双方とも規制を強化され，調査され，その透明性を高める一方で，資金を洗浄し，移動し，使用するため国際商業の詐欺的取引慣行を利用する事例が増える。貿易ベース価値移転スキームは，価値を移転するために合法または違法な商品の売買を利用する。A国からB国への出荷の過少価格・過大価格は，犯罪収益の洗浄（価値の移転）の簡単な方法として利用される。実例をみると，電子機器の通常価額が5万ドルである場合，10万ドルの過大価額で売買すると，商品の合法的な取得価額5万ドルに上乗せした余分の5万ドルを商品代金と仮装して海外送金し洗浄することが可能になる。IVTSは，IVTSオペレーター間の価値の移転のために，このインボイスの操作（in voice manipulation）を利用している。課税については，特殊関連企業間の移転価格の操作に対し課税当局は独立企業間価格で行われたものとして更正決定を行う権限を移転価格税制（IRC482）によって付与されている。犯罪者・犯罪組織は，税法上の「特殊関連企業」の定義に該当するかどうかを問わず，合法的商品又は非合法的商品の貿易の商品価格の操作をマネーロンダリングのために利用している。これまでの摘発事例から，主な手口として次のようなものが明らかにされている。

事例1　基本的なインボイス詐欺

　各国の輸出奨励策に便乗してインボイス詐欺の偽装が行われることがある。単純化すると，政府が自国製品輸出につき輸出企業にキャッシュ・インセンティブを支払う場合，輸出企業はこの輸出を資金洗浄のために利用する。貿易業者が為替管理当局に対し輸入価額を実際の価額よりも過大に，輸出価額を実際の

価額よりも過少に報告する。これによって生じた余分の外貨をさらに外国品(麻薬を含む)の購入に当て,物々交換に利用する。

事例2　複雑な貿易の濫用

貿易の濫用は,民族的な貿易網,土着の事業慣行,密輸,麻薬売買,汚職,資本逃避,租税回避およびテロリスト・ファイナンスなどと関係する場合には,犯罪調査の追跡を回避するため,きわめて複雑なスキームを利用することが少なくない。

事例3　代替的送金システム（alternative remittance system：ARS）の手法

貿易ベースマネーロンダリングは,代替的送金システム（ARS）の果たす機能の一つである。代替的送金システムはIVTSであり,規制された金融業を利用せずに資金を移動し価値を移転する地下銀行（underground banking）として利用されている。その摘発事例としては,ハワラ（hawala），BMPE（the Black Market Peso Exchange），貴金属・宝石その他の商品の利用がある。

事例4　貿易ベース価値移転の流行

貿易ベース価値移転は,金融規制や輸出入関連法規が緩い国においてテロリスト・グループやテロリスト・ファイナンスによって利用される。この地下経済の疑わしい取引を阻止することは,現在の法執行機関にとって非常に困難であるが,テロリスト資金供給者やマネーロンダラーは必要なキャッシュを入手するためまたは決済のため,銀行その他の正規の金融機関と接点をもつ場合には,法執行機関はブローカーやその代理人を識別することが可能になり,正規の金融機関も貿易関連金融取引を調べ疑わしい活動報告（SAR）をすべき異常活動の兆候をチェックすることが可能になる。

事例5　財務省外国資産管理室（Office of Foreign Assets control：OFAC）のブロック国

国際的緊急事態経済力法（IEEPA）により摘発されたマネーロンダリング事件をみると,OFACブロック国への価値の移転のために商品売買が利用されている。多くの場合,OFACブロック国以外の第三国を通じて米国から資金が

OFACブロック国へ移転されている。

事例6　貿易転換スキーム

　ダーティマネーの洗浄や不法収益の提供を行う価値移転者の摘発は，貿易転換スキームによって困難になる。名目的な外国企業が合法的な米国企業から相当の割引（50％程度）で合法的な商品を購入し，信用状を通じて支払い，その商品を第三国の仲介者に送付し，この商品を米国に返送し，米国により高値（新しい買主にとってはなお割引（20％程度）となるように設定される）で売却される。第二段階目の売買取引では，売主は第三国の仲介者（犯罪グループ関連者）として合法的な売買代金を入手する。この簡単なスキームで，名目的な外国企業は仮に100万ドルの価値をもつ商品を50万ドルで買い，これを80万ドルで転売すると，この貿易取引を通じて30万ドルの売買利益を得ることとなり，洗浄された資金30万ドルが誕生する。

事例7　貴金属取引

　金，銀，ダイヤモンド，その他の貴金属や宝石の取引がマネーロンダリングに利用された。テロリスト組織もこれらを資金洗浄や価値の移転のために利用している。これらの利用価値としては，①普遍的な古来の富の貯蔵物であること，②世界的に受け入れられる交換媒体であること，③相対的に不変の価値をもつこと，④匿名性があること，⑤携帯が容易であること，⑥形態の変更が容易であること，⑦取引操作が容易であること，⑧商品にも事実上の通貨にもなり得ること，⑨マネーロンダリングの「プレースメント」「レイヤーリング」「インテグレーション」のすべての段階で利用できることなどが認められている。　では，日本ではどうか。輸出入について金融機関等を通じる決済を行えば，法執行機関の追跡が可能であるが，国境を越える現金等による決済や現金以外の資産による決済の場合には，追跡は一般に困難になり，その事実が捕捉できたとしても，「交換」の場合における等価交換か非等価交換かを判定する対価の資産の客観的価値（いわゆる時価）の認定はきわめて困難である。このため，交換される資産の移転価格の操作を通じて「価値の国境を越える移転」（実質的に海外送金と同じ経済的効果を生じる）が行われる。

日本海沿岸で連日船積される中古自転車の山，中古自動車の山，中古タイヤなどの部品の山，その他の機械設備や家具備品など，日本からの輸出と密漁された水産物や麻薬等の輸入との相関関係が問題である。外国の組織犯罪グループが組成した団体や企業に対し日本の組織犯罪グループが組成した団体や企業が輸出する商品が盗品であり，交換物資であり，著しく低廉な価格の輸出品である場合，その見返りとして密漁した蟹などの高価な水産物や麻薬類を密輸または正規ルートで輸入するとき，現実にキャッシュが国境を越えることなく，決済が物々交換で行われるならば，それぞれの団体や企業が自国内で密輸または正規の輸入をしたこれらの商品を売却してキャッシュに換えることができる。そのキャッシュは正規の企業活動による利得として使用可能になる。このような単純なスキームについても，多くの法執行機関が協力しなければ，捜査は成功し得ない。このようなマネーロンダリングを阻止するためには，まず，各国における団体や企業の組成や設立の段階でその役職員の本人確認や資本出所や株主構成などをチェックすることができないか(法務省関係機関)，商品の輸出入やその価格をチェックすることができないか (税関)，その団体や企業の利益に対して課税処分や脱税捜査を実施することができないか (税務当局)，マネーロンダリングのために利用される輸出入商品が麻薬や銃砲類などの禁制品や犯罪による収得物である場合にはその取得，保有および売却についてチェックすることができないか (司法警察や国税庁査察)，麻薬等の密輸については海上投棄や沖合い引渡しなどを含めてチェックすることができないか (税関や海上保安庁および麻薬取締局) など，ターゲットにすべき同一の者・同一の取引について複数の省庁の共同作戦が効果的であり，それぞれの責任を果たすために情報を共有することが必要である。このような体制を作り上げることが現行の法制の下で可能かどうかを検討すべきである。　2004年5月19日付産経新聞は，「ロシアに車輸出仲介，アルカイダ潜伏幹部」という記事において，ドイツミュンヘンで逮捕されたアルカイダ傘下組織のフランス人幹部が新潟市内でロシア向の中古自動車の輸出仲介業をしていたこと，輸出車の大半が盗品の疑いがあり，その売上金がアルカイダ組織支援に使われていた可能性があること，新潟，山梨，

長野を中心とする自動車窃盗団と群馬の地下銀行事件の捜査中に容疑者名が浮上していたことなどを描き，テロリスト・ファイナンスの資金源として盗品中古車販売ルートと関係をもっていたことを暗示している。まだ，本件は，事実が解明されないと日本における活動の実態は明らかではない。しかし，一般に，輸出先のロシア・マフィアへの輸出条件，その代金の決済方法（日本への送金ではなく外国へ送金させる方法を含む），見返りに麻薬や銃砲等を密輸していると日本にとって危険度が高まる。　このような場合については，入管局でのチェック，在留期間中のチェック，出入国のチェックの問題もあるが，課税や脱税の摘発まで視野に入れると，このような取引の移転価格の操作や金融機関等以外の金融技術の解明のために国税庁査察の能力を活用することが望ましい。さもなければ，日本としては，司法警察内部の財務警察機能の充実を急がなければならなくなる。

(3)　バルクキャッシュの密輸

　古典的なマネーロンダリングの方法として，運び屋がタックス・ヘイブンへキャッシュや足のつかない無記名証券を運ぶ方法があった。税関の水際作戦で密輸入には厳しいチェックが行われるが，輸出のチェックは一般に甘いとみられている。「金融機関等を通じるマネーロンダリング」に対する監視網が張りめぐらされる中で，コンテナーやその中にある他の商品にまぎれてバルクキャッシュが密輸出され，普通のビジネスマンや観光客たちを運び屋に使って多額のキャッシュやペーパーという無記名証券が持ち出される。各国の出国審査ではこれをチェックする手続がほとんど機能していないので，このような原始的な方法が却って摘発リスクの少ない方法になっている。

　米国では，インバウンドおよびアウトバウンドの通貨報告限度額を１万ドルと定めているが，日本では出入国の際にそのようなチェックを受けた人がいるだろうか。金融機関等を通じた外国送金等について日本の通貨報告限度額は200万円とされているが，キャッシュの密輸についてはきわめて甘い印象を拭うことはできない。しかし，キャッシュの蜜輸出は，国内の「たまり」が海外に

持ち出された後では，犯罪収益等については司法当局，脱税マネーについては国税査察官がそれぞれ「たまり」の現物を押さえることができなくなり，金融機関等を通じていないので，痕跡を辿る道を遮断されてしまうという意味では，どうしても防がねばならないことである。

出入国管理当局と税関の密接な情報のシェアリング・システム，外国税関とのホットラインの創設，法執行機関相互間のリアルタイムの情報交換が必要である。また，武器購入や電子機器などの入手，テロリストの実行部隊の潜入費用を賄うため，必要な資金を持ち込むためにバルクキャッシュや高価な商品が持ち込まれる場合がある。

米国のBICEは，バルクキャッシュの押収で相当の実績を挙げている。日本では，マネーロンダリング対策は金融庁の問題として代替的送金システムやバルクキャッシュの密輸について注力に欠けると感じられる。税関の要員の増強が必要である。

原始的な方法で国境を越えてキャッシュを物理的に運ぶ方法は，その運び方が時代に応じて変化している。ジョン・グリシャム『法律事務所』[319]では法律事務所が所有するリアジェット機による運搬や小規模な軍隊なみの運び屋（チンピラ，その情婦，学生，フリーランサー）にケイマンやバハマへの航空券を与え，観光客の顔で「1万ドル以下の現金は税関で申告不要」というルールを利用してタックス・ヘイブンの銀行に預金させる「スマーフィング」（不正資金の小口分割化を行って海外の銀行で洗浄する手口）や特別クラスの運び屋が現金100万ドル位を新聞紙にくるんで無造作にブリーフケースに突っ込んで飛行機に乗るなど，米国税関が「国内に流入するもの」に気をとられ「国外へ運び出されるもの」に注意する余裕がない点を利用する方法が描かれていた。橘玲『マネーロンダリング』[320]では現金を直接海外に運び出すことを主題とする小話を綴っている。その一つに各地の信用保証協会を使って5,000万円までの無担保融資を受け口座に振り込まれた資金を現金化し海外に持ち出して海外金融機関に持ち込んだ上で不渡りを出して会社を倒産させる話，その二として不正融資について株主代表訴訟リスクのある会社役員が個人財産に追及の手が及ばないよう1回

3,000万円以下ならば無記名で購入できる割引金融債を数回に分けて購入し、これをもって香港に行き、現地の証券会社に口座を作って入庫し、その上で売却・換金し、他のオフショア銀行に送金する話、そのバリエーションとして本人が海外旅行せずに日本人である非居住者を利用し、割引債をこの非居住者に引き渡し、非居住者が香港に持ち込んで自分の口座に入庫し、現金に換え、これをオフショア銀行口座に送金する一方で、本人はオフショア銀行口座を開設し、非居住者が自分のオフショア銀行口座から本人のオフショア銀行口座に送金する話がある。

　これらはいずれも「現金または無記名債券の密輸」という原始的な方法を用いるマネーロンダリングであり、日本から国外へ資金を移転するために金融機関を利用しない方法である。これを水際で阻止するには、「社会悪物質の輸入を阻止すること」に全精力を尽くしている税関にこのような原始的な「現金または無記名債券の密輸出」を監視する体制を整備するために必要な増員をする必要がある。

　バルクキャッシュの密輸や貿易ベース・マネーロンダリングの利用も、次第に精巧なスキームに変化している。これらのスキームの端緒の発見と解明、証拠や証人の確保、外国情報の入手や、摘発には税関だけでなく、司法警察、公安警察、麻薬取締局、入管局、海上保安庁、国税庁査察などの協力が不可欠である。ときどき「蛇頭」[321]などによる密航事件の摘発情報が報道されるが、さまざまな方法で、密航が試みられ、コンテナーで人間の密輸が行われる時代であるが、人々は国内に流入するものや人を防ぐのに気を削がれ、出ていくものや人に対するチェックが弱点となっている[322]。コンテナーで流入する偽造紙幣やコンテナーで流出するキャッシュに対する用心を怠ることはできない。例えば、インターネットのインサイド・ストーリーズ・ニュースが「TWPスクープ・潜入取材3ヶ月金正日「対日工作」の全貌を暴く」といった記事では北朝鮮への渡航者の荷物のチェックを問題視しており、2004年5月26日の読売新聞等がアルカイダの日本潜伏とバングラデシュ国籍の人物のテロ資金供与の容疑による逮捕について報道した。

米国の「2003年国家戦略」によれば，米国税関（BICE）単独で650件2,800万ドルのバルクキャッシュを押収した。しかし，米国は，バルクキャッシュの密輸を摘発するためにグローバル・アプローチが不可欠であることを自覚している。米国は，出入国の持出・持込の申告限度額を10,000ドルと定め，申告義務の履行が確実に行われるよう各国と協力してバルクキャッシュの移動を監視し，密輸者と運び屋に関する情報を情報機関，法執行機関，税関および入管当局で共有し，多額のクロスボーダーキャッシュ移動についてのリアルタイムの情報交換のために二国間および多国間の税関ホットラインの創設に努めている。
　この点について日本ではどのような監視体制がとられているか。1998年に外為法を改正したときに，500万円までの海外送金について報告義務がなかったが，200万円を超える海外送金について報告義務を課し，100万円以上の現金の持出し・持込みについて税関に届出する義務を課している。制度的には日本も米国と類似しているといえるが，問題は，監視体制の差異である。

(4)　サイバー・マネーロンダリング

　「金融機関等を通じるマネーロンダリング」に対する各国の対抗措置が強化されていく中で，監視網を潜り抜けるため，マネーロンダリングの手法や技術は「金融機関等を通じないマネーロンダリング」の新しい方法に向けて変化していく。新しい方法とは，電子マネーやインターネット，国際決済会社等を利用する方法である。米国の摘発事例をみると，テロリスト・ファイナンスにおいて，みせかけの慈善団体への寄附金による資金調達，資金の収受，自爆要員の募集，オンライン詐欺，窃盗，その他のインターネット犯罪，犯罪収益の送金などのためにインターネットを利用している。米国における資金送金手段としてのインターネット利用方法は，①インターネット・バンクその他のオンライン・バンキング等の金融システム，②インターネット・ベースの銀行システムの代替システム（インターネット・ペイメント・サービス，e－キャッシュなど），③資金移動に関するインターネット通信に分けられる。
　米国は，オンライン・バンキングについては，USA PATRIOT Act 326条

に基づいて財務省規則を定め，銀行，証券会社，投資会社，先物取引業者に顧客確認プログラムの採用を要求した。オンライン金融サービスについても同様である。金融機関等は，口座開設のみならず，事業目的が明白でない場合，顧客の属性に照らして異常な取引である場合，5,000ドル超の「疑わしい取引」を法執行機関財務省の金融犯罪取締ネットワーク（フィナンシャル・クライムズ・エンフォースメント・ネットワーク：FinCEN）に報告しなければならい。法執行機関は，電子バンキング詐欺，電子バンキング・システムの濫用などについて，インターネット・プロトコル（IP）アドレス，インターネット・サービス・プロバイダー（ISP）などの電子的痕跡を調査することができる。しかし，インターネット・ベース・バンキングの代替システムについては，未だ十分な対策が見出されていない。

ユーザーとしては，オンライン・ノンバンク・ペイメント・システム（例えばアノニマス・ゴールド，ペイパル，ストームペイ等），電子マネー（例えばe－ブリオン，e－ディナール，e－gold等），電子小切手（ペイナウ，バンクサーブ等），電子デービット・カード（例えばスマートカード等）を利用することができる。このうち，電子マネーや電子小切手は，価値移転方法として伝統的な銀行システムに依存しているので，政府としては「金融機関等を通じるマネーロンダリング」対策を適用することができる。しかし，大部分のオンライン・ペイメント・システムや金ベースの電子マネー，スマートカードなどは，伝統的な銀行システムに依存していないので，これらの代替システムの濫用を防止するためには，特別な対抗措置を講じる必要がある。

例えば，Anonymous Gold は，金ベース電子マネーに資金を転換し，金ベース電子マネーは Anonymous Gold に資金を転換することができる。大量の電子マネーを買うために，顧客は単に e－gold アカウントを設定し，メールでキャッシュと顧客のみに e－gold にアカウント番号を開示するオーダーチケットを Anonymous Gold に送付し，秘密のe－メールで買い注文をAnonymous Goldに通知するだけであり，大量の電子マネーをキャッシュに転換するために，顧客は電子マネーを Anonymous Goldアカウントに移転し，Anonymous Gold がキャッシュまたは通常メールで白紙のマネーオーダーを送付すべき宛先を通知する秘密の e－メールを Anonymous Gold に送付するだけでよい。

　Anonymous Gold は，銀行と取引せず，注文の履行時に取引記録を抹消するので，顧客のプライバシーを効果的に保護している。テロリスト組織は，顧客の本人確認を回避し取引記録を抹消する Anonymous Gold の特徴を濫用する。

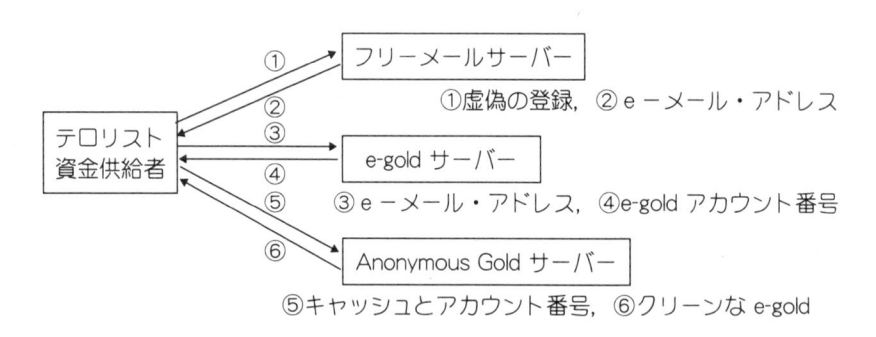

```
                    ①         フリーメールサーバー
                                 ①虚偽の登録，②e－メール・アドレス
                       ②
  テロリスト           ③
  資金供給者           ④       e-gold サーバー
                       ⑤         ③e－メール・アドレス，④e-gold アカウント番号
                       ⑥       Anonymous Gold サーバー
                                 ⑤キャッシュとアカウント番号，⑥クリーンな e-gold
```

　代替的支払方法の濫用を防止しまたは減少させるために売主を規制し顧客からさらに多くの情報を集めるよう要求する必要がある。代替的支払方法，電子マネーやスマート・カードなどの新しいテクノロジーについては法令や判例において定義がないので，明確にすべきである。

　テロリスト組織は，秘密の資金調達の媒体として慈善団体を利用してきた。摘発事例としては，Wafa al－Igatha al－Islamiya, Rabita Trust, Rashid Trust, Global Relief Fund, Benevolence International Foundation, Ummar Tamir－e－Nau などがある。そのうち，参考として数例を挙げる。

① 　Al－Rashid Trust（パキスタンベースのアルカイダ関連慈善団体）
　　大統領令は，この信託をタリバンとアルカイダの資金上の導管であると認定し，その米国資産を凍結した。

② 　the Benevolence International Fund（BIF）
　　1993年に，IRSはIRC501(c)(3)に基づき非課税団体の地位を認めたが，BIFは1990年代にウェブサイトの寄附を含め毎年数百万ドルを調達した。

米国は，BIFがアルカイダその他のテロリスト組織を支援している証拠を固め，財務省はBIFをテロリズムの資金供給者としてリストアップした。

③ InfoCom（テキサスベースのISP）

テロリスト関連団体・個人は，テロリスト細胞間の通信と資金調達の手段としてインターネット関連フロント企業を設立する。InfoComは，HAMASや the Holy Land Foundation for Relief and Development などのテロリスト組織へ通信サービス，物質的支援および資金提供を行った罪で起訴された。

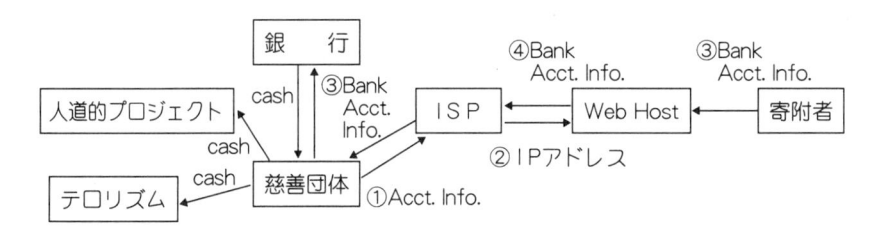

```
                    銀 行         ④Bank           ③Bank
                     │           Acct. Info.      Acct. Info.
                  cash ③Bank
人道的プロジェクト      Acct.    ISP ← Web Host ← 寄附者
          cash       Info.
                             ②IPアドレス
    テロリズム ← cash 慈善団体  ①Acct. Info.
```

次のようなテロリスト関連銀行がテロリストのオンライン・バンキング・サービスの利用を助長する。

① Al－Taqwa Bank

1988年に the Muslim Brotherhood はバハマに Al－Taqwa Bank を設立し，アルジェリア，リヒテンシュタイン，イタリア，マルタ，パナマおよびスイスに支店を設置したが，アルカイダおよびHAMASにバンキング・サービスを提供した。

② Al－Aqsa Bank

HAMASは，1997年にAl－Aqsa Bankを設立した。

オンライン・レイヤリング取引は，次のように行われる。

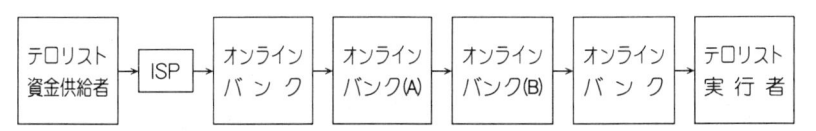

```
テロリスト     オンライン  オンライン  オンライン  オンライン  テロリスト
資金供給者 → ISP → バンク → バンク(A) → バンク(B) → バンク → 実行者
```

(5) 国際決済会社の利用

　通常のビジネスで，相殺は簡易かつ公平な債権決済の方法であり，対当額の範囲で相互に他の債権者に優先して債権の充足を得られる点で担保機能を兼ねる優れた決済方法である。決済とは，商品売買や金銭貸借による債権債務関係は債務者の支払義務の履行によって消滅することをいい，単純な決済方法は，現金の支払であるが，現代は預金の振替（銀行間のコンピュータ・ネットワークを通じて行われる決済方法）が重要である。したがって，常識としては，貨幣がもつ決済機能と銀行の決済機能が，債務者が支払義務を果たすために利用される。

　同一グループ内企業間の取引が世界貿易の大半を占める時代になると，グループ内部の商品売買や金銭貸付の決済に，現金輸送も金融機関の仲介を要する為替も用いない同一通貨によるグループ内部決済の方法として相殺が利用されるようになる。

　債権者と債務者が組織犯罪グループに属する場合に，現金輸送も，金融機関を通じる為替取引も，犯罪の摘発リスクや犯罪収益等のマネーロンダリングの摘発リスクがあるため，政府によって把握されない決済方法・資金移動方法として相殺を選択することがある。グループ内部に，多国籍企業と同様に，専用の決済機関をもつ場合には，これを摘発することは非常に困難になる。

　これらの外部に独立の国際決済会社が存在する。多くの銀行は，その所在地国の銀行取引の隠蔽システムによってクライアントの国際金融取引の秘密を守ることを合法的に認められてきた。世界各地の銀行口座は，銀行秘密として政府の税務調査からも守られてきたので，これらの口座の名義書換えや口座間の取引状況は秘密のベールに覆われてきたのである。この中で，国際手形交換所としてベルギーのユーロクリアバンク(旧称ユーロクリア)とルクセンブルグのクリアストリーム（旧称セデル）という世界に二つしかない国際決済会社に注目する。近年の銀行間の国際的な送金は現実の現金や有価証券の移転はなく，ファックスマネーで行われ，やがてバーチャルマネーで行われる。

　金融市場の主役の名義書換えは主役相互間の信頼に基づく電子システムで行われる。金銭は物質的要素を失い，財産をもつ者は投資し，証券化を考えるが，

証券も紙という物質的要素を失い，バーチャル化した数百万ドルの証券が毎日決済会社で交換される。決済とは，当事者の支払能力を保証し，特定の場所で金銭または有価証券の交換が行われたことを文書化することを意味するようになった。この2社は国際的な債券取引を独占的に取り扱う。

　この種の債券取引により各銀行は内部記録以外にその名義を出さずに金銭の貸借ができる。このような債券は，マネーロンダリングの好む金融商品である。

　国際金融網のカネはこの国際決済システムを出入りする。この決済システムが腐敗すれば，金融裏取引という不正行為が国際的に容易に行われるようになる。ビジネス界は機密性を追求し，次に決済当事者が本店同士でなく本店と支店である場合の本店コードだけで決済することを可能にするためという理由で「匿名口座」の創設を認めた。

　このように技術的な理由で誕生した匿名口座は不正の温床となった。加入銀行は内密な取引を行うために匿名口座を使用することができる。このため，ブラックマーケットのための非合法な決済システムが誕生する。巨大な決済会社の暗部を暴露したエルネスト・バックス＆ドウニ・ロベール『マネーロンダリングの代理人』[323]においていくつもの事件が紹介されているが，『イタリアの判事』の著者である反マフィア派のイタリア判事フェルディナンド・インポジマートは，バチカン，政治家およびマフィアの関係について次のように述べた。

　国営銀行は権力者たちの圧力に屈してドン・ミケーレ・シンドーナの銀行に巨額の払込や預金をすることに合意した。ドン・ミケーレは，自分の金庫に公的機関から委託される数十億の金銭を独占することになった。ドン・ミケーレの戦略は，バチカン銀行が仲介する金銭の流れを押さえることであった。

　バチカン銀行は，その存在を通じて合法性を保証する。バチカン銀行を通すことであらゆる金融操作が可能になり，いかなる管理も受けずに世界の好きな所へ資金を移すことができる。マネーロンダリングは，三段階で行われる。第一にマフィア，政党と大実業家の資本がドン・ミケーレの銀行に払い込まれる。

　第二にその資金はバチカン銀行を通過し，バチカンはこの通過する資金の15％を利子として天引する。第三にローマ教皇庁の膝下を通過したすべての資

金は，ニューヨークの銀行やそのバハマとパナマの支店などの外国の銀行に移される。

アングラマネーの経路をトレースする可能性について，ベルナルド・ベルトサの次のような言葉を引用している。

インターネットとモデムとファックスという情報処理網がある現代では，オフショア会社の陰に隠れた不正な出所をもつ金銭が，口座から口座へ，タックス・ヘイブンからタックス・ヘイブンへとフルスピードで循環できる。オフショア会社は，高級をとる責任者に信託管理されている。この金銭はすべての管理を逃れて預金されまたは投資される。不正行為者たちはまず罰せられることがない。ヨーロッパ諸国の司法当局がブラックマネーの跡を辿るとすればとんでもない年月がかかる。人間と財産と資本にとって国境が意味をもっていた時代から引き継いだ現在の法制度の枠内では結局そのような追跡が不可能であることが明らかになるだろう。

しかし，そうではなかったとエルネスト・バックス＆ドゥニ・ロベールは，重要な事実を暴露した。国際決済会社には実名口座と匿名口座のリストがあり，その口座で操作された取引の記録であるマイクロフィッシュが存在する。国境を越えた数百万件の取引の記憶は，国際決済会社という不可欠の通過点の記録文書に残されている。その証券の売買や現金の送金のすべてを追跡できるとすれば，犯罪収益等の痕跡も残されていることになる。金銭と有価証券の国際取引に特化した組織の記録にアクセスし，クリアリング技術とコードの知識があれば，金融取引の経路を追跡することができる。

国際決済会社の匿名口座は，待機状態の資金や債券を預ける中継点として使用された。それらは，多くの可能性と巧妙な金融活動を提供することができた。

例えば自己管理，意表をつく株式公開買付，口座の平滑化，インサイダー取引，裏金づくり，裏取引などに利用された。

次のようないくつかのマネーロンダリングの手法が紹介された。
① ロシア・マフィアが不法利得を隠すかマネーロンダリングをするとき，決済会社を利用すると，決済会社のフローチャートの中を流れるブラック

マネーに気づくものは誰もいなくなる。ロシア・マフィアの銀行が国際決済会社の実名口座リストと匿名口座リストの二重リスト制度を知っていれば，隠蔽操作が可能になる。マネーロンダリングは，資金や債券が経済的回路に乗って表の経済に姿を見せる瞬間に完結する。

② フランスの企業家が不法利得をキャッシュの形でルクセンブルグの銀行に持ち込み，同額の借入を契約し，フランスの取引銀行で全額を受け取る。

③ フランスの企業家が不法利得をルクセンブルグの銀行に持ち込み，ルクセンブルグの銀行はこのキャッシュを決済会社を利用して債券市場に投資し，決済会社の口座番号を入手する。これが企業家の債券市場への投資の証拠となり，一定期間の経過後，元本と利息を回収することができる。企業家は，投資の原資をフランスの銀行から借り入れた形をとり，フランスの銀行に債券で返済する。この取引でルクセンブルグの銀行は7％の利子をとり，フランスの銀行は少額の手数料をとり，決済会社は口座に金銭があった期間の利子をとる。

④ 決済会社は，世界のマフィアが不法利得をマネーロンダリングによって表の経済に戻すプロセスで「うるさくない銀行家」を必要とし，このような銀行家が決済会社を通過する大量の取引の中に不正取引を隠すために「匿名口座」を必要とする場合，これを手助けする。例えば，ある銀行に麻薬収益のマネーロンダリングの疑いでインターポールの調査が入ったとすると，この銀行は決済会社の実名口座の抜粋を提出し，インターポールはすべての抜粋のコピーを入手して満足する。匿名口座においてどんな取引が行われているかはこれまで誰にも知られていない。決済会社や銀行家の哲学は，司法警察に対して「森だけを見せて木を見せるな」というスローガンである。

⑤ 国際決済会社とタックス・ヘイブンの結合には銀行，多国籍企業やマネーロンダラーのアクセスは許すが，規制当局，法執行機関および情報機関のアクセスを容易に許さない。

〔注〕

306) U.S. Secretary of the Treasury & Attorney General "2003 National Money Laundering Strategy"。
307) 本庄資「マネーロンダリングとテロリスト・ファイナンスに対する対抗措置」税経通信, 59巻4号, 2004, pp.109−130, 同巻6号, pp.115−137, 同巻7号, pp.127−145。
308) the Financial Action Task Force.
309) U.S. Department of the Treasury, Financial Crimes Enforcement Netwark "2000−2005 Strategic Plan"。
310) 本庄資「マネーロンダリングとテロリスト・ファイナンスに対する対抗措置」税経通信, 59巻6号, 2004, pp.124−137。
311) 麻薬および向精神薬取締法と麻薬および向精神薬取締法等特例法。
312) 金融機関等による顧客等の本人確認等に関する法律(平成14年4月26日法32)。
313) 内国税の適正な課税の確保を図るための国外送金等に係る調書の提出等に関する法律(平成9年12月5日法110)。
314) U.S. Secretary of the Treasury & Attorney General "National Maney Laundering Strategy"。
315) 米国ではマネーロンダリングおよびテロリスト・ファイナンスとの戦いを一省庁の所管事項とせず,「国家戦略」と位置づけ, 全省庁が一体となって取り組む体制を整え, 財務省および司法省が総合調整を行っている。いうまでもなく, 財務省は金融犯罪取締ネットワーク, 税関, 内国歳入庁犯罪捜査局(IRC−CI), アルコール・たばこ・火器局(BATF), シークレット・サービスという法執行機関を擁し, 司法省は検察, 司法警察という法執行機関を擁する有力な官庁であるが, 日本の金融庁は旧大蔵省から分離された官庁であり,「金融機関等を通じないマネーロンダリング」に対して米国に匹敵する強力な対策を講じることはきわめて困難である。
316) 本庄資「マネーロンダリングとテロリスト・ファイナンスに対抗する対抗措置」税経通信, 59巻7号, 2004, pp.137−138, 144。
317) 地下銀行の司法警察の摘発が単に銀行法違反(無免許営業)の罰則の適用だけで終わるのであれば, 巨大化するアングラマネーと組織犯罪者グループにとって打撃にならない。国外へ送金された犯罪収益等の没収または脱税の摘発を伴わなければさほどの抑止効果がないのである。
318) 警察庁・法務省入国管理局・東京入国管理局「首都東京における不法滞在外国人対策の強化に関する共同宣言」(平成15年10月17日)。
319) ジョン・グリシャム『法律事務所−TheFirm』新潮社, 1992。
320) 橘玲『マネーロンダリング』幻冬舎, 2002。
321) 集団密航事件などの背後に組織犯罪集団の介在がある場合が多い。密航の請負組織として中国人の密航のほとんどに関与しているといわれる「蛇頭」が有名である。蛇頭は, 中国から日本や米国等への密入国をビジネスとして密航者の勧誘, 引率, 搬送, 偽造旅券の調達, 不法就労の斡旋等を行っている。摘発事例により, 密航実

態としては，密航仕立船，韓国船・日本船への洋上乗換，コンテナや船内隠れ部屋の利用，偽造旅券による日本人への成りすまし，などの方法が明らかになり，密航請負組織は，勧誘，取立，引率，出迎，受入などを担当する者から成り，日本人組織と結託している。
322) 海上保安庁『平成14年における密航および薬物・銃器等の密輸取締状況について』（平成15年1月6日）は，集団密航事件の検挙のために警察および税関等の関係機関との連携を強化していること，外国治安機関との情報交換等連携強化を図っていることについて述べているが，近年の傾向として小口化・分散化およびコンテナ密航の活発化傾向があることを指摘している。
323) エルネスト・バックス＆ドゥニ・ロベール，藤野邦夫訳『マネーロンダリングの代理人』徳間書店，2002。

第8章

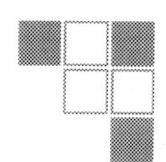

マネーロンダリングに挑戦する米国財務省・内国歳入庁の特別捜査官たち

　米国の財務省では金融機関等を通じるマネーロンダリング対策のために金融犯罪取締ネットワーク（Financial Crimes Enforcement Network）を主力とし，金融機関等を通じないマネーロンダリング対策のために関税庁および内国歳入庁犯罪捜査局（Internal Revenue Service-Criminal Investigation：IRS-CI）を主力とする作戦を実施している。麻薬取引，バルクキャッシュの密輸，貿易ベース・マネーロンダリングなどについては，入国管理・関税取締局（BICE）の責任が重くなっている。日本の国税査察官制度（マルサ）の模範とされる米国内国歳入庁犯罪捜査局（IRS-CI）の「マネーロンダリング捜査」に焦点を合わせ，米国では税務行政が地下経済における脱税とマネーロンダリングにどのように挑戦しているかを具体的に「IRSマニュアル」を通じて検討し，日本の国税査察官制度の近代化のために，改めて参考としたい。

　日本では「金融機関等を通じるマネーロンダリング」対策がようやく緒についたばかりであるが，例えばロシア・マフィアと日本暴力組織が，その企業連携を進め，ロシア側からの密漁の蟹やMDMA等錠剤型合成麻薬等と日本側の盗難自動車などとの交換貿易が盛んになり，相互にこの貿易ベース・マネーロンダリングという「金融機関等を通じないマネーロンダリング」で巨額の不法

利得を得ており，税関，海上保安庁，国税庁査察，司法警察などに摘発されず，地下経済の中で，一方的に肥大化していくという報道がNHKなどでも行われている。今後は日本においても早急に「金融機関等を通じないマネーロンダリング」対策を構築することが必要である。以下に検討する米国の体験から分かるように，税法の教科書で学ぶ「課税の公平」原則も，納税者の「良心」に支えられる「申告納税制度」の理想も，「現実の税収」も，現在の税法学のように適法利得の課税のみを議論しているだけでは，実現できないという現実に目を閉じてはいけないのであり，「金融機関等を通じないマネーロンダリング」によって肥大化していくアングラマネーを課税面で「アンタッチャブル」の聖域にしてはならないのである。不法利得を源泉とする脱税をこれらの各省庁の法執行機関が総力を挙げて摘発する体制を構築しなければ，これらのアングラマネーは必ず，企業，産業，経済，そして政治を支配し，腐食してしまう。米国の各政府機関の中で，IRS－CIを取り上げ，その必死の「悪への挑戦」の様子をみて，税収がどんどん減っていく日本が手遅れにならないうちに，これらの諸機関の要員や必要な資源を日本の必要なコストとして支払い，体制を立て直す動きを始めなければならないと考える。

1　IRS－CIの現状

(1)　2001年度の実績

現在入手できる最新のデータとして内国歳入庁犯罪捜査局の事務年報告書(2001年度)によってIRS－CIの事務運営の状況を知ることができる。

全体をみると，着手件数3,284件，告発件数2,335件，起訴件数2,292件，有罪件数2,251件，刑宣告件数2,238件である。米国では，①脱税事件と②麻薬事件に分けている。

脱税事件については，着手件数2,333件，告発件数1,488件，起訴件数1,480件，有罪件数1,485件，刑宣告件数1,407件，麻薬事件については，着手件数951件，告発件数847件，起訴件数812件，有罪件数766件，刑宣告件数831件となってい

第8章 ※ マネーロンダリングに挑戦する米国財務省・内国歳入庁の特別捜査官たち

る。脱税事件は、通常、所得の源泉が適法利得か不法利得かにより区別し、不法利得の脱税の摘発に注力している。実績をみると、適法利得の脱税事件については、着手件数1,020件、告発件数536件、起訴件数560件、有罪件数548件、刑宣告件数548件、不法利得の脱税事件については、着手件数1,313件、告発件数953件、起訴件数920件、有罪件数937件、刑宣告件数859件となっている。

事務運営を米国法典（United States Code：USC）のタイトル別に分けてみると、タイトル26USC（7201条脱税と脱税の企図、7203条故意の無申告、情報不提出、不納付）については、着手件数1,482件、告発件数726件、起訴件数735件、刑宣告件数666件、タイトル18USC（1956条金銭証券の洗浄、1957条特定の不法から生じた財産の金銭取引）については、着手件数1,700件、告発件数1,539件、起訴件数1,473件、刑宣告件数1,324件、タイトル31USC（5324条報告要件を回避するための仕組み取引）については、着手件数102件、告発件数68件、起訴件数82件、刑宣告件数80件となっており、特にマネーロンダリング事件（18USC1956条、18USC1957条）については、着手件数1,307件、告発件数1,168件、起訴件数1,071件、刑宣告件数751件となっている。

日本は、米国と異なり、査察事件については、着手件数は公表せず、処理件数と告発件数、脱税額の合計のみを公表している。そのため、公表ベースの数字で正確な比較をすることはできないが、日本の2001年度の処理件数212件、告発件数151件であるとされているので、米国の告発件数2,335件に比較して15分の1の規模に抑制されている。それはなぜかを問い直す必要がある。また、日本の場合、米国のように査察事件を①適法利得の脱税事件と②不法利得の脱税事件に区分して計数を公表していないので、米国の査察事務運営がこれらの均衡を考慮して執行されているか否かを国民に実績で明示しているが日本のポリシーを比較することができない。

(2) 2001年度の実績の評価

IRS-CIは、その実績を測定するため the IRS Balanced Measures System を採用している。その理論は、各業務単位が遂行する方法について包括的に審

査するためには組織のすべての側面の情報を評価する必要があると考える。従来のIRS実績測定方法は，最低の投下コストで得られる成果を顧客満足度と職員満足度のデータから測定するものであったが，the IRS Balanced Measures System は，顧客満足度，職員満足度および実績の各データを通じて組織全体の健全性の分析に寄与する。実績の内容は，質と量に分けて分析される。

① 顧客満足度調査（Customer Satisfaction Survey）

IRS－CIは，検察庁と司法省を主たる顧客と定め，日常的に捜査活動と公訴の遂行で協力する。IRS－CIは，検察官と協働した特別捜査官（special agents）の態度，技能および業績に関する検察官の評価をフィードバックする顧客満足度調査を開発した。

② 職員満足度調査（IRS Employee Satisfaction Survey）

IRS－CIは，職員満足度を毎年測定する。そのために，IRS職員満足度調査が用いられる。これには調査会社ギャロップが著作権をもつ「12の質問」が用いられ，実績に関する職員管理の側面を測定する調査が行われる。

③ 実　　　績（量的測定と質的測定）

IRS－CIの使命は，内国歳入法典の違反とこれに関連する違反を捜査することである。その実績測定の最適方法は，当年度に完了した捜査件数であり，従前は当年度に着手した捜査件数であった。ここで「完了した捜査件数」とは，司法省または検察庁に告発した件数または不告発と決定した件数である。the Balanced Measures System の実績値は，「完了した捜査件数」のみでなく，「捜査の質」である。捜査の質を評価するために標本調査システムを開発中である。

④ IRS－CIの実員

IRS－CIは，特別捜査官の採用，一時雇用および訓練に努めている。退職と昇進により経験豊かな特別捜査官の第一線の実員が減少するので，採用と一時雇用プログラムを通じて，特別捜査官となり得る候補者を惹きつけ訓練する必要がある。会計年度末の特別捜査官の実員の推移は，次のとおりである。

2001年2,822人，2000年2,734人，1999年2,850人，1998年3,004人，1997年3,158人，1996年3,327人，1995年3,356人，1994年3,228人。

第8章※マネーロンダリングに挑戦する米国財務省・内国歳入庁の特別捜査官たち

日本は，査察官の定員や実員を公表していないので，米国の実員と正確に比較することはできない。米国では特別捜査官の実員を上回る着手件数，実員にほぼ匹敵する告発件数を示していることに注意すべきである。

(3) IRS－CIの使命と戦略

IRS－CIは，内国歳入法典の潜在的な犯則やこれに関連する金融犯罪を，税制への信頼や税法遵守を促進する方法で，捜査することを使命とする（IRS Manual 9.1.1.2）。IRS－CIの戦略は，①コンプライアンス戦略，②マネーロンダリング戦略，③国際戦略から成る（IRS Manual 9.1.1.3）。

① コンプライアンス戦略

IRS－CIのコンプライアンス戦略は，IRSの総合的戦略プログラムプラン（Strategy and Program Plan：SPP）に基づき，次の三つの基本計画（適法利得プログラム，不法利得プログラム，麻薬プログラム）に人的資源を重点的に配分する（IRS Manual 9.1.1.3.1）。脱税を適法利得の脱税と不法利得の脱税に分けて捜査する。不法利得の脱税については，麻薬収益以外のマネーロンダリングを捜査し，麻薬収益のマネーロンダリングについては特別な計画の下で捜査する（IRS Manual 9.1.1.3.1.3および9.1.1.3.1.4）。

（A） 適法利得の脱税に関するプログラム（the legal source tax crimes program）

　IRS－CIは，IRSの総合的タックス・コンプライアンス目標を支え，税制の公正と公平を促すために，適法利得の脱税事件を特定し，捜査する。これは，合法的な職業や企業の納税者の脱税（伝統的な脱税）の捜査であり，ノンコンプライアンスの領域を特定し，IRSの他の部局と協働してノンコンプライアンスの領域に対処する「協力的コンプライアンス努力」を行い，さらに「脱税捜査委任プログラム」（the fraud referral program）の活用に当たってIRSの他の部局を支援する。IRSの他の部局からの脱税捜査委任は，適法利得の脱税捜査の重要な源泉であり，中でも小事業・自営業担当部局からの脱税捜査委任が重要である。現在，日本では公式の通報制度または

密告制度は認められていないが，米国では税法で定める「共同社会の分担費用」である税を免れる者を共同社会の構成員として許すべきでないとの思想があり，IRSは脱税嫌疑のある濫用的タックス・スキームの早期発見のため，一定のフォームを定めて通報者の報告を歓迎している。

米国においては脱税者の摘発こそ正直な申告者へのサービスなのである。

IRS−CIは，適法利得の脱税に関して次のプログラムに重点を置いている。

(ⅰ) 外国信託および米国信託

IRS−CIは，IRSの他の課税部局，首席法律顧問官事務所，および司法省との国家的総合調整の下に詐欺的信託スキーム（資産を隠し所得税の納付を免れる手段として利用される）に対処し，脱税の範囲を特定し，捜査を総合調整し，訴追によってコンプライアンスを確保するために努力する。捜査対象は，このスキームのプロモーターと脱税のためにこのスキームを故意に利用する顧客である。濫用的信託スキームのプロモーターは次の３種類に分けられる。第一種は，納税する気のない反税思想の持主であり，第二種は，金持ち，小事業主，医師や弁護士等の自由職業者をターゲットにしてタックス・ヘイブンへの金の移転などによる税負担の軽減と財産の保護を約束する者であり，第三種は，投資家を騙し金を隠す精巧な苦心のスキームに信託を利用する騙しの名人である。多様なスキームを大別すると，米国信託パッケージと外国信託パッケージに分けられる。

(ⅱ) 申告書作成業

IRS−CIは，税収確保のため，良心的でない無能な申告書作成業者の取締と民事罰により申告書作成業のコンプライアンスを向上させるため，濫用的申告書作成業の特定，捜査および訴追プログラムを策定している。濫用的申告書とは，顧客のために作成した申告書で過大な人的控除，過大な事業経費の控除，虚偽控除，認容できない税額控除などにより課税所得を操作するものをいう。濫用的申告書作成業者は，不正還付金の一

第8章 マネーロンダリングに挑戦する米国財務省・内国歳入庁の特別捜査官たち

部を自己のものとし，多額の還付を勝ち取ってくれるという評判により顧客の増加を図り，申告書作成料金を増額するなど，脱税から経済的利益を得ている。申告書作成業者に係る査察実績は，次のとおりである。

	2001年	2000年	1999年
着 手 件 数	116	139	95
告 発 件 数	73	62	49
起 訴 件 数	70	61	55
有 罪 件 数	63	58	70
実 刑 割 合	92.9%	84.3%	88.2%

(iii) 不正還付

IRS−CIは，詐欺的申告書を特定し，不正還付を阻止するプログラムを策定している。このプログラムは，全米の多目的プログラムで，特定した詐欺的還付スキームをIRS−CIに引き渡される。このプログラムは1977年に開始し，27億ドル超の不正還付を発見しその90％の支払を阻止してきた。申告書が提出され処理されるIRSキャンパスごとにIRS−CIの詐欺調査センター（Fraud Detection Centers：FDC）を設置し，そこに不正還付調査チーム（Questionable Refund Detection Teams：QRDT）を設置している。不正還付に係る査察実績は，次のとおりである。

	2001年	2000年	1999年
着 手 件 数	170	154	208
告 発 件 数	113	95	166
起 訴 件 数	95	102	124
有 罪 件 数	102	104	125
実 刑 割 合	88.3%	79.4%	76.7%

(iv) 無申告者

IRS−CIは，自主申告制度を遵守しない納税者による税制の基盤の破

壊を食い止めるため要員を投入する。IRSの全米無申告者対策（National Nonfiler Strategy）の一環として各種職業・産業においてインパクトの大きい事案の捜査と訴追プログラムを実施する。この捜査対象には、給与所得者、会計士、弁護士および医師などの自営の専門家も含まれる。無申告者に係る査察実績は、次のとおりである。

	2002年	2001年	2000年
告 発 件 数	269	244	257
起 訴 件 数	233	257	265
有 罪 件 数	227	219	232
実 刑 割 合	88.1%	83.9%	80.1%

（ⅴ）小事業・自営業（Small Business/Self Employed）担当部局の脱税捜査委任

適法利得の脱税捜査（Legal Source Tax Crimes Investigations）の重要な端緒は、IRS担当部局の脱税捜査委任（Fraud referrals）である。IRSは、2000年に脱税捜査委任プログラム（the Fraud Referral Program）を改正し、詐欺的申告書を効果的に発見し、IRS－CIに対する脱税捜査委任の質を向上させた。IRSは、濫用的タックス・シェルター・スキームについての情報を収集するため、査察内偵によるだけでなく、濫用的タックス・シェルター・スキームおよびそのプロモーターに関する情報の報告（Referral Form for Reporting Abus-ive Tax Promotions and／or Promoters）をその勧誘を受けた者から要求している。通報者に要求する報告内容は、次のとおりである。

1　勧誘されたタックス・スキームの内容（新しい合法的なスキームとして勧誘しているかどうか）
2　プロモーションまたはプロモーターに気づいた方法（e－メール、TV、ちらし、新聞、雑誌、友人、親戚等）

> 3 プロモーションを知った日
> 4 プロモーターの氏名，住所，e－メールアドレス，電話番号，本拠地
> 5 プロモーションの関与者の役割
> 6 プロモーション用資料の提出
> 7 プロモーション用資料のコスト
> 8 プロモーション情報の入手方法（インターネット，メール，電話勧誘，等）
> 9 タックス・スキームのプロモーションのためのセミナー（会費，開催場所，開催日，参加の有無）
> 10 プロモーターのプロモーションへの関与状況
> 11 プロモーションのターゲット・グループ
> 12 プロモーションの広告
> 13 タックス・プロモーションの課税効果を決定する情報
> 14 プロモーションの地理的範囲（限定された地域，全米規模，世界的規模）
> 15 このプロモーションに基づいて投資家やプロモーターのために申告書を作成する申告書作成者の氏名，住所，電話番号
> 16 プロモーター，会計士等との会話の内容（相手の氏名，内容，会合場所，会合日，立会者の氏名）
> 17 プロモーターとの関係
> 18 このプロモーションを購買しまたは使用している個人または企業
> 19 プロモーション・パッケージを購買または使用したか否か
> 20 報告者の氏名，住所，電話番号，e－メールアドレスと報告日

（B） 不法利得の脱税に関するプログラム（the illegal source tax crimes program）

　　マネーロンダリングおよび通貨犯罪は，しばしば脱税と絡み合っている。マネーロンダリングは，犯罪者や組織犯罪（麻薬売買者を含む）が犯罪収益

の出所や金額を隠し偽装することによって不法利得に対する税を免れる手段である。マネーロンダリングは，自主申告納税制度を腐敗させ，税制に対する納税者の信頼の基盤を破壊する。したがって，IRS−CIの捜査が脱税捜査か，マネーロンダリング捜査か，あるいはその双方の捜査かを区別することは難しい。歴史的にみると，マネーロンダラーがその不法利得を洗浄するために合法的なビジネスを利用することが多く，その利得や資産を隠すために多様なスキームや多種類の取引(夥しい数の通貨報告要件の回避操作や取引のレイヤーリングを含む)を国際的に駆使している。そこで，不法利得金融犯罪プログラム (the illegal source financial crimes program) は，最も重要な不法利得の脱税，通貨犯罪，マネーロンダリング犯罪を特定し，捜査し，訴追を支援し，没収を目的として国内的・国際的に資産を追跡することを目的とする。

日本では査察事件の内訳として「適法利得の脱税」と「不法利得の脱税」を区分して実績を公表していないため，日本の不法利得の脱税(地下経済の脱税を含む)に関するプログラムを米国のプログラムと比較することはできない。上述のように，米国は納税者に税法遵守を呼びかけ申告水準の向上を目指す以上，不法利得，特に金融犯罪に係る脱税の摘発を重視し，着手ベースでも，告発ベースでも，適法利得の脱税に比して大きな実績を挙げるように努めている。

(C) 麻薬犯罪収益プログラム

IRS−CIは，麻薬犯罪に対する連邦法執行において金融脱税捜査やマネーロンダリング捜査の専門知識をもってユニークな役割を果たしている。IRS−CIは，広範な職業に係る麻薬犯罪収益の捜査を行い，米国経済の基盤を蝕み，国益の脅威となる組織犯罪の訴追に貢献する。IRS−CIの金融捜査の専門技術が活用できない場合には，麻薬関連組織はたとえ重要メンバーが投獄されたとしても繁栄を続けることは間違いない。IRS−CIの麻薬関連金融犯罪プログラム (the narcotics related financial crimes program) は，麻薬売買組織やマネーロンダリング組織の犯罪収益や金融収益を減らすこ

とによって「麻薬取締国家戦略」(the National Drug Control Strategy) の目標と目的の達成に寄与する。このために，所得税，銀行秘密法，マネーロンダリングおよび資産没収に関する連邦法の強力な法執行が必要である。麻薬犯罪組織は，その犯罪収益やその出所を隠すが，そのために，米国の金融システム，経済および公正な取引は侵食される。IRS－CIは，組織犯罪麻薬取締タスクフォース (Organized Crime and Drug Enforcement Task Force：OCDETF) の指定基準に該当する組織をターゲットに捜査する。また，IRS－CIは，高度麻薬売買領域 (the High Intensity Drug Trafficking Areas：HIDTA) 内のマネーロンダリング活動をターゲットに捜査する。

　資産没収プログラムは，麻薬取締法執行プログラムの最も効果的な手法の一つであるので，IRS－CIは麻薬売買から生ずる財産を押収し没収するために他の連邦，州および地方の各機関と協働する。

② マネーロンダリング戦略

　マネーロンダリング戦略は，最重要な租税，通貨およびマネーロンダリングの犯則を特定し，訴追し，反則者の国内および国外の財産を追及する。刑事罰，課税および没収に関する成文法上の権限を行使する (IRS Manual 9.1.1.3.2)。米国では「国家戦略」としてのマネーロンダリング対策が最大の課題になっており，一方では伝統的な金融機関等を通じるマネーロンダリング対策を米国および国際的に推進すると同時に，租税および金融を専門分野とするIRS－CIは，その事務運営においてマネーロンダリング捜査に重点を置いている。

　査察実績をみると，マネーロンダリングに係る事件は，着手ベースでは全体の44.4％，告発ベースでは全体の55.4％を占める。日本では査察実績の内訳について計数を公表していないので，日本の査察事件の中でマネーロンダリングに係る事件がどの程度であるか，米国と比較することはできない。

③ 国際戦略

　IRS－CIは，外国の情報を開発利用するため戦略的な外国ポストに特別捜査官を任命する。この情報は，IRS－CIが担当する金融犯罪の捜査において利用される (IRS Manual 9.1.1.3.3)。IRS－CIの国際戦略は，テロリズム，マネー

ロンダリング，脱税および国際犯罪と戦う米国の「国家戦略」の一部を構成する。外国駐在の特別捜査官の任務は，①駐在国で入手する情報の開発・検索をIRS－CIの捜査のために促進すること，②マネーロンダリングや脱税の捜査および財産没収のために外国を支援すること，③外国政府との情報開発および情報交換を積極的に行うこと，④外国法執行機関と外国政府の脱税捜査，マネーロンダリング犯罪捜査，金融犯罪捜査の技術研修を実施すること，⑤外国法執行機関との接触ルートを確立することである。現在，IRS－CIは，重要な外国を選び，ボゴタ，コロンビア，メキシコ（メキシコ・シテイー），カナダ（オタワ），香港，ドイツ（フランクフルト），英国（ロンドン）およびインターポール（ワシントン）に特別捜査官を戦略的に配置している。外国駐在特別捜査官は，外国の脱税および金融犯罪の捜査機関と密接な協力関係を築いている。IRSの国内各部局からの要請を受けて，①調査研究の実施，②外国資産の所在確認と差押の支援，③面接調査，④外国への逃亡者の所在追跡と犯人引渡し，⑤外国通報者の開拓，⑥外国情報の提供を行っている。

　IRS－CIは，国内部局のためのサービス提供だけでなく，外国管轄内における現実の犯罪捜査において国際法執行機関と協働する米国側の担当者として活動する。例えば，カナダではIRS－CIはカナダ税関，カナダ国税省およびロイヤル・カナディアン・マウンテッド・ポリスとともに両国のクロスボーダー事件の合同捜査を行い，メキシコではメキシコ財務省（the Hacienda）とメキシコ司法省（the PGR）と多数のマネーロンダリング犯罪捜査を行うと同時に中央アメリカを担当している。ドイツおよび英国では，米国によるヨーロッパおよびアフリカに関するすべての情報収集要請を処理している。香港では米国市民および米国金融機関に関する香港銀行の「疑わしい活動報告」にアクセスするため香港警察と協力している。IRS－CIは，テロリスト・ファイナンスおよびマネーロンダリングと戦う国際組織であるFATF，カリブ金融活動タスクフォース（CFATF），アジア太平洋グループ（APG）に参加し，世界180国が属するインターポールにおけるユニークな戦術的捜査ツールにアクセスするため特別捜査官を送り込んでいる。インターポールは，IRS－CIからの逃亡者については

第8章※マネーロンダリングに挑戦する米国財務省・内国歳入庁の特別捜査官たち

国際手配書（International Red Notice：fugitive-warranted alerts）を出すことになっている。

　日本では国際課税といえば直ぐ移転価格課税の問題をめぐって国税庁調査課や相互協議手続を主として想起するが，米国は「国際的租税回避」とこれを越える「濫用的国際的租税回避」や「国際的脱税」さらに「国境を越えるマネーロンダリング」を追及する意味での「国際課税」がいまや大きな課題であり，国際的には主権の問題，国内的には各種法制により各省庁の法執行機関に分配された細切れの権限という制約の問題を克服して，その課題に対処しようとしている。日本の査察組織運営においても，金融機関等の査察，大企業や外資系企業のクロスボーダーの脱税スキームの査察，「伝統的な金融機関等を通じるマネーロンダリング」のみならず，適法利得や不法利得の地下銀行やその他の代替的送金システムなど金融機関等を通じないマネーロンダリングの査察，脱税マネーや脱税資産の海外における所在の追跡など，今後の査察活動の展開が期待される領域として「海外情報」「海外駐在ポスト」「外国との査察協力」が浮上すると考えられるので，国境を越える脱税マネーの捜査，マネーロンダリングの捜査について，現在の東京国税局査察部査察国際課の組織機構や機能の拡充を図るなど，米国の査察制度や組織運営は引き続き日本にとって参考にすべきものと思われる。

2　IRS－CIの権限

　連邦法の執行権限は，成文法で規定される。内国歳入法典の犯罪捜査権限は，IRC7608(b)により付与される。1986年IRC7602条および7622条により，内国歳入庁長官とその指定する税務職員は，申告書の記載事項に関する帳簿，書類，記録または覚書を検査し，これに関する証言を要求し，宣誓を求める権限を与えられる。IRSは，マネーロンダリングについて，1956年および1957年18USC，ならびに銀行秘密法（the Bank Secrecy Act）について，31USC5311 et seq の執行責任を負う（IRS Manual 9.1.2.1および9.1.2.2）。

(ⅰ) 立入検査の権限(IRC7602, Treasury Order 150−10)
(ⅱ) 召喚状の発行,記録検査,証言の要求に関する権限(IRC7602, Treasury Order 150−10)
(ⅲ) 強制捜査――令状に基づく捜索・押収(18USC3105および3109, Rule 41 Federal Rules of Criminal Procedures, IRC7302, 7321および7608)
(ⅳ) 任意調査――令状に基づかない捜査
(ⅴ) 逮捕の権限(IRC7608)
(ⅵ) 武器を携帯する権限
特別捜査官の武器携帯について権限を付与する特別な規定はないが,「連邦職員が逮捕権限を与えられる場合には武器携帯の黙示の授権がある」と解釈されている(IRS Manual 9.1.2.4.1)。
(ⅶ) 押収の権限
没収のための押収の権限は,title 26, title 18および title 31により与えられる。

3 マネーロンダリングに関する犯罪捜査の根拠規定

IRS−CIのマネーロンダリングに関する犯罪捜査は,次の規定に基づいて行われる。

(1) 18USC1952(ゆすりのための州際・外国旅行または運輸)

①不法活動の収益を分配すること,②不法活動のために暴力犯罪を犯すこと,あるいは③不法活動の促進,管理,確定,実施またはこれらの助長を行うこと,を意図して,州際通商もしくは外国通商で旅行しまたは郵便もしくは設備を利用する者は,①または③の行為を行いまたは行うことを企図する場合,罰金刑もしくは5年以下の禁固刑に処せられ,またはこれらを併科され,②の行為を行いまたは行うことを企図する場合,罰金刑もしくは20年以下の禁固刑に処せられ,またはこれらを併科される。ここで「不法活動」とは,①賭博,連邦消

費税を納付しない酒類, 麻薬もしくは禁制品, 売春に係る事業, ②強要, 賄賂または放火, title 31の53章または title 18の1956もしくは1957により起訴されるべきすべての行為をいう。

(2) 18USC1956 (金銭証券のロンダリング)
① 刑事罰
（ⅰ）　金融取引に用いられた資産がすべての形態の不法活動の収益であることを知りながら, (A)特定の不法活動の実行を促進しもしくは1986年IRC 7201もしくは7206に違反する行為を犯す意図で, または(B)取引の全部もしくは一部が特定の不法活動の収益の性格, 所在, 源泉, 所有権もしくは管理を隠蔽しもしくは偽装すること, あるいは連邦法もしくは州法の取引報告要件を免れることを意図したものであることを知りながら, 特定の不法活動の収益に係る金融取引を行いまたは行うことを企図する者は, 50万ドルもしくはその取引に用いられた資産の価値の2倍のいずれか大きい額以下の罰金刑, もしくは20年以下の禁固刑に処せられ, またはこれらを併科される。

（ⅱ）　(A)特定の不法活動を促進する意図で, または(B)輸送, 送付もしくは移転された金銭証券もしくはファンドが何らかの形態の不法活動の収益であることを知りかつこの輸送, 送付もしくは移転の全部もしくは一部が特定の不法活動の収益の性格, 所在, 源泉, 所有権もしくは管理を隠蔽しもしくは偽装し, もしくは連邦法もしくは州法の取引報告要件を免れることを意図したものであることを知りながら, 金銭証券またはファンドを米国内の地点から米国外の地点へもしくは米国外の地点を通じて, または米国外の地点からもしくは米国外の地点を通じて米国内の地点へ, 輸送し, 送付し, 移転し, またはこれらを企図する者は, 50万ドルもしくは輸送, 送付もしくは移転された金銭証券もしくはファンドの価値の2倍のいずれか大きい額以下の罰金刑, もしくは20年以下の禁固刑に処せられ, またはこれらを併科される。

(ⅲ) 特定の不法活動の実行を促進し，特定の不法活動の収益と信じられる資産の性格，所在，源泉，所有権もしくは管理を隠蔽し，もしくは偽装し，または連邦法もしくは州法の取引報告要件を免れる意図で，特定の不法活動の収益である資産または特定の不法活動を行いもしくは助長するために用いられた資産に係る金融取引を行いまたは行うことを企図する者は，18USCの罰金刑もしくは20年以下の禁固刑に処せられ，またはこれらを併科される。

② 民 事 罰

①の(ⅰ)，(ⅲ)もしくは18USC1957の取引または①の(ⅱ)の輸送，送付もしくは移転を行いもしくは行うことを企図する者は，その取引に用いられた資産，ファンドもしくは金銭証券の価値または10,000ドルのいずれか大きい額以下の民事罰（civil penalty）を科される。

(3) 18USC1957（特定の不法活動から生じる資産の金銭取引）

10,000ドル超の価値を有し，かつ，特定の不法活動から生じる資産の金銭取引（monetary transaction）に故意に従事しまたは従事することを企図する者は，18USCの罰金刑もしくは10年以下の禁固刑に処せられ，またはこれらを併科される。ここで，「金銭取引」とは，金融機関により，これを通じてもしくはこれに対して，州際通商もしくは外国通商において，ファンドまたは金銭証券の預入，引出，移転または交換をいう。

(4) 18USC1960（無許可送金業の禁止）

無許可送金業の全部または一部を故意に行い，管理し，支配し，監督し，指示しまたは所有する者は，18USCにより罰金刑もしくは5年以下の禁固刑に処せられ，またはこれらを併科される。ここで「送金」とは，公衆のために国内または国外に電信，小切手，為替，ファクシミリまたはクーリエによりファンドを移転することを含む。

(5) 18USC2339A（テロリストに対する支援）

テロリズムの準備または実行のために使用されることを知りながら，テロリストに物質的支援もしくは資源を提供し，または物質的支援もしくは資源の性格，所在，源泉もしくは所有権を隠蔽し，もしくは偽装する者は，18USCによる罰金刑もしくは15年以下の禁固刑に処せられ，またはこれらを併科される。ここで「物質的支援もしくは資源」とは，通貨，金銭証券，金融証券，金融サービス，宿泊，訓練，専門的な助言・援助，偽造文書，偽造身分証，通信設備，施設，武器，致死物質，爆発物，要員，輸送，他の資産をいう。

(6) 18USC2339B（指定外国テロリスト組織に対する支援）

米国内で外国テロリスト組織に物質的支援もしくは資源を故意に提供し，または企図し，もしくは共謀する者は，18USCによる罰金刑もしくは15年以下の禁固刑に処せられ，またはこれらを併科される。

(7) 18USC2339C（テロリスト・ファイナンスの禁止）

(A)国際条約に規定する犯罪行為または(B)脅迫し，政府や国際機関に作為もしくは不作為を強制するために一般市民を死傷させる行為を実行するために資金が用いられことを意図し，または知りながら，直接・間接に，不法にまたは故意に資金を調達しまたは提供する者は，18USCによる罰金刑もしくは20年以下の禁固刑に処せられ，またはこれらを併科される。このような犯罪を企図しまたは共謀する者は，18USCによる罰金刑もしくは20年以下の禁固刑に処せられ，またはこれらを併科される。米国内にいるかまたは米国外にいるが米国民であるかもしくは米国法により設立された法人である者が物質的支援，資源またはファンドの性格，所在，源泉，所有権または管理を故意に隠蔽しまたは偽装する者は，18USCによる罰金刑もしくは10年以下の禁固刑に処せられ，またはこれらを併科される。

(8) 31USC5324（報告要件を免れる取引の禁止）
① 金融機関を通じた国内の現金・通貨取引

報告要件を免れるために，国内金融機関に報告の提出や記録の保存を懈怠させ，または懈怠させることを企図してはならない。

② 非金融業を通じた国内の現金・通貨取引

報告要件を免れるために，非金融業に報告の提出を懈怠させ，または懈怠させることを企図してはならない。

③ 国際金融商品取引

報告要件を免れるために，自らの報告の提出を懈怠し，または他人に報告の提出を懈怠させ，もしくは懈怠させることを企図してはならない。これらの犯罪に対しては，18USCによる罰金刑もしくは5年以下の禁固刑に処せられ，またはこれらを併科される。31USC5324に違反し，他の米国法にも違反する場合や12ヶ月の間に100,000ドルを超える不法活動を行う場合，18USCの倍の罰金刑もしくは10年以下の禁固刑に処せられ，またはこれらを併科される。本条では，次のことが禁止されている。

(ⅰ) 国内金融機関に通貨取引報告（Currency Transaction Report：CTR）の提出を懈怠させ，3,000ドルを超える銀行小切手，為替，キャッシャーズ・チェック，マネーオーダーおよびトラベラーズ・チェックの購入のログエントリーを懈怠させ，または懈怠させることを企図すること

(ⅱ) 国内金融機関に重大な省略または事実誤記を含むCTRまたは3,000ドルを超える銀行小切手，為替，キャッシャーズ・チェック，マネーオーダーおよびトラベラーズ・チェックの購入をログエントリーをさせ，またはさせることを企図すること

(ⅲ) 一または複数の国内金融機関との取引を仕組み，もしくは仕組むことを支援し，またはこれらを企図すること

(9) 31USC5331（非金融業の受け取る現金・通貨の報告）

10,000ドルを超える現金・通貨の受取について，営業・事業に従事し，その

過程で1取引または二以上の関連取引で10,000ドルを超える現金・通貨を受け取るすべての者は，この取引を財務省の規定する時に規定する方法で金融犯罪取締ネットワーク（FinCEN）に報告しなければならない。通貨には外貨および一定の金融商品を含む。

(10) 31USC5332（バルクキャッシュの密輸出入）

通貨報告要件を免れるため，米国内の地点から米国外の地点へまたは米国外の地点から米国内の地点へ，故意に10,000ドルを超える通貨その他の金融商品を身回品，乗り物，手荷物，商品，その他のコンテナーに隠して，その通貨または金融商品を輸送しもしくは移転しまたはこれらを企図する者は，通貨密輸罪で，5年以下の禁固刑に処せられる。

4　IRS－CIのマネーロンダリングの脱税捜査

IRS－CIは，米国法典（the United States Code：USC）および内国歳入法典（the Internal Revenue Code：IRC）6050条Ⅰに基づいてマネーロンダリング犯罪の嫌疑につき，捜査する（IRS Manual 9.5.5.1）。

(1) 18USC1956および1957（マネーロンダリング捜査）

18USC1956および1957は，特定の不法活動（Specified Unlawful Activity：SUA）から生じる資金を洗浄するために用いられる一定の種類の取引を規定する。これには，大部分の連邦レベルのホワイトカラー犯罪や麻薬犯罪および一定の州レベルの犯罪を含むが，26USCおよび31USCの犯罪は含まれない。18USC1956は，18USCの基本的なマネーロンダリング犯罪（国内金融取引，金融商品または資金の国際輸送，スティング・オペレーション）を規定している。「スティング・オペレーション」とは，18USC1956(a)(3)により政府や通報者が特定の不法活動から生ずる資金だと主張できる潜入活動（undercover operations）をいう。法執行職員やその管理下で働く通報者が行う説明により特定の不法活動から生

じた収益と信じる場合に訴追することが認められる。政府は，被告人の意図が①特定の不法活動を促進すること，②特定の不法活動の収益の性格，所在，源泉，所有権もしくは管理を隠蔽しもしくは偽装すること，または③連邦レベルもしくは州レベルの取引報告要件を回避すること，であることを立証しなければならない。18USC1957は，特定の不法活動から生じた財産の10,000ドル超の金銭取引を禁止している。

(2) 31USC

1970年10月26日に署名された外国取引法（the Foreign Transaction Act）（Public Law 91-508）の title ⅠおよびⅡは，これを「銀行秘密法」(the Bank Secrecy Act：BSA）という。title Ⅰは，金融機関に一定の記録の保存を義務づけ，title Ⅱは，一定の金銭証券取引に関する報告の提出と記録の保存を義務づける。BSAは，麻薬売買や脱税などの捜査において連邦法執行機関を支援する。財務長官は，金融機関に一定の記録の保存を要求する規則を制定する権限を付与され（12USC1829bおよび1953），通貨取引および外国取引の報告を要求する権限を付与される（31USC321, 5313(a), 5314および5316）。マネーロンダリング捜査は，通貨取引報告の懈怠や虚偽報告に関するものが歴史的に多い。通貨の密輸は，過去においても現在でも麻薬収益の洗浄方法としてポピュラーなものである。政府は，被告人が金融機関に対する預金が通貨取引報告の提出を免れるために意図するものであることを知っていたことを立証して31USCの犯罪を訴追してきた（Ratzlaff vs. United States, 114S. Ct. 655 (1994)）。

1994年マネーロンダリング禁止法（the Money Laundering Suppression Act of 1994）（Pub. L 103-325, 1994年9月23日）は，ラツラフ事件最高裁判決（31USC5324に基づく通貨取引報告を免れるように通貨取引を仕組むことについて，31USC5322の故意の要件は，政府が被告人が通貨取引報告を免れるように通貨取引を仕組むことが事実上違法であると知っていたことを立証しなければならないことを意味すると判示した）に対応する立法を含み，報告要件を免れる取引を仕組む犯罪を立証するために故意の要件を除外する刑罰規定を追加した。

第8章 ※ マネーロンダリングに挑戦する米国財務省・内国歳入庁の特別捜査官たち

ラツラフ判決は，取引報告要件の回避を意図する取引を禁止する18USC1956(a)(1)(B)(ⅱ)および(a)(2)(B)(ⅱ)により意図した訴追に影響を与えない。

① 31USCによるIRSの権限

31CFR103部の財務省規則は，BSAを遵守する要件であり，IRS長官に一定のBSAの執行権限を付与している。31CFR103.46(b)(8)は，IRS長官に，証券業者を除き，連邦銀行監督機関によって検査されていないすべての金融機関を検査する権限を付与し，31CFR103.46(c)(2)はIRS長官に title 31のすべての刑事犯罪を捜査する権限を付与する。一定の第二金融機関の民事 title 31調査は，IRS調査の責任で行われる（IRS Manual 9.5.5.1.7）。

② title 31による報告

（ⅰ） 通貨取引報告のコピー入手手続（IRS Manual 9.5.5.1.9.2）
（ⅱ） カジノの通貨取引報告（IRS Manual 9.5.5.1.9.3）
（ⅲ） 外国銀行および金融口座の報告（IRS Manual 9.5.5.1.9.4）
（ⅳ） 通貨または金銭証券の国際取引の報告（IRS Manual 9.5.5.1.9.5）
（ⅴ） 疑わしい取引報告（IRS Manual 9.5.5.1.9.6）
（ⅵ） 疑わしい取引報告の評価（IRS Manual 9.5.5.1.9.6.1）

③ 本人確認

（ⅰ） 通貨取引報告またはカジノの通貨取引報告に要求される本人確認金融機関は，通貨取引報告またはカジノの通貨取引報告を要する取引を行うに当たって，取引を行う者の氏名および住所，ならびに，取引の効果が及ぶ者の特定，口座番号，社会保障番号または納税者番号を確認して記録しなければならない（31CFR103.28）。確認は，銀行が顧客以外の者の小切手の現金化の際に通常確認のために用いる文書（銀行の署名カードを除く），例えば運転免許またはクレジット・カードの検査によって行われる。外国人または非居住者の確認は，パスポート，外国人識別カードまたはその他の公式文書で居住地国の国籍を証明するものを検査することによって行われる（IRS Manual 9.5.5.1.10.1）。

（ⅱ） 銀行小切手，為替，キャッシャーズ・チェック，マネーオーダーおよ

びトラベラーズ・チェックの購入のための確認

　金融機関は，3,000ドル〜10,000ドルの通貨に係る銀行小切手，為替，キャッシャーズ・チェック，マネーオーダーまたはトラベラーズ・チェックを発行しまたは販売する度に保存すべき次の情報の記録を保存しないで，3,000ドル以上のこれらの金銭証券を発行しまたは販売することはできない（「汝の顧客を知れ」という原則：31USC5325および31CFR103.29）。

A：金融機関に預金口座を有する場合
　a　購入者の氏名
　b　購入日
　c　購入した証券の種類
　d　購入した証券の一連の番号
　e　購入した証券の金額

B：金融機関に預金口座を有しない場合
　a　購入者の氏名および住所
　b　購入者の誕生日
　c　購入日
　d　購入した証券の種類
　e　購入した証券の一連番号
　f　購入した証券の金額

　金融機関は，必要な記録を5年間保存し，財務長官またはその代理人が必要なときに利用できるようにしなければならない（IRS Manual 9.5.5.1.10.2）。

④　title 31により保存すべき記録

（ⅰ）　外国金融口座を有する者が保存すべき記録（31CFR103.32, IRS Manual 9.5.5.1.11.1）

（ⅱ）　金融機関が保存すべき記録（31CFR103.33および103.34, IRS Manual 9.5.5.1.11.2）

(ⅲ) 証券ブローカーまたは証券ディーラーが保存すべき記録（31CFR103.35，IRS Manual 9.5.5.1.11.3）

(ⅳ) カジノが保存すべき記録（31CFR103.36および103.36，IRS Manual 9.5.5.1.11.4）

⑤ 送金業（Money Transmitting Business）の登録

送金業を所有しまたは管理するすべての者は，1995年3月21日までに，または設立日から180日以内に，財務省に事業を登録しなければならない（31USC 5330，IRS Manual 9.5.5.1.12）。また，送金業は，代理人として行為する権限を有するすべての者の氏名および住所のリストを保存し，このリストを法執行機関の利用に供しなければならない。通貨ディーラーまたは両替商は，次の記録を5年間保存しなければならない（31CFR103.37および103.38(d)）。

(ⅰ) 取引口座を開設しまたは一連の信用を受ける者の納税者番号の記録

(ⅱ) 銀行計算書，支払済小切手，負債，預金伝票，その他のクレジット

(ⅲ) 日記帳（顧客および外国銀行と通貨取引を識別し復元する仕入伝票，売上伝票その他のものを含む）

(ⅳ) 1,000ドルを超える通貨交換の記録，顧客の氏名および住所，取引日および外貨の額，通貨名，国名

(ⅴ) 各預金口座の署名権限を示す署名カードその他の文書，預金者の氏名，住所，納税者番号，雇用者番号，署名または口座に署名する権限のある者の署名，および現実の口座所有者の記録

(ⅵ) 国外の者，口座または場所に送金された10,000ドルを超える小切手，為替または移転

(ⅶ) 国外の者，口座または場所から直接に受け取る10,000ドルを超える各通貨の受取，他の金銭証券，投資証券および小切手，ならびに各資金またはクレジットの移転の記録

(ⅷ) 口座を復元し預金機関に対する100ドルを超える小切手をトレースし，または100ドルを超えて預入された小切手を供給するために必要な記録

(ⅸ) 取引の証書と日付とともに支払のために預金証書を提出する者の氏名，

住所および納税者番号
（x）　正確な貸借対照表および所得明細書を作成するための帳簿記録
⑥　title 31犯罪の嫌疑の端緒を捕捉する一般調査

担当特別捜査官（SAC）は，委任命令143により一定の金融機関のtitle 31違反嫌疑の端緒を捕捉して評価する一般調査の権限を有する。犯罪の嫌疑が認められ，金融機関の犯罪捜査を行う司法権を取得する時，このテキスト（title 31捜査）のPart B of Section Ⅶに定める手続による。Title 31の犯罪嫌疑に関する潜入作戦は，大陪審捜査に先行しまたは同時に行うことができる。CI局長は，潜入作戦を行うことだけのために，司法権を要請する必要はない。潜入作戦の秘密を守るため，大陪審手続の準備ができるまでは，title 31の司法権は要請されるべきではない（IRS Manual 9.5.5.1.16）。

⑦　営業・事業において受け取る10,000ドルを超える現金の報告

営業または事業において一取引または二以上の関連取引で10,000ドルを超える現金（外貨を含む）受け取るすべての者は，IRSに様式8300を提出しなければならない（IRC6050 I）。

⑧　マネーロンダリング捜査に関する開示規定（IRC6103）

マネーロンダリング犯罪嫌疑は，IRC6103開示規定によって保護される税務情報（申告書および申告情報を含む）やIRC6103によって保護されない源泉の双方から，識別される（IRS Manual 9.5.5.1.25）。

租税犯罪や租税関連犯罪に関係のない「純粋なtitle 18およびtitle 31マネーロンダリング捜査」があるが，内国歳入庁が捜査中に入手したtitle 31報告その他の情報は，IRC6103によって保護されない。Title 26調査中に受け取る一定の情報は，IRC6103によって保護されず，純粋なマネーロンダリング捜査を開始または実行するために用いることができる。18USC1956(a)(1)(A)（ⅱ）によるマネーロンダリング捜査は，常に租税関連であり，純粋なマネーロンダリング捜査ではない（IRS Manual 9.5.5.1.25.1）。

（ⅰ）　租税または租税関連マネーロンダリング捜査における税務情報の利用
　　　　捜査がIRC6103(b)(4)により税務行政として考えられる場合，マネーロン

第8章 ※ マネーロンダリングに挑戦する米国財務省・内国歳入庁の特別捜査官たち

ダリング捜査を開始しまたは実行するために用いられまたは開示される（関連基準）。マネーロンダリング犯罪が，①内国歳入法令違反を助長する場合や②内国歳入法令違反の一部となる場合，マネーロンダリング規定が関連法（related statute）とみなされる。多額の通貨が預金されかつIRSに隠されることは，申告書に記載されない所得または申告書に記載されないかもしれない所得が稼得されたという嫌疑を生ずる。関連基準の決定（related statute call）は，担当特別捜査官（SAC）の判断による。この決定後，犯罪捜査のために使用するため申告書および申告情報を財務省職員に開示することは，IRC6103(h)(1)により許される。捜査がIRSから司法省に任された後，捜査に従事する司法省職員に申告書および申告情報を開示することができる。IRSの司法省への委任とは，防御し，訴追し，または捜査に係る他の肯定的行為を行うよう要請することである（IRS Manual 9.5.5.1.25.2）。

(ⅱ) 純粋なマネーロンダリング捜査における税務情報の利用

捜査中に収集したtitle 31報告その他の情報の評価後，純粋なマネーロンダリング大陪審捜査を行うために決定が行われる場合，申告書および申告情報は，原則として，財務省職員および司法省職員に開示することができない（IRS Manual 9.5.5.1.25.3）。IRC6103(i)の裁判所命令規定またはIRC6103(i)(2)の要請規定による場合はこの限りではない。IRC6103(i)(1)および(2)により入手した税務情報は，税務以外の連邦レベルの訴追において用いることが認められる（IRC6103(i)(4)）。また，その税務情報は，18USC1956もしくは1957または31USC5313(a)もしくは5324(a)の税務以外の違反に関連する18USC981または982の民事没収または刑事没収のために用いることが認められる（IRC6103(i)(4)）。

(ⅲ) 財務省広報ガイドラインによるtitle 31報告書（銀行秘密法報告書情報）の使用と開示31CFR103.43の授権により公表された財務省広報ガイドラインは，IRSが刑法，税法および規制法の執行（銀行秘密法の執行を含む）において連邦，州および地方の機関にtitle 31報告書（銀行秘密法報告書情報）

を開示することを認める。これには，合同捜査または訴追のため連邦合同捜査や連邦・州合同捜査に参加する別の捜査または訴追および司法省に対する開示が含まれる。

(iv) 様式8300情報の使用と開示

連邦，州，地方の各機関および外国政府機関は，IRC6103(1)(15)に従って様式8300情報を入手することができる。様式8300情報は，民事，刑事および規制のために利用することができる。

①IRS－CI局長，②犯罪捜査官，③デトロイト・コンピュータ・センター，④特別捜査官は，様式8300情報を開示する権限を与えられている (Internal Revenue Delegation Order 156)。

⑨ マネーロンダリング捜査の場所と期間制限

デトロイト・コンピュータ・センターまたはIRSに通貨取引報告 (CTR)，カジノ通貨取引報告，外国銀行・金融口座報告 (Report of Foreign Bank and Financial Account：FBAR，財務省様式90－22.1) および様式8300を提出するように要求される。これらの様式の虚偽記載または省略に関する title 31 または title 31 捜査の場所は，文書が作成されたミシガンの東部司法事務所，または第一線事務所である。18USC1956もしくは1957または title 31の犯罪に関する期間制限は5年である。様式8300の故意の不提出に関する期間制限は3年であるが，26USC7206(1)に違反する故意の虚偽様式8300の作成に関する期間制限は6年である。

⑩ マネーロンダリング捜査の手続

マネーロンダリング捜査は，通常，大陪審手続によって実施される。IRC1956もしくは1957，18USC1956もしくは1957または title 31行政調査で証拠を収集するために，IRS召喚状が用いられる。純粋なマネーロンダリング捜査では，IRS召喚状を用いることはできない。純粋なマネーロンダリング捜査とされる18USC371または1956(h)の共謀のため，共謀目的が title 26でなく，18USC1956もしくは1957または title 31の執行に関連するとき，18USC1956(a)(1)(A)(ⅱ)の捜査は租税関連となる。マネーロンダリング捜査の外部の者による title 26の

潜在的な犯罪が純粋なマネーロンダリング捜査の間に発見された場合，マネーロンダリング大陪審捜査と区別して，独立に捜査することができる。しかし，title 26の証拠がマネーロンダリング捜査と相互関係がある場合，アシスティング大陪審の手続に従う。税務とマネーロンダリングの同時大陪審捜査が望ましい場合には，この手続を行う。委任命令143は，担当特別捜査官（SAC）に金融機関（銀行および証券業者を除く）の title 31捜査を開始する権限を与え，IRS犯罪捜査局長にSACが捜査を開始するための銀行および証券業者の title 31捜査を承認する権限を与える。SACは，一定の手続に従って，大陪審捜査に参加することを要請し，または合意することができる。金融機関の行った潜在的な title 31犯罪の申立を受けた場合，第一線事務所が捜査の実施を望むとき，次の手続によることが必要である。

（ⅰ） 検察庁または司法省が犯罪嫌疑に関する情報（犯罪に関与した疑いのあるすべての銀行員の特定を含む）の要約を入手すること

（ⅱ） 申立の犯罪を捜査する検察庁の約束を入手すること

（ⅲ） 第一線の責任者の同意と署名により授権要請がIRS犯罪捜査局長に送付し，次の情報を明示すること

  a　コミットメントをした検察官の氏名
  b　申立の事実の概要
  c　金融機関の名称と住所
  d　捜査対象が特定の支店か金融機関の全体か
  e　捜査対象年度
  f　特定期間の規制機関のコンプライアンス報告書の要請

授権が承認される場合，the Director (Operations Policy & Support) は，金融犯罪取締ネットワーク（FinCEN）の the Director (Office of Compliance, Regulatory & Enforcement) と金融機関を管轄する規制当局に通知する。

⑪　マネーロンダリング捜査における没収

18USC981および982は，18USC1956および1957または title 31犯罪に関し，現実の取引または企図した取引に係る不動産もしくは動産またはこれらの財産

に由来する財産の民事没収および刑事没収について規定している。982条は，18USC1960の犯罪に関する没収について規定する。Title 18USC984は，31USC5322もしくは5324または18USC1956，1957もしくは1960の犯罪の日から1年以内に，キャッシュ，持参人払金銭証券，金融機関の口座に預金されたファンド，その他のファンジブルな財産に係る981条の没収のため，代替資産の没収を認める。

18USC986は，18USC1956，1957もしくは1960，31USC5322もしくは5324の犯罪または禁制品法の犯罪に関して民事没収訴訟が提起された場合，司法管轄内の銀行記録の入手のために召喚状を認める。

⑫　マネーロンダリング捜査における通報者の保護と報奨金

Title 31USC5328は，規制当局や法執行官に18USC1956，1957もしくは1960，またはtitle 31の犯罪を報告する金融機関の従業員に「通報者保護」を与える。

Title 28USC524(c)(1)(B)は，18USC1956および1957，31USC5313および5324ならびにIRC6051Iに係るマネーロンダリング犯罪の情報に司法省資産没収基金から通報報奨金を与える。第一線事務所の報奨金の要請は，IRS犯罪捜査局長に対して行う。

Title 31USC5323は，title 31の犯罪に関し，50,000ドルを超える刑事罰金，民事罰，または没収の回収につながる元の情報につき個人に報奨金の支払を認める。この報奨金は，徴収された純額の25%または150,000ドルのいずれか小さい方に制限される。

5　IRS－CIのマネーロンダリング捜査の現状

IRS-CIの捜査は，その事務年報の第一分類では，脱税事件と麻薬事件に分けられ，前者は①一般脱税事件，②外国および内国信託事件，③申告書作成者事件，④不正還付事件，⑤消費税事件，⑥ヘルスケア事件，⑦破産事件，⑧保険事件，⑨金融機関事件，⑩テレマーケティング事件，⑪汚職事件，⑫賭博事件，に細分され，後者は①OCDETF事件，②その他，③HIDTA事件，④HI

第8章 ※ マネーロンダリングに挑戦する米国財務省・内国歳入庁の特別捜査官たち

DTA／OCDETF事件に分けられる。

　第二分類では，米国法典（United States Code）の根拠条文ごとに，①title 26事件，②title 18事件，③title 31事件に分けられ，title 26は（ⅰ）ほ脱（7201），（ⅱ）無申告（7203），（ⅲ）虚偽申告（7206⑴），（ⅳ）脱税幇助（7206⑵），（ⅴ）詐欺的申告（7207），（ⅵ）その他，に分けられ，title 18は（ⅰ）脱税の共謀（286），（ⅱ）虚偽請求（287），（ⅲ）共謀（371 B），（ⅳ）共謀（371 K），（ⅴ）共謀（371 T），（ⅵ）共謀（371 M），（ⅶ）虚偽計算（1001），（ⅷ）虚偽報告（1623），（ⅸ）不法賭博（1955），（ⅹ）マネーロンダリング（1956），（ⅺ）マネーロンダリング（1957），（ⅻ）その他，に分けられ，title 31は金銭取引とされる。これらを着手，告発，起訴，有罪判決に分けて事務運営を行っているが，IRS-CIは事件処理（告発と不告発）を重視している。

　第一分類では，着手件数は脱税事件（2,333件）が71.0％，麻薬事件（951件）が29.0％であり，脱税事件のうち適法利得の脱税事件（1,020）が31.1％，不法利得の脱税事件（1,313件）が40.0％となっており，IRS-CIが地下経済の事件に約7割の注力を行っていることが分かる。

　脱税事件の着手件数の内訳をみると，①一般脱税事件（1,392件）が42.4％，②外国信託および内国信託の濫用的信託スキーム事件（79件）が2.4％，③申告書作成者事件（116件）が3.5％，④不正還付事件（170件）が5.2％，⑤消費税事件（11件）が0.3％，⑥ヘルスケア事件（101件）が3.1％，⑦破産事件（40件）が1.2％，⑧保険事件（42件）が1.3％，⑨金融機関事件（154件）が4.7％，⑩テレマーケティング事件（64件）が1.9％，⑪汚職事件（95件）が2.9％，⑫賭博事件（69件）が2.1％となっている。

　第二分類では，着手件数はその根拠条文ごとに①title 26事件（1,482件，45.1％），②title 18事件（1,700件，51.8％），③title 31事件（102件，3.1％）に分類されるが，title 26事件は（ⅰ）ほ脱事件（828件）が25.2％，（ⅱ）無申告事件（113件）が3.4％，（ⅲ）虚偽申告事件（337件）が10.3％，（ⅳ）脱税幇助事件（145件）4.4％，（ⅴ）詐欺的申告事件（6件）が0.2％，（ⅵ）その他事件（53件）が1.6％，title 18事件は（ⅰ）脱税共謀事件（62件）が1.9％，（ⅱ）虚偽請求事件

(102件) が3.1％, (ⅲ)371Ｂ共謀事件 (3件) が0.1％, (ⅳ)371Ｋ共謀事件 (122件) が3.7％, (ⅴ)371Ｔ共謀事件 (23件) が0.7％, (ⅵ)371Ｍ共謀事件 (27件) が0.8％, (ⅶ)虚偽計算事件 (11件) が0.3％, (ⅷ)虚偽報告事件 (8件) が0.2％, (ⅸ)1956マネーロンダリング事件 (1,217件) が37.1％, (ⅹ)1957マネーロンダリング事件 (90件) が2.7％, (ⅺ)その他 (35件) が1.1％, となっており, マネーロンダリング事件 (合計1,307件) が39.8％と最も多い。

このように, IRS－CIは, マネーロンダリング事件にその事務量の大半を投入していることが分かる。米国財務省は,「金融機関等を通じるマネーロンダリング」対策の専門機関として金融犯罪取締ネットワーク (Financial Crime Enforcement Network : FinCEN) を有しているが, これと合わせて「金融機関等を通じないマネーロンダリング」対策についても, 法執行機関としての実力をもつ税関とIRS－CIを駆使しているのである。地下経済との戦いの中で戦略的に重要な「金融機関等を通じないマネーロンダリング」対策のために, 日本では財務省の実力部隊である税関と国税庁査察組織をどのように駆使すべきかという課題について考える場合, 米国のIRS－CIが組織犯罪やマネーロンダリングといかに戦っているか, その現状についてもう少し詳細にみることが必要である。

(1) IRS－CIの組織犯罪捜査

IRS－CIの組織犯罪捜査の歴史は古く, 特別な部局が設置されたのは, 1919年であった。IRS－CIは, 組織犯罪捜査の大部分の大事件で成果を挙げてきたが, どの機関も逮捕できなかった歴史的に悪名高いアルフォンソ・カポネ (Alphonse Capone) を所得税の脱税犯として有罪にすることができたのはIRSだけであったように, 脱税犯として取り締まるアプローチは組織犯罪に挑戦する有力な切り札である。ここで「組織犯罪」とは, 全部または一部の利得を不法手段で取得するために結合された個人の自己規制集団であり, 団体として一般に麻薬売買, 賭博, 闇金融, ゆすり, 窃盗, 放火, 武器売買, 脅迫, ポルノ, 売春およびマネーロンダリングなどの不法な企業を営み, その不法目的のため

第8章※マネーロンダリングに挑戦する米国財務省・内国歳入庁の特別捜査官たち

役人の買収や暴力の行使も厭わない。伝統的な法執行機関である司法警察や麻薬取締局などがアプローチできないときでも，脱税犯やこれに関連する title 18 および title 31による権限をもつIRS-CIは，その金融調査の専門的知識と経験を駆使することができるので，国家機関と組織犯罪企業（Organized Criminal Enterprises）との戦いにおいて有力な立場を占め，常に検察庁，他の連邦，州および地方の法執行機関と協力し，総合調整しつつ，組織犯罪捜査を実施している。伝統的な組織犯罪グループは，マフィア（the La Cosa Nostra：LCN）などであるが，近年は，ロシア，ナイジェリア，アジア，ジャマイカなどの組織が台頭してきた。米国は，組織犯罪グループに対して司法警察，麻薬取締局，入国管理局，税関およびIRS-CIが個別の力では有効に対処できないことを自覚して，USA PATRIOT Act を制定してこれらの各機関の権限と能力を結合し，各情報機関の協力も得て，財務省・司法省の統一された指揮の下で一定のターゲットの摘発に集中的に資源を投入する。さもなければ，暴力組織であると同時に優秀な頭脳集団でもある組織犯罪グループは，各省庁の権限のすきまを見極め，各種の法網を潜り抜けてしまう。

　北海道や日本海沿岸におけるロシア・マフィアと日本暴力組織との結合した暗躍がときどき報道されるようになったが，米国ではロシア組織犯罪グループは株式操作や麻薬取引の分野でマフィア(LCN)やコロンビア麻薬カルテルとの結合，マネーロンダリングのためにオフショア・バンクの持分の支配について注目されている。

　米国ではナイジェリア犯罪企業が相当の脅威となっている。その無数の犯罪活動は，本人確認情報の窃盗，保険詐欺，前渡金詐欺，還付金詐欺，麻薬売買，金融犯罪，マネーロンダリング，贋金造り，文書偽造，汚職など広範であり，これに対抗するには米国として統一的なアプローチが必要であり，各省庁から成るナイジェリア組織犯罪タスクフォース（ニューヨーク，ニューアーク，アトランタ，シカゴ，ダラスおよびヒューストンに設立）が協力的・総合的アクション・プランを開発している。

　IRS-CIの組織犯罪事件の捜査状況は，次のとおりである。

	2001年	2000年	1999年
着 手 件 数	364	378	524
告 発 件 数	297	298	438
起 訴 件 数	285	288	391
有 罪 件 数	271	262	264
実 刑 割 合	90.8%	80.1%	86.3%

　日本では組織犯罪グループの各企業の申告状況はどうか，全国的に統一した管理が必要であるが，これに対しどの程度の課税を行い，脱税を摘発しているかという情報は公表されていない。そのため，ここでは，日本の査察実績を米国の査察実績と比較して論じることはできない。

(2) 麻薬犯罪捜査

　IRS－CIは，団体および構成員の捜査と訴追およびその収益の押収と没収により麻薬売買組織や麻薬犯罪収益のマネーロンダリング組織を壊滅させることを使命としている。この使命の遂行のため，IRS－CIの権限は内国歳入法典，銀行秘密法およびマネーロンダリング取締法によって授与されている。IRS－CIは1919年に設立されたが，麻薬売買との戦いは1925年に始まり，脱税，通貨犯罪，マネーロンダリング犯罪の追及によって麻薬売買を捜査している。1988年マネーロンダリング取締法により，麻薬関連マネーロンダリング捜査の押収・没収の権限がIRS－CIに授与された。財務省と司法省が公表した『2001年マネーロンダリング国家戦略』は，マネーロンダリングとその他の金融犯罪との効果的な全米の戦いを総合調整する。この戦略の下で，IRS－CIは，米国および国際麻薬売買組織の捜査と訴追ならびにこれに関連するマネーロンダリング捜査を通じて全米の戦いの一翼を担う。IRS－CIは，1982年創設以来，組織犯罪麻薬取締タスクフォース（OCDETF）のメンバーとなり，麻薬売買企業の構成員の特定，捜査および訴追ならびにその組織の壊滅のために，複雑な金融取引やマネーロンダリング・スキームを特定する上で，金融捜査の専門性を発

第8章●マネーロンダリングに挑戦する米国財務省・内国歳入庁の特別捜査官たち

揮している。IRS-CIは，OCDETFプログラムの重要性を認め，その指定基準に該当する麻薬組織を捜査対象に選定する必要を認め，2001年度のOCDETF捜査の着手事件の38％に参画した。また，麻薬売買によって最も悪影響を受ける領域で活動する連邦，州および地方レベルの法執行機関を支援するため，1988年麻薬乱用防止法 (the Anti-Drug Abuse Act of 1988) により高度麻薬売買領域 (the High Intensity Drug Trafficking Areas：HIDTA) プログラムが作成された。全米28ヶ所がHIDTAとして指定されている。IRS-CIは，特別捜査官その他の人的資源を投入することによって米国の麻薬取締戦略 (the National Drug Control Strategy) の目標の達成に必要な金融捜査技術をもってHIDTAプログラムに参画する。

〔IRS-CIの麻薬事件の捜査状況〕

	2001年	2000年	1999年
着 手 件 数	951	1,109	1,495
告 発 件 数	847	926	1,161
起 訴 件 数	812	871	1,134
有 罪 件 数	766	785	1,034
実 刑 割 合	88.6%	87.8%	88.7%

日本では，麻薬犯罪収益に係る査察事件をどの程度摘発しているかという情報は公表されていない。そのため，ここでは日本の査察実績を米国の査察実績と比較して論じることはできない。

(3) マネーロンダリング捜査

IRSの立場からみると，マネーロンダリングは，犯罪者や犯罪組織（麻薬売買人・麻薬売買組織を含む）がその利得の出所や金額を隠しまたは偽装することによって不法利得に対する租税を免れる手段である。IRS-CIの「コンプライアンス戦略」では，地下経済の一部を成す不法利得が課税されないまま放置されることは，自主申告納税制度にとって脅威であり，不法利得の脱税を捜査しな

いことは税制に対する信頼を蝕むとの認識を明らかにしている。マネーロンダリングと脱税は密接に絡み合い，不法利得のマネーロンダリングは「進行中の脱税」(tax evasion in progress) と観念される。IRS－CIは，特別捜査官の金融捜査の専門性が必要になる場合に焦点を合わせて通貨報告やマネーロンダリング取締にその専門要員を優先的に投入する。

　米国では，マネーロンダリングや一定の不法活動から生じる財産に係る金銭取引に故意に従事することの犯罪化は，1986年マネーロンダリング取締法 (the Money Laundering Control Act of 1986) で制定された。もちろん，IRS－CIの対象は，その前提行為が所得税法上の犯罪であるマネーロンダリングであるが，銀行秘密法 (Bank Secrecy Act：BSA) 上の犯罪については他の法執行機関と共同管轄になる。銀行秘密法では，金融機関との通貨取引報告，外国銀行口座の開示，国境を越える通貨輸送報告，が政府に提出されることが義務づけられているので，IRSはこのBSAの資料を分析して，複雑なマネーロンダリング・スキームその他の金融犯罪の解明を行ってきた。

　「疑わしい活動報告審査チーム」(the Suspicious Activity Report Review Team：SAR-RT) が設置され，検察庁その他の法執行機関と協調して，BSA資料を精査し不法な金融犯罪を特定して捜査対象に選定する。2001年 USA PATRIOT Act により，金融業 (Money Service Business：MSB)，証券業 (Securities Broker/Dealers) および地下銀行システム (Underground Banking System) に関する新しい「疑わしい取引の報告」要件が定められた。USA PATRIOT Actは，法執行機関がマネーロンダリングと戦うツールとして制定され，国際的マネーロンダリングおよびテロリスト・ファイナンス防止法 (the International Money Laundering Abatement and Anti－Terrorist Financing Act of 2001) といわれる。これは，現行マネーロンダリング法の不十分な点を補い，刑事上および民事上の法執行力ならびに資産没収の権限を強化し，ハワラなどの地下銀行システムに関する情報の追跡を可能にしている。

　IRS－CIのマネーロンダリング関連事件の捜査状況は，次のとおりである。

第8章※マネーロンダリングに挑戦する米国財務省・内国歳入庁の特別捜査官たち

	2001年	2000年	1999年
着手件数	1,459	1,606	2,076
告発件数	1,294	1,342	1,710
起訴件数	1,237	1,279	1,623
有罪件数	897	884	929
実刑割合	89.4%	87.7%	89.1%

　日本ではマネーロンダリングに係る査察事件をどの程度摘発しているかという情報は公表されていない。そのため，ここでは日本の査察実績を米国の査察実績と比較して論じることはできない。

6　IRS-CIの捜査手法の特色

　米国では日本に比べて約15倍以上の査察捜査を実施している。なぜそのようなことが可能になるのか。
　また，脱税の所得の出所が適法利得である場合と不法利得である場合に分け，不法利得に比重をかけた均衡を維持するよう査察事務を運営しているが，地下経済や組織犯罪，国際的なマネーロンダリングなど危険度の大きい暴力装置への挑戦と合法的な租税回避の範囲を越える濫用的タックス・スキームなどきわめて複雑な頭脳的な脱税スキームへの挑戦を行っている。なぜそのようなことが可能になるのか。
　このような課題に取り組むには，組織機構，人事（採用，研修，昇進），税法（租税実体法および制裁法），執行手続，訴訟手続など詳細な研究が必要である。本書では，紙数の制約のため，IRSコンプライアンス戦略において重要な地位を占めるIRS-CIの捜査手法を取り上げ，日本と顕著に異なる点について要約することにする。

(1) 行政捜査と大陪審捜査

脱税嫌疑の情報を一般大衆，IRSの他の部局，司法省，他官庁法執行機関，IRS－CIの別件捜査から入手すると，IRS－CIは着手を承認し，マネーロンダリング以外の事案についてそのブランチに捜査権を授与する。グループ・マネージャーは，捜査を担当する特別捜査官（SAC）を任命する。担当特別捜査官は，証人面接，記録の入手と審査などの捜査活動を行い，嫌疑者の「合理的な疑い」（a reasonable doubt）を越える有罪を立証できる証拠があると判断したとき，特別捜査官報告書（Special Agent's Report：SAR）を作成し，告発を行う。グループ・マネージャー，ブランチ・チーフおよびディビジョン・チーフは，この特別捜査官報告書を審査し，ディビジョン・チーフは告発に合意する場合には地方法律顧問官に委任し，地方法律顧問官は告発に合意する場合には司法省に証人と告発を行い，司法省が起訴するか否かを決定する。歴史的にみると，IRS－CIは大部分の捜査を行政手続として行ってきたが，近年は大陪審捜査に転換している。

① 行政捜査（Administrative Investigation）

特別捜査官は，証人から記録および陳述を得るためにIRS召喚状（summons）を用いて行政捜査を行う。召喚状は，証人に答弁を要求し，証人が答弁しない場合には政府は裁判所で強制することができる。捜査の終了時に特別捜査官は起訴が是認されると決めたものとして特別捜査官報告書（SAR）を作成して告発を行う。

② 大陪審捜査（Grand Jury Investigation）

特別捜査官は行政捜査が実施不可能であると判断する場合，連邦大陪審を通じて捜査を行う。大陪審捜査を要請するかどうかの基準は，行政的捜査より効率的であること，証人の非協力などの個別理由があることである。大陪審捜査が承認される場合，特別捜査官は検察官と協働する。特別捜査官は，証人から記録および陳述を得るために大陪審召喚状（grand jury subpoenas）を用いる。捜査終了時に特別捜査官は特別捜査官報告書（SAR）を作成し告発を行う。

第8章 マネーロンダリングに挑戦する米国財務省・内国歳入庁の特別捜査官たち

(2) 捜査技法

　IRS-CIの強制的な捜査手法（家宅捜索令状）や密告者の利用は，IRS-CIが憲法で保障する人権を尊重し内部ポリシーを遵守しているかどうかという観点で，審査される。IRS-CIが法執行中，特に捜索令状の執行中に不当に強制的な，ときには不法な戦術を用いるとの主張がある。審理を尽くした結果，IRS-CIが一般に効果的に責任をもって執行していることが明らかにされた。

① 捜索令状 (search warrants)

　議会は，IRS-CIの法定管轄内の捜査に捜索令状を要求しこれを執行する権限を特別捜査官に授与した。捜索令状は，脱税犯の捜査において，召喚状だけではできない方法で証拠を確実に捜索するために不可欠である。嫌疑者が迫りくる訴追の危機に気づくと，証拠隠滅を行うおそれがある。文書またはコンピュータ化された脱税の証拠は，ボタンにタッチするだけで即座に消滅される。IRS-CIの捜査対象は，犯行を隠し証拠を隠滅するための方法を編み出す頭のよい人物であることが多い。一般に，特別捜査官は，IRS-CIポリシーと手続によって捜索令状を用いる。

　特別捜査官は，捜索令状に関するIRS Manualに従う。IRSおよび司法省は，脱税捜査において，重要な事件のみに捜索令状の使用を認めることとし，IRS Manual 9.4.9.6.1は，title 26脱税捜査およびtitle 18租税関連捜査における捜索令状の使用に関するガイドラインを定めている。捜索令状は，脱税嫌疑事件で実行可能な捜査の手段として認められる。重要な事件であるかどうかの基準は，税額，脱税の性質，押収すべき証拠および税法遵守に及ぼす影響などである。

② 潜入捜査 (undercover investigation)

　潜入捜査は，偽名で活動する特別捜査官が犯罪企業内部に潜入する法執行の技法である。この技法は，犯罪企業の犯行者が政府職員と取引しているとは気づかないように，訴追のために必要な証拠を確保して犯罪活動を摘発することを主目的とする。IRS-CIは，強制調査では有効な証拠を確保することがでない場合に潜入捜査の技法を利用している。潜入は，きわめて危険であるため注

意深く行われる。潜入作戦の成功には慎重な計画と注意深いマネジメントが不可欠であり，潜入捜査官（an undercover agent）の最高度の安全確保が必要になる。潜入捜査官に任命され潜入活動に参加できるのは，特殊訓練を受け最新の技術を習得した特別捜査官のみである（IRS Manual 9.4.8.1）。特別捜査技術室（the Office of Special Investigative Techniques：SIT）が潜入計画を管理する。潜入作戦で潜入捜査官が任命されると，その援護捜査官（a cover agent）も任命される。援護捜査官の主目的は，任務に就いて潜入中の潜入捜査官の安全確保と必要な資金の面倒をみることである。

IRS-CIの潜入捜査は，グループⅠとグループⅡに分類される。グループⅠは，最も慎重な作戦で予定期間が6ヶ月を超え，予定コストが20,000ドルを超えるものであり，IRS－CI局長の承認を要するものである。グループⅡは，6地域ごとに設置される実施部長（Directors of Field Operations：DFO）の承認を要する。

IRS－CIの潜入捜査の実施状況は，次のとおりである。

	2001年	2000年	1999年
グループⅠ	37	29	45
グループⅡ	28	56	64
合　　計	65	85	109

③　逮　　捕（Arrests）

大部分の捜査において，情報提供または告発の後まで逮捕を待つ方が有利である。迅速審理法（the Speedy Trial Act）の期間制限は，逮捕時から起算されるからである。逮捕は，逮捕しなければ捜査が危険に陥る場合または逮捕令状が発行された場合に限って行うべきである。特別捜査官の面前で職員に対する身体攻撃や財産押収の実力阻止などの急迫した状態を除き，特別捜査官は必ずしも令状なしに逮捕するとは限らない。特別捜査官は，逮捕令状を要求しかつ行使することができる。捜査官（the investigating agent）は，逮捕令状の発行と執行を要求することができる犯罪捜査（Criminal Investigation）のメリットを担当特

第8章※マネーロンダリングに挑戦する米国財務省・内国歳入庁の特別捜査官たち

別捜査官(the Special Agent in Charge：SAC)に勧告する責任を有する。担当特別捜査官と同時に特別捜査官は司法長官(US Attorney)に要請する。

特別捜査官は，令状の有無を問わず，逮捕する法的権限を有する(IRC7608, Internal Revenue Manual 9.4.12.3)。令状なき逮捕は，重要な問題となり，逮捕した特別捜査官は民事責任を負う。特別捜査官が令状なしに逮捕することが正当化されるのは，面前で重罪が犯されたことまたは特別捜査官が逮捕された者が重罪を犯したと信じることが合理的であることを要する(9.4.12.3.1.1)。特別捜査官が司法省の承認を要する租税事件において令状なしに逮捕するつもりであれば，SACは訴追をする権限が認められない場合の逮捕を防止する事前の助言を司法省から得なければならない。その他のすべての場合(マネーロンダリング関連の逮捕など)には，SACの協議後，直接司法省の承認を得ることになる。

④　金融犯罪捜査作業部会(Financial Investigative Task Force：FITF)

内国歳入庁(IRS)は，IRS－CIが犯罪行為および容疑者の存在を決定する個別領域で金融犯罪捜査作業部会(FITF)をその金融専門技術を提供する大陪審捜査と定義する。FITFに任命されたIRS－CIの職員は，FITF事件のためにすべての捜査努力に専念する。FITFの職員は，司法省に承認された召喚状を送達することができる。FITFは，連邦，州および地方の法執行機関の職員の組合せであり，各担当特別捜査官はIRS－CIのFITFへの参加およびFITF内の役割を決定する。FITFは，IRSがこれを指揮監督する(9.4.13.2)。FITFの利点は，①マネーロンダリング，通貨犯罪その他の連邦犯罪に関する捜査の開発，②司法省の全米事務所との連絡，③FATFに任命された全米各機関の協力促進，④FITFの付随的利点(出張旅費・超過勤務手当として州・地方機関に財務省財産没収基金を通じて押収・没収財産を分与すること)などである(9.4.13.3)。

⑤　情報収集権限(Authorization to Gather Information)

財務省令150－10によって内国歳入庁(IRS)は内国歳入法令の執行権限を委任されている。内国歳入法令のコンプライアンスは，IRSに提出された申告書および書類の情報だけでは決定できないので，IRSは別の源泉から税法の執行

に必要な情報を認められた権限の範囲内で入手しなければならない。納税者のプライバシーに不必要な侵入が行われないよう納税者を保護するために，IRSは税法の執行において一定の活動および技術の使用を公認している (9.4.1.2)。

　(A)　特別な承認を要しない活動

　　　個人または事業体を特定するために次の活動は，特別な承認を要しない (9.4.1.3)。

　　(ⅰ)　クリップ・ニュース記事
　　(ⅱ)　IRSデータベースへのアクセス
　　(ⅲ)　他の法執行機関との連絡
　　(ⅳ)　総合データ検索システム (the Integrated Data Retrieval System：IDRS) の検索
　　(ⅴ)　通報者との面接
　　(ⅵ)　自動車運転免許証のチェックによる本人確認
　　(ⅶ)　住宅，事務所，不動産または財産の現場確認
　　(ⅷ)　上記(ⅰ)～(ⅶ)の活動成果の記録

　(B)　一 般 調 査 (General Investigation)

　　　一般調査 (GI) は，IRSが執行する法令の違反を特定するグループ，活動またはIRS－CIプログラムに関する研究，調査，検討または総合調整である。GIは，調査すべき資金の追跡のためにも用いられる。GIは，個別の職業，産業またはIRS－CIサブプログラムのためにノンコンプライアンスの領域を対象として行われる。その対象がグループから特定の個人や事業体の犯罪容疑にシフトする段階で，初動捜査 (Primary Investigation：PI) が開始する。訴追の可能性が存在することを示す追加情報が開発される段階で，本格捜査 (Subject Criminal Investigation：SCI) が開始する (9.4.1.4)。特別捜査官は，次のいずれかに基づいてGIを開始する。

　　(ⅰ)　特定の範疇の個人について申立のあった法令違反容疑の調査
　　(ⅱ)　個別プログラム，個別サブプログラムまたは執行活動において必要とされる総合調整（疑わしい還付プログラム／申告書作成者プログラム，合

第8章※マネーロンダリングに挑戦する米国財務省・内国歳入庁の特別捜査官たち

同テロリズム作業部会,高度麻薬取引領域（HIDTA）,高度金融犯罪領域（HIFCA）など）

(iii) 調査すべき資金の追跡(潜入捜査官の維持活動,援護捜査官の維持活動,特別使用目的の自動車)

　GIの技法としては,（ⅰ）IRSの記録・データベースの調査,（ⅱ）連邦・州および地方の政府機関における調査,（ⅲ）通報者との接触,（ⅳ）外国政府機関との接触,（ⅴ）見張り,（ⅵ）同意監視,（ⅶ）潜入捜査,（ⅷ）政府以外の情報源との接触,（ⅸ）第三者への手紙,などが認められている（9.4.1.4.5.1)。特に,連絡およびサブプログラムGI,純粋なマネーロンダリングGI,疑わしい還付プログラムGI,組織犯罪・麻薬取締作業部会GI,高度麻薬首謀者GI,高度麻薬取引領域GI,ストライク・フォースGIについては,特に追加的な技法の使用が認められている。このうちマネーロンダリングGIについてみると,これはHIFCAおよび「疑わしい活動の報告」（SAR）審査チームや他の金融犯罪捜査作業部会に関連する。特別捜査官は,通貨取引の源泉,処分および性質を特定するために通貨報告において特定された参加者および機関に接触することができる。召喚状（subpoena）は,通貨取引報告（CTR）または疑わしい活動の報告（SAR）の対象である取引の範囲内の記録・書類に限定される（9.4.1.4.5.2.1)。

　PIの技法としては,（ⅰ）捜査令状の執行における他の機関の援助,（ⅱ）同意監視,（ⅲ）メールカバー,（ⅳ）IRS職員との討論,（ⅴ）外国政府機関との接触,（ⅵ）郵便物による納税者との接触,などがある。特別捜査官は,PIに必要な情報を入手するため,PIの対象者の氏名を開示することができる。金融犯罪捜査作業部会またはtitle 31,もしくは疑わしい活動報告（SAR）調査において,IRS-CIは司法省が承認した召喚状（subpoena）を送達することができる（9.4.1.5.6)。

　SCIの技法としては,SCIが全面的な犯罪捜査であるため,特別捜査官に認められる広範な捜査技法を使用することができる。

⑥ 情 報 源（Sources of Information）

　IRSが執行権限を委任されている法令のコンプライアンスは，IRSに提出された申告書および書類の情報だけで決定されるものではない。そのため，IRSは税法の効果的な執行を行うために部外情報を入手しなければならない。情報源としては，①連邦，州および地方の政府機関情報，②事業，金融機関，自由職業，教育機関その他の事業体の情報，③コンピュータ・データベース，④通報者の使用および情報の買収，などがある（9.4.2.1）。

　金融機関から金融情報を入手する手続としては，公式文書要求がある（9.4.3）。その他の団体から情報を入手する手続としては，情報要求がある（9.4.4）。この手続は，政府機関情報と事業体情報に分けて，定められている。

　政府機関情報としては，次のものが主たるものとなっている。

（ⅰ）　IRS記録（9.4.4.2.1）
（ⅱ）　マーチンズバーグ・コンピュータ・センターのすべての納税者マスターファイル（9.4.4.2.1.1）
（ⅲ）　事業マスターファイル（BMF）（9.4.4.2.1.2）
（ⅳ）　個人マスターファイル（9.4.4.2.1.3）
（ⅴ）　IRSの10キャンパス記録（9.4.4.2.1.6）
（ⅵ）　外国金融取引フォーム（9.4.4.2.1.7）
（ⅶ）　通貨取引報告（9.4.4.2.1.8）
（ⅷ）　疑わしい活動の報告（SAR）のIRS－CI第一線評価（9.4.4.2.1.9）
（ⅸ）　営業・事業で受け取った10,000ドル超の現金の報告（9.4.4.2.1.10）
（ⅹ）　社会保険行政情報（9.4.4.2.2）
（ⅹⅰ）　労働省情報（9.4.4.2.3）
（ⅹⅱ）　国務省情報（9.4.4.2.4）
（ⅹⅲ）　証券取引委員会（SEC）情報（9.4.4.2.5）
（ⅹⅳ）　州際取引委員会情報（9.4.4.2.6）
（ⅹⅴ）　通貨監督官・銀行検査官報告（9.4.4.2.7）

(xvi) 米国政府支出情報 (9.4.4.2.8)
(xvii) 米国政府還付金情報 (9.4.4.2.9, 9.4.4.2.10)
(xviii) 税関記録 (9.4.4.2.11)
(xix) シークレット・サービス記録 (9.4.4.2.12)
(xx) アルコール・たばこ・火器局 (BATF) 記録 (9.4.4.2.13)
(xxi) FBI記録 (9.4.4.2.14)
(xxii) 麻薬取締局 (DEA) 記録 (9.4.4.2.15)
(xxiii) 移民帰化庁 (INS) 記録 (9.4.4.2.16)
(xxiv) 郵政省記録 (9.4.4.2.17)
(xxv) 連邦航空局 (FAA) 記録 (9.4.4.2.18)
(xxvi) 国防省記録 (9.4.4.2.19)
(xxvii) 連邦住宅局記録 (9.4.4.2.21)
(xxviii) 沿岸警備隊記録 (9.4.4.2.22)
(xxix) 退役軍人局記録 (9.4.4.2.23)
(xxx) 連邦裁判所記録 (9.4.4.2.24)
(xxxi) 連邦記録センターの記録 (9.4.4.2.25)
(xxxii) 連邦準備銀行記録 (9.4.4.2.26)
(xxxiii) エルパソ情報センターの記録 (9.4.4.2.28)
(xxxiv) 輸出入銀行記録 (9.4.4.2.29)
(xxxv) 証券情報センター (SIC) 記録 (9.4.4.2.30)
(xxxvi) 教育省記録 (9.4.4.2.31)
(xxxvii) 小事業局 (SBA) 記録 (9.4.4.2.32)
(xxxviii) 金融犯罪取締ネットワーク (FinCEN) 情報 (9.4.4.2.34)

⑦ **通報者 (Informants) の使用**

　査察官の犯罪捜査は，内国歳入法令の違反に関する重要証拠の入手のために，通報者の使用および密告者からの直接的な情報の買収がなければ，成功しない。

密告者から個別情報を購入するほか,特別捜査官は潜入捜査のための情報確保や開示すると捜査に当たっている特別捜査官が危険に陥る性質の捜査に不可欠の証人や証拠の確保に必要な基礎作業に資金を支出する必要に迫られる場合がある。秘密の通報者 (confidential informant) を使用する決定は,慎重に行われ,情報を提供しまたはIRSの指示を受ける個人の背景についてIRSはデューディリジェンスを行わなければならない (9.4.2.5)。

通報者は,次の点で典型的な証人と異なる。

a 証言を嫌うこと
b 個人がIRSから受け取る金額
c 情報の対価には金銭のほか刑の減免を受ける期待が含まれること
d 政府が身元を漏らさないという期待

一般に,通報者は,①匿名通報者,②秘密の情報源,③秘密の通報者 (CI),④協力証人 (cooperating witnesses:CW),⑤協力被告人 (cooperating defendants:CD) に分類される (9.4.5.2)。

CI,CWおよびCDの使用について特別捜査官は承認を得なければならない。担当特別捜査官 (SAC) は特別な場合を除きその承認を与えることができる (9.4.2.5.3)。承認する場合には,次の要素について評価しなければならない (9.4.2.5.4)。

(ⅰ) 個人の年齢
(ⅱ) 犯罪の前科
(ⅲ) 申告納税の履歴
(ⅳ) 信頼度と誠実度
(ⅴ) 情報源泉と入手方法
(ⅵ) 捜査に関連する程度
(ⅶ) 他の政府機関のCWまたはCIとなっているかどうか
(ⅷ) CI,CWまたはCDとしての過去の実績
(ⅸ) 他の政府機関のCWまたはCIであった場合にはその関係が終了した

た理由
（ⅹ）　情報の性質と捜査にとっての重要性
（ⅺ）　外国人の場合の居住性
（ⅻ）　個人が相当な濫用者であるか否か，過去において相当な濫用者であったか否か
（ⅹⅲ）　個人と法執行機関の職員との関係
（ⅹⅳ）　IRSに協力した結果として本人，親族または知人に身体的危害が発生するリスク
（ⅹⅴ）　個人の活動が他の捜査や訴追の可能性に不利な影響を与えるリスク
（ⅹⅵ）　個人が公務員，法執行機関職員，軍人，報道関係者であるか否か
（ⅹⅶ）　個人が犯罪捜査の対象であるか否か，公衆の危険，他の犯罪の脅威，逃亡の危険
（ⅹⅷ）　個人が租税専門家（弁護士，会計士，税理士，申告書作成業者を含む）であるか否か

　CI，CWまたはCDとの適正な関係を保ち身の安全を確保するため，CI，CWまたはCDの管理のため，2人の特別捜査官が任命される（9.4.2.5.5）。

索引

A〜Z

APG ……………………………………… 256
ARS ………………………… 207, 209, 212, 228
BICE …………………… 194〜196, 209, 227, 232
BMPE …………………………………… 225, 228
BOSS ……………………………… 130, 145, 148
BSA ………………………………… 183, 184, 211, 164
BSAの資料 ……………………………………… 278
B to B …………………………………………… 77
B to C …………………………………………… 77
Bタイプ組織再編成 ………………………… 145
CFATF …………………………………………… 256
CFC ……………………………………………… 136
CIA ……………………………………………… 209
CS ………………………………………………… 224
CS香港 …………………………………………… 224
C to C …………………………………………… 77
CTR …………………………………………… 211, 285
DEA …………………… 192, 193, 196, 198, 209, 227
FASIT …………………………………………… 154
FATF ………………………… 182, 184, 206, 256
FATFの国際基準 ……………………… 205, 206
FBI ……………………… 191, 195, 198, 209, 223
FBI合同タスクフォース ……………………… 192
FBIのロシア組織犯罪タスクフォース … 193
FinCEN ………………………………………… 271
FIRPTA ………………………………………… 51
FITF …………………………………………… 283
FITFの利点 …………………………………… 283
FIU ……………………………………………… 183
GIの技法 ……………………………………… 285
HIDTA ……………………………………… 255, 277
IEEPA ………………………… 197, 198, 228
IRC ……………………………………………… 263
IRC6103 ………………………………………… 268
IRS ……………………………… 98, 194〜196, 212
IRS-CI ……… 29, 98, 223, 227, 245, 246, 274
IRS-CIの現状 ………………………………… 246
IRS-CIの組織犯罪捜査 …………………… 274
IRS-CIのマネーロンダリング捜査 …… 272
IRS召喚状 ………………………………… 270, 280
IRSの司法省への委任 ……………………… 269
IRSマニュアル ………………………………… 245
IVTS …………………………………… 209, 227, 228
LLC ……………………………………………… 88, 153
Michel Camdessus …………………………… 7
MSB ……………………………… 196, 211, 278
NCCT …………………………………………… 182
NIP ……………………………………………… 226
NY銀行 ………………………………………… 193
NY警察 ………………………………………… 196
NY市警官 ……………………………………… 191
OCDETF ………………………………… 255, 276
OECDモデル条約 ………… 38, 48〜50, 64, 72〜77, 80
OFAC …………………………………………… 228
PI ………………………………………………… 284
PIの技法 ……………………………………… 285
REIT …………………………………………… 84, 139
REMIC ………………………………………… 84, 138
SAR …………………… 190, 196, 211, 228, 280, 285
SBSE …………………………………………… 212
SCI ……………………………………………… 284
SCIの技法 ……………………………………… 285
SDGT …………………………………………… 210
SPC …………………………………………… 48, 84
subpoena ……………………………………… 285
S法人 ………………………………… 84, 143, 150
title31により保存すべき記録 ……………… 266
title31による報告 …………………………… 265
title26脱税捜査およびtitle18租税関連捜査における捜索令状の使用に関するガイドライン ………………………… 281
USA PATRIOT Act ……… 181, 184, 211, 234, 275, 278
USC ……………………………………………… 263

あ

アームス・レングス・プライス ……… 37
赤字法人 ……… 45
アコモデーション・パーティ ……… 38, 141〜143, 227
アコモデーション・パーティ・スキー ……… 38
アコモデーション・フィー ……… 154
アジア太平洋グループ ……… 256
アジア太平洋マネーロンダリング対策
　グループ ……… 198
新しいタックス・シェルター ……… 119
圧縮記帳 ……… 45, 101
アトリビュータブル方式 ……… 72
アルカイダ ……… 198, 199
アルゼ社 ……… 107
アルバラカート ……… 210
アルフォンソ・カポネ ……… 274
アングラ経済 ……… 6
アングラマネー ……… 14, 35, 166, 204, 246
アングラマネーの経路 ……… 240
アングラマネーのマネーロンダリング ……… 208
アンタッチャブル ……… 246

い

域外源泉所得 ……… 36
遺産財団 ……… 123
異常な法形式 ……… 96
異常配当ルール ……… 128
委託方式 ……… 74
一罰百戒 ……… 9, 14
一罰百戒的効果 ……… 9
一連の取引全体 ……… 113
一括限度額方式 ……… 42, 152
一括登録国債の利子 ……… 46
五つのケース ……… 89
一定の外国団体 ……… 87
一般調査 ……… 284
偽りその他不正の行為 ……… 12, 95, 98, 160, 162, 222
移転価格 ……… 37
移転価格課税 ……… 38, 257
移転価格課税回避方法 ……… 38
移転価格税制 ……… 35, 37, 38
移転価格の操作 ……… 231
違法性 ……… 9, 172
移民 ……… 218
インヴァージョン ……… 34
インターネット ……… 234
インターネット・バンク ……… 234
インターネット利用犯罪 ……… 169
インターネットを利用する事業活動 ……… 77
インターポール ……… 207, 241, 256
インフレーテッド・パートナーシップ・
　ベーシス ……… 124, 145, 148
インフレーテッド・ベーシス ……… 132, 145, 148
隠蔽された行為 ……… 115
隠蔽または仮装 ……… 160, 162
インボイスの操作 ……… 227

う

ウエスタンユニオン ……… 217
迂回取引 ……… 81
迂回取引の認定基準 ……… 81
迂回融資 ……… 151
受取レグ ……… 133
ウサマビンラディン ……… 197
疑わしい活動報告 ……… 190, 211, 228, 256, 285
疑わしい活動報告審査チーム ……… 278
疑わしい取引 ……… 200
疑わしい取引の届出 ……… 200
「疑わしい取引の届出」義務 ……… 202, 206, 207
「疑わしい取引の届出」制度 ……… 202
「疑わしい取引の届出」に関するガイド
　ライン ……… 206
「疑わしい取引の届出」の参考事例 ……… 206
疑わしい取引の報告 ……… 219, 278
売上除外 ……… 35
うるさくない銀行家 ……… 241

え

映画フィルム・リース ……… 99

※ 索 引

永久の課税繰延 …………………… 144
営業者 ……………………………… 49
益金の過少計上 …………………… 35
益金の最小化 ……………………… 119
役務提供地国 ……………………… 38
エグモント・グループ …………… 200
エルドラド・タスクフォース …… 196
援護捜査官 ………………………… 282
エンタイア・インカム・ルール … 72
延滞税 ………………………… 159, 160
エンペリオン ……………………… 99
エンロン ……… 127, 128, 134〜136, 139, 140,
　　　　　　143〜145, 149, 151, 153
エンロンの租税回避策 ……… 122, 125, 127

お

オアシス作戦 ……………………… 191
黄金郷 ……………………………… 196
押収の権限 ………………………… 258
オウブンシャホールディング …… 101
大口・悪質 ………………………… 9
大口・悪質な脱税 ………………… 172
大手会計事務所 …………………… 98
大手金融機関 ……………………… 217
大手小売業者 ……………………… 217
大手速達便業者 …………………… 217
沖合い引渡し ……………………… 230
汚職 ………………………………… 275
囮捜査・潜入捜査 ………………… 209
オフショア勘定 …………………… 46
オフショア・バンクの持分の支配 … 275
オプション ………………………… 134
表の経済 …………………………… 205
親子会社間配当 …………………… 31
オランダ居住者 …………………… 90
オランダ銀行 ………………… 99, 136
オランダ子会社 …………………… 49
オランダ事業体 ……… 135, 136, 142
オランダ有限会社 ………………… 89
オンラインカジノ …………… 217, 218
オンラインショッピングの決済 … 218
オンライン・バンキング ………… 234

か

カードベース送金戦略 …………… 218
海外移民コミュニティ …………… 208
海外子会社等 ……………………… 38
海外進出形態 ……………………… 36
海外送金ビジネス ………………… 218
海外への所得移転 ………………… 226
外国親会社 ………………………… 34
外国銀行・金融口座報告 ………… 270
外国銀行口座の開示 ……………… 278
外国銀行名義など非居住者名義の利用
　のチェック・システム ………… 221
外国金融機関等の債券現先取引に係る
　利子 ……………………………… 46
外国子会社 ………… 33, 36, 40, 152
外国資産の所在確認 ……………… 256
外国支店 …………………………… 152
外国支店等 …………………… 33, 36
外国商品の輸入 …………………… 226
外国情報の提供 …………………… 256
外国資料要求 ……………………… 114
外国人組織犯罪 …………………… 220
外国信託 …………………………… 250
外国信託パッケージ ……………… 250
外国人の納税義務 ………………… 64
外国人労働者 ……………………… 212
外国税 ……………………………… 43
外国税額 …………………………… 42
外国税額控除 ……… 25, 33, 42, 43, 152
外国税額控除制度 ………… 41, 42, 114
外国税額控除余裕枠 …………… 110, 112
外国税額控除余裕枠の利用 ……… 110
外国税額控除余裕枠を利用した租税回
　避行為 …………………………… 44
外国税額控除枠 …………………… 113
外国税額控除枠の彼此流用 ……… 115
外国税関とのホットライン ……… 232
外国税のミキサー ………………… 42
外国政府 …………………………… 190
外国駐在の特別捜査官 …………… 256
外国通報者 ………………………… 256

293

外国で組織された事業体 ………	86
外国テロリスト資産ターゲットグループ	
………………………………………	183
外国テロリスト組織に対する支援 ………	261
外国投資規制………………………………	31
外国取引 ……………………………………	264
外国取引法 …………………………………	264
外国の者……………………………………	86
外国ファクタリング会社 …………	142, 143
外国弁護士事務所…………………………	99
外国法人 …… 35, 45, 46, 49, 51, 52, 73, 75, 78,	
80, 85, 87, 121, 132, 147	
外国法人が含み損のある資産を米国法人	
である子会社に現物出資する場合 …	122
外国法人税を納付することとなる場合 …	116
介在者取引 …………………………………	150
外資導入………………………………………	32
解釈の狭義性 ………………………	113, 115
海上投棄 ……………………………………	230
海上保安庁 …………………………………	246
外為法違反 …………………………………	221
外為法改正 …………………………………	218
開放経済………………………………………	65
価格操作………………………………………	35
架空経費………………………………………	35
架空の売買契約 ……………………………	224
架空のリース契約書 ………………………	224
確定申告不要………………………………	47
貸金庫を用いる資産隠し …………………	223
貸付金…………………………………………	40
貸付金利子…………………………	46～48, 69, 80
カジノの通貨取引報告 ……………………	265
過少資本税制…………………………………	36, 40
過少申告 ……………………………	159, 162
過少申告加算税………………………	160～162, 176
課税 ………………………………………	255
課税繰延………………………………	33, 143
課税繰延型 …………………………………	140
課税繰延の方法 ……………………………	141
課税権 ………………………	36, 49, 51, 63, 65
課税権からの離脱…………………………	32
課税権の遮断 ………………………………	33
課税減免規定 ………………………………	115
課税上透明な事業体…………………………	86
課税上の取扱いが国によって異なる事業体	
………………………………………………	86
課税上の取扱いが異なる事業体……………	88
課税処分 ………………………	9, 11, 12, 230
課税の繰延 …………………………	101, 133
課税の公平 …………………………………	114
「課税の公平」原則 …………………	97, 246
課税の真空地帯 ……………………	53, 69
課税の特例 …………………………………	22
課税排除………………………………	33, 144, 147
課税排除型 …………………………	140, 144
課税標準の引下げ …………………………	119
課税法人 ……………………………………	131
課税法人の利用法 …………………………	149
仮装・(または)隠蔽……	12, 95, 98, 108, 176, 222
仮装行為 ……………………………	109, 113, 115
仮装取引 ……………………………………	101
仮装取引の認定 ……………………………	101
下層パートナーシップ ……………	124, 125
合算課税 ………………………	34, 136, 141, 142
割賦販売／不確定割賦販売 ……	141, 143, 149
割賦方法 ……………………………………	140
カナダ国税省 ………………………………	256
カナダ税関 …………………………………	256
株式交換 ……………………………………	145
株式指数スワップ …………………………	133
株式スワップ ………………………………	133
株式操作 ……………………………………	275
株式の償還 …………………………………	130
株式の譲渡 …………………………………	130
株式の譲渡益 ………………………………	50
株式報酬 ……………………………………	38
株主構成 ……………………………………	230
貨幣がもつ決済機能 ………………………	238
神の見えざる手 ……………………………	6
空売り ………………………………………	134
借入金…………………………………………	40
カリブ金融活動タスクフォース …………	256
カリルカーファン …………………………	193
為替管理 ……………………………………	208
為替管理規制 ………………………………	31
為替リスクヘッジ …………………………	219

管轄権	64
関係会社間の所得移転	34
関税庁	245
間接消費税のほ脱犯	163
間接脱税犯	162, 163
完全子会社	145
完全な子会社から取得する残余財産の分配	131
簡素の原則	21
還付金詐欺	275
管理サービス会社	71
関連企業間取引	38
関連基準	269
関連基準の決定	269
関連法	269

き

議院証言法	13
機械設備リース	48
機械装置・器具備品等の有体物の使用料	80
期間損益	133, 144
期間損益の操作	140
企業活動の活性化	32
企業の組織再編	45
貴金属取引	229
期限後申告	159, 161
期限内申告	159
期ずれ	144
規制当局	189
起訴	9
帰属主義の原則	72
起訴便宜主義	12, 172
寄附金	38, 102, 108
基本税率	32
基本的なマネーロンダリング犯罪	263
キャッシュ	204, 205, 231
キャッシュの密輸入	231
キャップストーン作戦	194
キャピタル・ゲイン	134
キャピタル・ロス	134
旧日米租税条約	50
旧法人税法51条	45, 101

凶悪犯罪	220
狭義のマネーロンダリング	181
行政処分(更正・決定)	9, 98
行政処分である課税処分	176
強制捜査	258
行政捜査	279, 280
強制調査権	9
行政罰	8, 98
行政犯	5, 201
共同管轄	278
脅迫	274
強要	259
虚偽申告犯	162, 163
虚偽報告	264
居住基準	64
居住者	32, 33, 35, 36, 46～48, 65, 66, 88
居住証明書	90
居住地国における事業体課税の方式	88
居所	66
キラーB	145, 151
記録検査	258
記録の欠如	210
記録保存義務	206, 207
銀行員	195
金鉱作戦	192
銀行取引の隠蔽システム	238
銀行の決済機能	238
銀行秘密	238
銀行秘密の壁	204
銀行秘密法	183, 184, 211, 257, 264, 276, 278
銀行法違反(無許可営業)	215, 221
禁制品	230, 259
禁制品の「密輸入の摘発」	224
金銭証券	191, 259
金銭証券取引に関する報告	264
金銭等の交付	121
金銭取引	260
金融裏取引	239
金融活動作業部会	182, 184
金融機関	205, 264, 266, 271
金融機関等	202～204, 206, 207
金融機関等による顧客等の本人確認等に関する法律	200, 203

金融機関等を通じないマネーロンダリング············207, 221, 225, 234, 245
「金融機関等を通じないマネーロンダリング」対策············246, 274
金融機関等を通じないマネーロンダリングの査察············257
金融機関等を通じるマネーロンダリング············184, 202, 204, 234
「金融機関等を通じるマネーロンダリング」対策············245, 274
金融機関の手数料············212
金融機関を通じた国内の現金・通貨取引···262
金融業············278
金融資産············133
金融資産証券化投資信託············154
金融証券のロンダリング············259
金融証書············210
金融商品············134, 141
金融情報ユニット············183
金融庁············203, 206, 232
金融取引············101, 260, 276
金融取引に用いられた資産············259
金融取引の経路············240
金融犯············183
金融犯罪············275
金融犯罪捜査作業部会············283, 285
金融犯罪取締ネットワーク············245, 263, 271, 274
金融犯罪に係る脱税············254
金利キャップ············133
金利スワップ············133
金利フロア············133

く

国別限度額方式············42
組合員············51
クリアストリーム············238
クリアリング技術············240
繰越控除限度額············42
繰越控除対象外国税額············42
グループ全体の税負担············32
グループ内企業間取引············37

グループ内金融············151
グループ内部取引············37, 38
クレジットハイピング············152
クレディ・スイス············224
黒い目の外国人············46
グロス課税············47, 48

け

軽減税率············32
経済開国············65
経済価値のない資産の帳簿価額············120
経済価値のない資産の帳簿価額の創造···121
経済障壁············65
経済的合理性············96
経済的パフォーマンス・ルール············140
経済目的による真実の法律関係············113
形式と実質との乖離············107
刑事訴訟法············12, 13
刑事訴追············98
警視庁············223
刑事罰············8, 98, 255
刑事犯············5, 95, 201
刑事没収············272
芸能人············47
刑罰············160
刑法の没収および追徴············163
刑法犯············166
刑法犯の検挙人員············166
契約解釈の問題············101
決済············238
権威的国家思想············63
見解の相違············98
減価償却費等の否認············101
現金主義············140
現金主義の禁止············140
現金の支払············238
検査拒否犯············162, 163
検察庁············275
検察庁新規受理件数············168
現実の税収············246
源泉所得税の調査状況············176
源泉置換規定············70

※ 索　引

源泉地国……………………………42	控除対象外国税額……………………43
源泉地国の事業体課税の方式…………88	公序良俗……………………………114
源泉地国免税……………………………50	構成員課税……………………………88
源泉徴収………………………………35	構成員課税の事業体…………86, 88, 89
源泉徴収義務が回避……………………86	構成員課税の選択……………………90
源泉徴収制度…………………………159	更正・決定………………98, 159, 160
源泉徴収の対象とされない所得………48	構成要件該当性…………………9, 172
源泉徴収の要否…………………………46	高税率国…………………………39, 45
源泉徴収不要………………………46, 47	公訴維持…………………………9, 172
源泉徴収免除証明書……………………47	公的資金………………………………51
源泉分離課税……………………………85	公的年金等……………………………47
現代人のライフスタイル………………66	合同テロリズムタスクフォース……183
現地法人…………………………33, 41	高度金融犯罪エリア…………………183
現地法人の設立…………………………38	高度麻薬取引エリア…………………183
現物出資…………………………………45	高度麻薬売買領域………………255, 277
現物出資した資産の帳簿価額………120	公平負担の原則………………………21
現物出資に伴う負債の引受…………121	効率的な徴税方式……………………159
	合理的な疑い…………………………280
こ	コードの知識…………………………240
	コーポレート的手法…………………147
公益法人等の調査状況………………175	コーポレート・ファイナンス………37
高価買入…………………………35, 226	コーポレート・ファイナンス的手法
交換…………………………………132	……………………………147, 151
交換取引………………………………105	顧客管理義務……………………206, 207
交換貿易………………………………245	顧客満足度調査………………………248
広義のマネーロンダリング…………181	国外からの送金の受領………………203
恒久的施設………33, 47, 52, 72, 75, 77, 80, 85	国外関連者……………………………108
恒久的施設に帰属しない国内源泉所得…72	国外業務…………………………71, 72
恒久的施設に帰属する国外源泉所得…72	国外源泉所得……………32, 33, 36, 42, 52, 72
恒久的施設の除外…………………75, 76	国外送金………………………………203
恒久的施設の認定………………………90	国外送金等……………………………203
恒久的旅行者……………………………68	国外送金等調書………………………204
公共財…………………………63, 71	国際課税…………………………30, 257
工業所有権の使用料……………………46	国際機関…………………………25, 190
口座間の取引状況……………………238	国際基準を遵守しない国・地域……205
口座で操作された取引の記録………240	国際キャッシュカード………………217
口座の名義書換え……………………238	国際競争力……………………………32
口座名義人……………………………195	国際金融事業…………………………193
公式文書要求…………………………286	国際金融システム……………………46
公衆等脅迫目的の犯罪行為のための	国際金融商品取引……………………262
資金提供等の処罰に関する法律…200	国際金融取引の秘密…………………238
控除限度額…………………………42, 43	国際経済緊急事態権限法……………184
控除限度余裕額…………………………42	国際決済会社…………………………238

国際決済会社等	234
国際戦略	255
国際送金業者	217
国際送金サービス市場	217
国際的緊急事態経済力法	197, 228
国際的税務協力	35
国際的租税回避	257
国際的租税回避スキーム	97, 103
国際的脱税	257
国際的二重課税	25, 42, 116
国際的マネーロンダリング及びテロリスト・ファイナンス防止法	211, 278
国際手配書	257
国際取引	37, 38
国際取引を利用する租税回避スキーム	104
国際犯罪	256
国際法	64
国際貿易メカニズム	227
国際麻薬売買	225
国際礼譲	25
国税査察官	9, 12, 14, 170, 203, 209
国税査察官制度	177
国税庁	166
国税調査官	9
国税庁査察	171, 246
国税庁査察で内偵調査	172
国税庁査察によって収集された資料情報	172
国税庁調査課	257
国籍	32, 64
国籍基準	64
国籍差別	66
国籍法	64
告知書	204
国内業務	71, 72
国内源泉所得	32, 33, 46, 52, 65, 69, 70, 78, 80, 81
国内源泉所得の範囲	71
国内取引	38
国内にある資産の譲渡により生ずる所得	81
「国内にある土地若しくは土地の上に存する権利又は建物及びその附属設備若しくは構築物」の譲渡による対価	81
国内において行う業務	69
告発	9, 13, 280
告発義務	11
告発された脱税事件	171
国民	63
国民主権	63
国民所得統計	166
国民たる要件	64
国民の共同費用	63
国民の税負担	63
国民の定義	64
国民の納税義務	64
国民の福祉	63
国連モデル条約	76
個人	51
個人課税部門(所得税・消費税)の調査状況	173
コスト・アンド・ベネフィット	222
国家公務員	10
国家公務員法	13
国家戦略	255
国境を越える通貨輸送報告	278
国境を越えるマネーロンダリング	257
個別推計法	7
個別的否認規定	29, 34, 97, 101, 119
コモンユニット	136, 137
コモンロー	29, 114
コロンビア銀行	190
コロンビア統一自衛軍AUC	198
コロンビアの政府機関	196
コロンビア・ペソ・ブローカー	190
コロンビア麻薬カルテル	225, 275
コンテナー	231
コンピュータ・プログラム	80
コンプライアンス戦略	277

さ

サーバー	78
罪刑法定主義	9
債権の証券化	50
サイバー犯罪	183

※ 索　引

裁判所の裁量による事実認定 …………113	事業の広告宣伝のための賞金 ………46, 48
再保険契約 ……………………… 141, 145	事業目的 ……………………………44, 113
再保険料 …………………………………34	「事業目的」基準 ………………………116
債務者主義 ………………………………70	事業目的のない不自然な取引 …………113
財務省 ……………………… 183, 189, 245	資金供給・資金調達 ……………………40
財務省外国資産管理室 …………………228	資金源犯罪 ……………………………220
財務省規則 ………………………………87	資金送金手段としてのインターネット
財務省広報ガイドライン　　　　　　269	利用方法 ……………………………234
債務超過の解消 …………………………109	自己株式の取得 …………………………130
詐欺調査センター ………………………251	自己金融 …………………………………136
詐欺的の還付スキーム …………………251	資産所得 …………………………………46
詐欺的の申告書 …………………………251	持参人払方式の譲渡可能な商品 ………205
詐欺的信託スキーム ……………………250	資産の現物出資 …………………………119
先物取引 …………………………………134	資産の売却 ………………………………119
先渡契約 …………………………………134	資産没収プログラム ……………………255
査察機関 …………………………………166	事実認定 …………………66, 81, 103, 109
査察事件 …………………………… 95, 247	事実認定による否認 ……………………101
査察事件の処理事績 ……………………170	事実認定の問題 …………………………111
査察組織機構の拡充 ……………………177	事実の隠蔽 ………………………………162
査察調査 ……………………… 9, 12, 170, 177	事実の仮装 ………………………………162
査察立件 ……………………… 11, 12, 171	自社株 ……………………………125, 131
雑所得 ……………………………………80	自主申告納税制度 ………5, 7, 98, 164, 217, 254
サブパートＦ所得 ………………… 136, 137	支出型所得概念 ……………………………6
サブリース ………………………………137	慈善団体 ……………………… 146, 183, 197
31USC …………………………………264	慈善団体への寄附金 ……………………234
31USC5324 ……………………………262	自然法思想 ………………………………63
31USC5331 ……………………………262	実効税率 …………………………………32
31USC5332 ……………………………263	実質課税の原則 …………………………131
暫定規則 …………………………………87	実質管理支配地主義 ……………………34
	実質所得者の捕捉 ………………………51
【し】	実績 ……………………………………248
	実体を認定する基準 ………………… 50, 81
シェルバンク ……………………………205	実体を否認する基準 ……………………50
シェルバンクの利用禁止 ………………221	質問検査権 ……………… 9, 11, 12, 98, 204
仕送り ……………………………………212	「指定された非金融業者および職業専
時価 ………………………………………45	門家」についてのガイドライン ……206
事業者間取引 ……………………………77	指定職業専門家 …………………………205
事業者対消費者間取引 …………………77	シティバンク ……………………………190
事業所得 ……………………… 33, 46, 48, 70, 80	指定非金融機関 …………………………205
事業体 ……………………………………51	指定暴力団山口組五菱会系ヤミ金融グ
事業体が受け取る一定の支払 …………87	ループの摘発 …………………………223
事業体に支払われる所得に対する租税 …87	私的自治・契約自由の原則 ………… 37, 140
事業体の持分保有者 ……………………87	私的自治の原則 …………………………101

299

支店等	32	従属的代理人	73, 74
使途秘匿金	98	重大犯罪	200
支払者主義	70	集団投資媒体	51
支払配当軽減課税制度	31	集団密航	215
支払配当損金算入要件	139	18USC1952	258
支払配当の損金算入	84, 130	18USC1956	259
支払利子	39	18USC1956および1957	263
支払レグ	133	18USC1957	260
司法警察	166, 203, 209, 223, 246, 275	18USC1960	260
司法警察によって摘発された地下銀行の脱税	216	18USC2339A	261
		18USC2339B	261
司法省	183, 189, 192, 195, 197	18USC2339C	261
司法省資産没収基金	272	重不納付加算税	162
司法省職員	269	重要な公的地位を有する者	205
私法上の法律構成と異なる課税要件該当事実の認定	113	重要な事件	281
		受益者	87, 88
私法上の法律構成による否認	111	受益者要件	87
私法上の法律構成の再構成	109	主刑	163
資本再構成	139, 140	主権免税	25, 49
資本出所	230	取材の自由	13
資本等取引	39	出資	40
資本取引	146	出資法違反	221
資本・負債比率	40	出入国管理当局と税関の密接な情報のシェアリング・システム	232
資本輸出国	41		
市民権	64	首都東京における不法滞在外国人対策の強化に関する共同宣言	219
市民権を有する個人	65		
シャウプ勧告	21, 31	守秘義務	10, 11, 98
社会通念	96	守秘義務の解除	13
社会的制裁	98	循環金融	135, 151, 154
社会保障税詐欺	199	準公共財	63
社会保障番号	210	純粋なマネーロンダリング捜査	268
借用概念	66	純粋なマネーロンダリング捜査における税務情報の利用	269
重加算税	8, 12, 95, 98, 160, 162, 176, 177, 216, 222		
		償還株式の税務上の帳簿価額の引継による譲渡原価の嵩上げ	143, 145
重過少申告加算税	162		
自由刑	8	召喚状	281, 283, 285
集合的投資媒体	205	召喚状の発行	258
集合投資媒体	90	証券業	278
住所	33, 66	証券の譲渡	50
自由職業者	250	証言の要求	258
収税官吏	9, 11〜13	証券ブローカー	211
修正申告	98, 160, 161	証券ブローカー・ディーラー	211
修正配分ルール	125	証拠能力	12

※索引

小事業・自営業 ……………………252
小事業・自営業部 …………………212
上層パートナーシップ ……………124
使用地主義 ………………………69, 70
譲渡益 ……………………………45, 51
譲渡所得の調査状況 ………………175
消費者間取引…………………………77
商品スワップ ………………………133
商品の輸出入 ………………………230
情報機関 ……………………………190
情報源 ………………………………286
情報公開法……………………………11
情報交換………………………………35
情報収集権限 ………………………283
商法上の匿名組合 …………51, 84, 123
情報申告 ………………………51, 85
情報の買収 …………………………286
条約相手国に存在する不動産における
　持分 ………………………………51
条約アクセス…………………………88
条約の解釈・適用……………………88
条約の特典……………………………89
使用料 ……………………………48, 80
使用料等………………………………48
職員満足度調査 ……………………248
職業運動家……………………………47
職務上の秘密…………………………13
初動捜査 ……………………………284
所得移転 ……………31, 35, 37, 39, 40, 45,
　　　　　　　　　101, 110, 143, 147
所得移転型 …………………………140
所得移転の手法 ……………………141
所得移転防止税制……………………36
所得隠し………………………………8
所得帰属主体の変更 ………………141
所得控除 ……………………………120
所得申告漏れ…………………………8
所得の海外移転 ……………………132
所得の分類……………………………80
所得発生時期の変更 ………………141
所得（の）発生場所の変更 ……84, 141
所得秘匿工作…………………………12
所得分割………………………………31

所得分類………………………………51
所得分類の解釈………………………52
所得分類変更型 …………………140, 146
所有権の移転 ………………………101
資料調査課 ………………………11, 12
知る権利 ……………………………13
人格のない社団等……………………84
進行中の脱税 ………………………278
申告義務 ……………………………160
申告書作成業 ………………………250
申告納税制度 …………8, 21, 159, 166, 177
「申告納税制度」の理想 …………246
申告漏れ ……………………………95
申告漏れ件数 ………………………176
申告漏れ所得金額 …………………176
迅速審理法 …………………………282
信託 ……………………………51, 90, 123
人的役務提供事業の対価 ………46, 48
人的役務提供の報酬…………………46
人的役務報酬…………………………48
人的役務報酬の課税…………………38
新日米租税条約 ……25, 49, 51, 74, 80, 88

す

スキーム………………………………38
スティング・オペレーション ……263
ステッピング・ストーン …………39, 40
ステップ取引 ………………………114
ストック・オプション………………50
ストック・オプションの所得分類…39
ストック・コンペンセーション……38
ストラクチャード・ファイナンス …152
ストラドル …………………………124, 133
ストラドル取引 ……………………143
ストラドル・ポジション …………133

せ

税額控除の最大化 …………………119
生活の本拠……………………………66
税関 …………………………78, 166, 246, 274
税関行政の死角 ……………………225

301

税関当局	224
制限的所得概念	6, 165
制限納税義務者	69
制裁	98, 215
政策的課税減免規定	114
清算	131
清算に伴う残余財産の分配	132
清算の分配	135
清算REIT	151
税制の中立性	116
聖戦トレーニングキャンプ	198
正当な事業目的	116
正当な理由	161
政府機関情報	286
税負担が25%以下の国・地域	36
税負担の減少	96
税負担の恒久的な繰延	147
税負担の公平	166
税負担の最小化	37
税負担の不公平	10
税法遵守の精神	98, 166
税法上の権利濫用の法理	97
税法の遵守	31
税法の不完全性	98
税務行政	268
税務上認識されていない不確定債務と資産の抱合せの現物出資	121
税務上の帳簿価額	119
税務職員	10, 11, 13
税務調査	10, 98, 161, 207, 238
税務調査の権限	11
税務調査の立件	172
生命保険契約等・損害保険契約等に基づく年金	46
生命保険契約等に基づく年金	48
税率の引下げ	119
世界規模の国際送金総額	217
セキュアオーダー代理人	74
節税	25, 30, 86, 96, 117, 151
節税策	36, 69, 81, 84, 97
窃盗	274
先進国	41
先進国課税	41
先進国型の租税条約	74
全世界所得	33, 36, 41, 42, 64～65
全世界所得課税	32, 40
前提犯罪	200, 202
前提犯罪の摘発の可否	215
前提犯罪の範囲	201
潜入活動	263
潜入作戦	268
潜入捜査	214, 281
潜入捜査官	282
潜入捜査の技法	281
100%所有株主の総会決議における支配力	103
船舶航空機の貸付による対価	48
全米無申告者対策	252
全面的な犯罪捜査	285
専用の決済期間	238

そ

送金	260
送金業	267
送金される資金の違法性	208
送金税	35
総合課税	48, 81
総合主義の原則	72
相互協議手続	257
相互主義	48
相殺	238
相殺処理	35
捜査・押収	258
捜査令状	281
増資新株発行の第三者割当	103
相続税の調査状況	176
想定元本契約に関する会計方法	140
想定元本取引	133, 143
相当の投資	118
ソースルール	69, 70
組織再編税制	45
組織再編成の利用法	151
組織された国の事業体課税の方式	88
組織的犯罪処罰法	167, 200～202, 220
組織犯罪	274, 279

※索引

組織犯罪企業 ……………………………275
組織犯罪グループ ……………………221, 276
組織犯罪組織 ………………………………5
組織犯罪の摘発の可否 …………………215
組織犯罪麻薬取締タスクフォース…183, 196, 255, 276
訴訟コスト …………………………………98
租税回避 ………………………29～31, 34, 43, 53, 95, 96, 98, 222, 228
租税回避以外の正当な理由 ………………96
租税回避行為 …………………………95, 117
租税回避行為合法説 ………………………97
租税回避行為の否認 ………………………29
租税回避行為否認説 ………………………97
租税回避スキーム …………………………88
租税回避と節税と脱税との区分 …………96
租税回避取引 …………………………80, 83
租税回避の意図 ………………………120, 121
租税回避の動機 …………………………110
租税回避の目的 …………………………101
租税危害犯 ……………………………162, 163
租税公平主義の要請 ……………………107
租税支出予算制度 …………………………22
租税実施特例法 ……………………………89
租税条約 ………25, 33, 48～50, 52, 72, 77, 95
租税条約交渉 ………………………………41
租税条約実施特例法 ………………43, 86, 89
租税条約上の所得分類 ……………50, 52, 86
租税条約の特典 ……………………………40
租税条約の濫用 ……………………………49
租税処罰法 ……………………………8, 9, 172
租税特別措置 ………………………………21
租税特別措置による減収額 ………………22
租税の障害 …………………………………46
租税の中立性 ………………………………78
租税罰 ……………………………………162
租税犯 ……………………………………162
租税負担公平の原則 ……………………113
租税法律主義 ………………63, 97, 101, 106, 107
租税法律主義の原則 ………………………30
租税または租税関連マネーロンダリング
　捜査における税務情報の利用 ………268
租税誘因措置 …………………………21, 41

租税優遇措置 ………………22, 32, 41, 114
租税優遇措置の濫用 ………………………65
外－外取引 …………………………35, 36
ソフトウエア ………………………………80
損益取引 …………………………………146
損金の過大計上 ……………………………35
損金の最大化 ……………………………119
損失の二重控除 …………………38, 122, 132, 140

た

第一次課税権 …………………………38, 50
大学および関連非営利研究財団 …………198
大企業 ………………………………………14
大企業の税務調査 …………………………98
第三国 …………………………………71, 73
第三国居住者 ………………………………89
第三国団体配当等 …………………………89
第三国との租税条約 ………………………89
第三国の企業 ………………………………74
第三国の事業体 ……………………………81
第三者 ……………………38, 116, 128, 135
第三者の介在 ……………………………142
第三者への手紙 …………………………285
第三者割当増資 …………………………101
代替的システムの違法性 ………………208
代替的送金システム…183, 206～209, 212, 228
代替的送金システムを業とするメリット ……………………………………220
滞納処分免脱犯 ………………………162, 163
大陪審召喚状 ……………………………280
大陪審捜査 ……………………268, 280, 283
大陪審手続 ………………………………270
逮捕 ………………………………………282
逮捕する法的権限 ………………………283
逮捕の権限 ………………………………258
逮捕令状 …………………………………282
代理店網拡大戦略 ………………………218
代理人 ………………………………………73
第6のケース ………………………………89
多国籍企業 …………32, 35, 37, 71, 151, 238
立入検査 …………………………………258
タックス・インセンティブ ………………41

303

タックス・コンプライアンス	31, 95
タックス・シェルター	38, 117, 140, 147, 151
タックス・シェルターの3要素	119
タックス・シェルターの原理的な類型	118
タックス・シェルターの本質	140
タックス・スペアリング・クレジット	25, 41
タックス・バリヤー	46
タックス・プランニング	37, 39, 40, 45, 140, 144, 147
タックス・ヘイブン	32, 34, 36, 48, 65, 137
タックス・ヘイブン会社	137
タックス・ヘイブン子会社	39, 142
タックス・ヘイブン対策税制	34, 35, 40, 135, 141, 142
タックス・ヘイブン対策税制の適用除外	36
タックス・ホリデー	41, 65
脱税	5, 8, 29, 35, 96, 98, 166, 176, 222, 253, 264, 276
脱税事件	246
脱税者	5, 12, 29
脱税者の摘発	250
脱税捜査	230, 254
脱税捜査委任	252
脱税捜査委任プログラム	249, 252
脱税と租税回避の区別	164
脱税犯	12, 95, 162, 201, 216
脱税犯に対する刑罰	8
脱税マネー	14, 219
脱税マネーの海外移転	208
脱税マネーや脱税資産の海外における所在の追跡	257
ダブルディピング	151
ダブルSPV	83
たまり	232
タミーⅡ	145
多様な事業体	51, 85
多様な事業体の利用	84
多様な事業体を用いる脱税	177
短期国債または政府短期証券の償還差益	46
短期滞在者	68
単純購入	75
単純無申告犯	162, 163

団体課税	88
団体課税の事業体	86, 88
団体課税の選択	90
担保付有価証券の分配	129

ち

チェック・ザ・ボックス規則	88, 90, 136
地下銀行	207, 220, 228
地下銀行システム	278
地下銀行のコスト	215
地下経済	6, 200, 205, 246, 273, 274, 277, 279
地下経済の規模	7
地下経済の規模の推計	7
地下経済の規模の推計方法	7
地下経済を支配する組織犯罪グループの脱税	177
地下市場	6
地下送金システム	218
地方法律顧問官	280
チャリタブル・リメインダー・トラスト	146, 149
中国	33
注文取得代理人	74
中立性	114
中立性の原則	21
調査課所管法人	177
徴収納付義務	160
徴収納付義務者	159
帳簿価額	45
直接税のほ脱犯	163
沈黙の集団	13

つ

追掛課税	34
追徴	163
通貨スワップ	133
通貨ディーラー	267
通貨的アプローチ法	7
通貨取引	264
通貨取引報告	211, 262, 265, 278, 285

※ 索　引

通貨取引報告の懈怠 …………………264
通貨の密輸 ……………………………264
通貨犯罪 …………………………253, 276
通貨報告限度額 ………………………231
通常行われる取引とは認められないもの…43
通常の税務調査 ………………………209
通常の法形式……………………………96
通謀虚偽意思表示 ……………………109
通謀虚偽表示 ……………………101, 115
通報者 ……………………………263, 287
通報者との接触 ………………………285
通報者の使用 …………………………286
通報者の報告 …………………………250
通報者保護 ……………………………272
通報制度 ………………………………249
通報報奨金 ……………………………272

て

定額財産刑主義 …………………………8
定期積金の給付補填金等 ………………46
定期的支払 ……………………………133
低税率国 …………………………33, 36, 39
低廉譲渡 ……………………………35, 226
出稼労働者 ……………………………218
適正な課税………………………………51
適法な利得 ……………………………165
適法利得 …………………………………6
適法利得の脱税 ………………5, 166, 201, 249
適法利得の脱税事件 ……………247, 273
適法利得の脱税者 ………………………5
適法利得の脱税分 ……………………200
適法利得の脱税分のマネーロンダリン
　グ対策法制 …………………………200
デジタル・コンテンツ…………………78
手数料 …………………………………218
デトロイト・コンピュータ・センター
　………………………………………270
デラウエア・リミテッド・ライアビ
　リティ・カンパニー ……………135, 136
デリバティブ取引 ……………………135
テロリスト資金供与者 …………………5
テロリストに対する支援 ……………261

テロリスト・ファイナンス …………234
テロリスト・ファイナンス対策の潜税
　………………………………………215
テロリスト・ファイナンスの禁止 …261
テロリスト・ファイナンス・リング …192
テロリズムの防止に必要な適当な措置
　による米国統一強化法 ……………211
典型的な証人 …………………………288
電子商取引 …………………………77, 78
電子マネー ……………………………234
電子マネー決済の利用 ………………206
電信送金 …………………………190, 196
伝統的な金融機関等を通じないマネー
　ロンダリング …………………206, 207
伝統的な組織犯罪グループ …………275
伝統的な脱税 …………………………249
伝統的な法執行機関 …………………275

と

ドイツ法人 ……………………………153
同意監視 ………………………………285
同意配当 ………………………………139
当該業務…………………………………69
統括国税調査官 …………………………11
統括本部会社……………………………71
導管 ………………………………70, 154
導管型法人………………………………84
当期の税負担を減少させるスキーム …140
統合債券 ………………………………134
投資家……………………………………51
投資家のタックス・シェルター割合 …118
投資銀行等のプロモーター……………99
当事者の真実の法律関係 ……………112
当事者の選択した法形式の意図 ……107
投資所得…………………………………49
投資所得の導管 ………………………130
投資媒体 …………………………130, 138
投資ファンド……………………………51
投資簿価修正ルール …………………129
当然説……………………………………63
統治権……………………………………64
逃亡者の所在追跡 ……………………256

特定外国子会社 …………………………… 36
特定現物出資 …………………………… 45, 101
特定投資信託 …………………………… 84
特定配当等 …………………………… 89
特定目的会社証券投資法人 ……………… 84
特定目的信託 …………………………… 84
特典の二重どり ………………………… 90
特別国際金融取引勘定において経理さ
  れた預金等の利子 …………………… 46
特別指定グローバル・テロリスト ……… 210
特別捜査官ハンドブック ………………… 117
特別捜査官報告書 ……………………… 280
特別捜査技術室 ………………………… 282
特別の査察調査 ………………………… 209
特別法犯 ………………………………… 168
特別目的会社 ……………………………… 48
匿名組合員 ………………………… 49, 51, 81
匿名組合契約 ……………………………… 49, 84
匿名組合契約等に基づく利益の分配 …… 46
匿名組合契約に基づいて受ける利益の
  分配 ……………………………… 80, 81
匿名組合契約の利益の分配 ……………… 85
匿名組合の利益の分配 …………………… 49
匿名口座 …………………………… 239, 241
匿名口座のリスト ……………………… 240
匿名性 …………………………………… 210
独立企業間価格 …………………………… 37
独立的代理人 ……………………………… 73
土地等の譲渡(の)対価 ………………… 46, 47
賭博 ……………………………… 258, 274
飛び石 …………………………………… 39
トリーティ・ショッピング ……… 49, 74, 76
トリーティ・ショッピング防止規定
  ……………………………… 40, 74, 81
取引の法形式 ……………………………… 50
取引ベースのBMPEロンダリング・シ
  ステム ………………………………… 191

な

内国歳入庁 ………………………………… 98
内国歳入庁ノーティス ………………… 118
内国歳入庁犯罪捜査局 ………… 98, 227, 245
内国歳入法典 …………………… 263, 276
内国税の適正な課税の確保を図るため
  の国外送金等に係る調書の提出等に
  関する法律 ………………………… 203
内国法人 ……………………… 32, 35, 42, 46〜48
ナイジェリア組織犯罪タスクフォース … 275
ナイジェリア犯罪企業 ………………… 275
内心の効果意思 ………………………… 101
内偵調査 ………………………………… 172
ナッシュビル …………………………… 194
ナッシュビル組織犯罪・麻薬取締タスク
  フォース ……………………………… 194
名ばかりの日本子会社 …………………… 40
「汝の顧客を知れ」という原則 ………… 266
南東部作戦 ……………………………… 195

に

2階建てのパートナーシップ …………… 124
二重課税 …………………………………… 33
二重リスト制度 ………………………… 241
贋金造り ………………………………… 275
2001年マネーロンダリング国家戦略 …… 276
日米安保条約 ……………………………… 25
日本・オランダ租税条約 ………………… 90
日本居住者 ………………………………… 90
日本国憲法10条 …………………………… 64
日本国憲法30条 …………………………… 63
日本国憲法84条 …………………………… 63
日本で組織された事業体 ………………… 86
日本における租税回避スキーム ………… 97
日本のアングラマネーの規模 …………… 8
日本の地下経済の規模 …………………… 8
日本の通貨報告限度額 ………………… 231
日本のマネーロンダリングの規模 ……… 7
日本版金融情報機関 …………………… 200
日本法人 ………………………… 32, 35, 36
日本暴力組織 …………………………… 245
入管・関税取締局 ……………………… 227
入国管理・関税取締局 …………… 194, 195
入国管理局 ……………………………… 275
ニューメリカリー・インテグレーテッド
  ・プロファイリング・システム ……… 226

※索 引

任意組合···99
任意調査·······························9, 170, 258
任意調査によって収集された資料情報
···172

ね

ネッティング······································219

の

納税義務····································63, 159
納税義務者·················51, 84, 86, 88, 159
納税者···159
納税者等の秘密··································13
納税者のプライバシー························284
納税道義···159
納税道義···166
ノンバンク金融機関····························211

は

バーチャルマネー······························238
パートナーがパートナーシップに資産
  を拠出して持分を取得する場合·······123
パートナーがパートナーシップの負債
  を引き受ける場合·························124
パートナーシップ···············84, 86, 88, 89,
                                       123, 141, 150
パートナーシップが損益を生じた場合···124
パートナーシップがパートナーの負債
  を引き受ける場合·························124
パートナーシップ契約··················124, 125
パートナーシップ・ストラドル········124, 143
パートナーシップ・ベーシス・シフティ
  ング··127, 145
パートナーによるパートナーシップの
  負債の引受に関するルール············127
バーンアウトしたスキーム····················99
売春······································259, 274
配当·····························40, 41, 46, 130
配当控除制度····································31
ハイブリッド・インストラメント············151

ハイブリッド事業体·······················86, 88
ハイブリッド事業体の取扱···················90
ハイブリッド・ハワラ・オペレーション
···211
ハイベーシス・ローバリュー···122, 143, 147
運び屋····································204, 231
バスケット方式··································152
パススルー・エンティティ··········48, 51, 84,
                                             88, 153
パススルーエンティティ・ストラドル···143
破綻金融機関····································51
破綻金融機関等·································51
バチカン銀行····································239
8特別勧告·······································182
罰金刑··8
バックキャッシュの密輸出入················263
発生型所得概念··································6
発展途上国·································41, 65
パナマ司法省···································192
パナマ宝石商···································192
ハマス···198
バルクキャッシュ································231
バルクキャッシュの密輸·····················183
パレスチナ人イスラム教聖戦北米基地···198
ハワラ···························183, 218, 228, 278
ハワラ類似のシステム·························210
ハワラ類似の代替的送金システム···219, 221
犯罪者··································5, 221, 277
犯罪収益等··················5, 6, 10, 201, 202
犯罪収益等隠匿罪·····························202
犯罪収益等収受罪·····························202
犯罪収益等の痕跡······························240
犯罪収益等の脱税の捜査····················203
犯罪収益等のマネーロンダリングの捜査
···203
犯罪収益に係る脱税···························166
犯罪収益の海外送金··························213
犯罪収益の仮装や隠匿等····················167
犯罪収益の不正送金··························215
犯罪捜査······················10〜12, 98, 166, 204
犯罪捜査権限···································257
犯罪組織···277
犯罪的金融活動································210

307

犯罪による取得物 …………………… 230
反税思想の持主 ……………………… 250
犯則調査 …………………… 9, 11, 12, 98
犯人引渡し …………………………… 256

ひ

非永住者 …………………………… 32, 67
非永住者制度 ………………………… 67
非課税外国法人 ……………………… 141
非課税現物出資 ……………………… 119
非課税所得 …………………………… 22
非課税法人 ………… 45, 84, 121, 131, 132, 147
非課税法人の利用法 ………………… 147
非関連者 ……………………………… 37
非関連者間取引 ……………………… 226
非関連法人 …………………………… 152
非協力国・地域 ……………………… 182
非居住者 ………………… 33, 46, 49, 51, 52, 65,
70〜73, 75, 78, 80, 85
非居住外国人 ………………………… 87
引渡し ………………………………… 76
非金融機関 …………………………… 205
非金融業者 …………………………… 202
非金融業の受け取る現金・通貨の報告 … 262
非金融業を通じた国内の現金・通貨取引 … 262
非公式価値移転システム …………… 227
非公式の送金システム ……………… 207
非合法な決済システム ……………… 239
ビジネス・モデルの証券化 ………… 50
被支配外国法人 ……………………… 135
ヒズボラ ……………………………… 192
ヒズボラ細胞のたばこ密輸・脱税スキーム
 …………………………………… 223
必要的没収 …………………………… 163
非定期的支払 ………………………… 133
非法人 …………………………… 123, 150
非法人の利用法 ……………………… 150
秘密の通報者 ………………………… 288
表示意思 ……………………………… 101
費用対効果の原則 …………………… 98

ふ

ファースト・ペイ・ストック ……… 131
ファースト・ペイ・ストック／
 ステップ・ダウン・プリファード
 …………………… 130, 145, 146, 148
ファクタリング ……………………… 137
ファックスマネー …………………… 238
ファントム所得 ………… 138〜140, 145, 149
ファントム損失 …………… 138, 140, 145
フィルズオーダー代理人 …………… 74
フェイチェン ………………………… 218
プエルトリコ銀行 …………………… 196
不確定概念 ……………………… 96, 151
不確定債務と資産の抱合せ現物出資 … 144
不確定販売に関する会計方法 ……… 140
付加刑 ………………………………… 163
不可欠の通過点の記録文書 ………… 240
不起訴 ………………………………… 172
武器売買 ……………………………… 274
武器を携帯する権限 ………………… 258
福祉国家の理念 ……………………… 63
複数の省庁の共同作戦 ……………… 230
含み益 ………………………………… 45
含み益のある資産 ……………… 125, 127
含み益のある資産による減価償却資産
 の帳簿価額の嵩上げ ……………… 143
含み損益 ……………………………… 121
含み損益のある資産 ………………… 35
負債ストラドル ………………… 133, 143
負債(の)引受 …………………… 120, 121
不申告犯 ……………………………… 216
不正還付 ……………………………… 251
不正還付調査チーム ………………… 251
不正計算の件数 ……………………… 176
不正手段 ……………………………… 162
不正送金の摘発と犯罪収益の押収・
 没収と課税 ………………………… 222
不正送金の摘発と犯罪収益の押収・
 没収と脱税の摘発 ………………… 222
不正脱漏所得金額 …………………… 176
附帯税 …………………………… 43, 160

※索引

負担が高率な部分	43
不徴収犯	162, 163
普通株式	128, 131, 139
物々交換	230
不動産賃貸料	46
不動産賃貸料等	48
不動産投資信託	84, 130, 139, 143
不動産の証券化	50
不動産の譲渡益	50
不動産の補足金付売買契約	104
不動産保有法人	51
不動産モーゲージ投資導管	84, 138
不当に税負担を減少	96
不納付	162
不納付加算税	160〜162
不納付犯	162, 163
不法活動	258
不法活動から生じる資産の金銭取引	260
不法活動の収益	259
不法活動の収益である資産	260
不法活動の収益と信じられる資産	260
不法活動の収益に係る金融取引	259
不法活動を行いもしくは助長するために用いられた資産	260
不法在留	215
不法在留者	218
不法就労	215
不法就労活動	219
不法滞在外国人	220
不法滞在者	219
不法な利得	165
不法入国	215
不法入国者	218
不法利得	6, 245
不法利得金融犯罪プログラム	254
不法利得に係る脱税	5
不法利得に係る脱税者	5
不法利得の脱税	201, 253, 277
不法利得の脱税事件	247, 273
不法利得の脱税分	200
不法利得のマネーロンダリング	278
不法利得のマネーロンダリング対策法制	200
ブライアン・ラッセル・スターンズ	193
ブラックマーケット・ペソ・エクスチェンジ	225
ブラックマネーの跡	240
フリードヒ・シュナイダーの推計	7
ブロードウェー・ナショナル・バンク	194
プロジェクト・アパッチ	135, 142, 143
プロジェクト・ヴァラ	151
プロジェクト・ヴァルハラ	153
プロジェクト・コチーズ	139, 145, 150
プロジェクト・コンドル	125, 126, 143, 151
プロジェクト・スティール	122, 145, 149
プロジェクト・ターニャ	151
プロジェクト・ターニャ／プロジェクト・ヴァラ	144
プロジェクト・タミー	151
プロジェクト・タミーⅠ	126, 145
プロジェクト・タミーⅡ	126
プロジェクト・テレサ	128, 145, 151
プロジェクト・トーマス	127, 145, 151
プロジェクト・レニゲード	154
プロモーター	119
プロモーター	122, 127, 128, 139, 140, 154, 250
文書偽造	275
フンディ	218

へ

米国居住者	89, 90
米国財務省モデル条約	50
米国事業に関連しない所得	87
米国商品の輸出	226
米国人	64, 65
米国信託	250
米国信託パッケージ	250
米国内国歳入庁	117
米国内国歳入庁犯罪捜査局	29
米国の2003年国家戦略	182, 184
米国の租税条約	87
米国のマネーロンダリング対策	182
米国不動産持分	50

309

米国法人の株主がその米国法人の従業員に資産を交付した場合 …… *131*	法人間配当益金不算入制度 …… *31*
米国法典 …… *263, 273*	法人擬制説 …… *31*
	法人実在説 …… *31*
米国法に準拠して設立された法人 …… *64*	法人所有生命保険 …… *144*
米国本土安全保障省 …… *223*	法人税の調査状況 …… *173*
閉鎖経済 …… *65*	法人税の調査状況(調査課所管法人) …… *175*
平成14年度の調査事績 …… *173*	法人税法69条の限定解釈 …… *113*
平成16年度警視庁重点目標 …… *220*	法人税法69条の限定解釈による否認 …… *115*
ベーシス・シフティング …… *130, 148*	法人税率 …… *32*
ベーシス・シフト …… *121, 143, 144, 148*	法人の居住地国の判定 …… *34*
ベーシス・ステップアップ …… *147*	法人の実質管理支配地国 …… *38*
ベーシス・ステップアップの源泉 …… *147*	宝石商 …… *196*
ベーシス・スワップ …… *133*	法的安定性 …… *84*
ペーパーカンパニー …… *50*	報道の自由 …… *13*
ペーパーPE …… *48*	暴力組織 …… *275*
ヘッジ取引に関する会計方法 …… *140*	暴力団対策法 …… *169*
ヘッドリース …… *137*	暴力の行使 …… *275*
ペプシコ事案 …… *110, 112, 114*	ポートランド聖戦事件 …… *198*
弁護士等のゲートキーパー化 …… *202*	保管引渡代理人 …… *74*
	北米イスラム教集会 …… *197*

ほ

	保険会社 …… *34*
	保険詐欺 …… *275*
貿易転換スキーム …… *229*	母国への送金 …… *212*
貿易の濫用 …… *228*	保護政策 …… *65*
貿易ベース価値移転 …… *228*	補足金付交換契約 …… *106*
貿易ベースの移転価格の操作 …… *226*	ほ脱犯 …… *162*
貿易ベースのテロリスト・ファイナンス …… *183*	ほ脱率 …… *8, 177*
貿易ベースのマネーロンダリング …… *183*	没収 …… *163, 255*
貿易ベース・マネーロンダリング …… *245*	没収財産を外国とシェアする制度 …… *222*
放火 …… *259, 274*	ポルノ …… *274*
法解釈 …… *97~99*	ホワイトカラー犯罪 …… *263*
包括的所得概念 …… *6, 165*	本格捜査 …… *284*
包括的否認規定 …… *133*	本国コミュニティ …… *208*
法形式 …… *106, 119*	本国への仕送り …… *218*
暴力犯罪 …… *258*	香港 …… *36*
報告要件を免れる取引の禁止 …… *262*	香港銀行 …… *256*
法執行機関 …… *183, 184, 189, 275*	香港警察 …… *256*
法執行機関相互間のリアルタイムの情報交換 …… *232*	本店所在地主義 …… *34*
	本店の海外移転 …… *33*
法執行機関の権限と機能の統合 …… *222*	ボンド・アンド・セールス・ストラテジー …… *130*
報奨金 …… *272*	
法人 …… *51*	本人確認 …… *204, 265*
法人格の否認の法理 …… *97*	本人確認手段 …… *210*

本人確認情報の窃盗 ･････････････ 275
本人確認制度 ････････････････････ 203
「本人確認」手続 ･････････････････ 219

ま

マーシャルＪランガー ･････････････ 30
マイアミ ･･････････････････････････ 190
前渡金詐欺 ･･････････････････････ 275
マネーグラム ･･･････････････････ 217
マネーサービス・ビジネス ･････ 196, 211
マネーロンダラー ･･････････････ 204, 205
マネーロンダリング ･･････ 35, 167, 181, 205, 253, 274, 275, 277
マネーロンダリング禁止法 ･････････ 264
「マネーロンダリング行為」の取締 ･･･ 220
マネーロンダリング事件 ･･････････ 247
マネーロンダリング・スキーム ･････ 276
マネーロンダリング戦略 ･･･････････ 255
マネーロンダリング捜査 ･･･ 254, 263, 264, 276, 277
マネーロンダリング捜査における没収 ･･･ 271
マネーロンダリング捜査に関する開示
　規定 ･････････････････････････ 268
マネーロンダリング捜査の手続 ･･････ 270
マネーロンダリング組織 ･･･････ 190, 254
マネーロンダリング対策国家戦略 ･･･ 207
マネーロンダリング対策のための国家
　戦略 ･････････････････････････ 181
マネーロンダリング大陪審捜査 ･･････ 270
マネーロンダリング取締法 ･･･ 276, 278
マネーロンダリングに関する犯罪捜査 ･･･ 258
マネーロンダリングに対する国家戦略 ････ 7
マネーロンダリングの世界規模 ････････ 7
マネーロンダリングの脱税捜査 ･･･････ 263
マネーロンダリング白書 ･･･････････ 207
マネーロンダリング犯罪 ･･･････････ 276
マネーロンダリング犯罪嫌疑 ･･･････ 268
マフィア ････････････････････････ 275
麻薬 ･････････････････････････････ 259
麻薬および向精神薬取締法等特例法 ･･･ 200
麻薬関連金融犯罪プログラム ･･･････ 254

麻薬関連マネーロンダリング捜査の押収・
　没収の権限 ･････････････････････ 276
麻薬事件 ･････････････････････････ 246
麻薬収益の洗浄方法 ･･･････････････ 264
麻薬新条約 ･･･････････････････････ 200
麻薬等の禁制品の密輸 ･････････････ 204
麻薬特例法 ･･･････････････････････ 169
麻薬取締局 ･････････････････ 227, 275
麻薬取締国家戦略 ･････････････････ 255
麻薬取締戦略 ･････････････････････ 277
麻薬取引 ･････････････････････････ 275
麻薬二法案 ･･･････････････････････ 200
麻薬売買 ･･･････････････ 264, 274, 275
麻薬売買収益 ･････････････････････ 191
麻薬売買組織 ･････････････････ 254, 276
麻薬犯罪 ･････････････････････････ 263
麻薬犯罪収益のマネーロンダリング組織
　･･･････････････････････････････ 276
麻薬犯罪収益プログラム ･･･････････ 254
麻薬犯罪捜査 ･････････････････････ 276
麻薬マネーロンダリング対策金融情報
　センター ･･･････････････････ 183, 184
マルチ・ネッティング機関 ･･････････ 35

み

密告者の使用 ･････････････････････ 214
密告制度 ･････････････････････････ 250
みなし外国税 ･････････････････････ 44
みなし外国税額控除 ･･･････････････ 41
みなし償還 ･･･････････････････････ 136
みなし売却 ･･･････････････････ 134, 135
みなし配当 ･････････････････ 40, 130, 145
みなし配当課税 ･･･････････････････ 146
見張り ･･･････････････････････････ 285
民間国外債の利子 ･････････････････ 46
民事訴訟法 ･･･････････････････････ 13
民事罰 ･･･････････････････････････ 260
民事没収 ･････････････････････････ 272
民主的納税思想 ･･･････････････････ 159
民族系地下銀行 ･･･････････････････ 212
民族的・家族的な「信頼ベースの関係」･･･ 210
民族的バンカー ･･･････････････････ 208

311

民法上の組合 ……………………………… 123
民法上の任意組合 …………………… 51, 84

む

無記名金銭証券 …………………………… 204
無記名証券 ………………………………… 231
無許可営業（銀行法違反） ……………… 215
無許可送金業の禁止 ……………………… 260
無申告 ……………………………… 159, 162
無申告加算税 ……………… 159〜162, 176
無申告者 …………………………………… 251
無制限納税義務 …………………………… 65
無制限納税義務者 ………………………… 66
無税国 ……………………………………… 33
無免許営業（銀行法違反） ……………… 221

め

明示なき所得 ……………… 25, 49, 50, 80, 81
「名誉と信頼」の関係 …………………… 207
「明瞭な所得の反映」原則 ……………… 140
メキシコ財務省 …………………………… 256
メキシコ司法省 …………………… 195, 256
メキシコの州知事 ………………………… 195
メリルリンチ ……………………………… 99
免税所得 …………………………………… 41

も

持株会社 …………………………………… 71
森だけを見せて木を見せるな …………… 241

や

役員報酬 …………………………………… 38
役職員の本人確認 ………………………… 230
約束手形 …………………………………… 44
役人の買収 ………………………………… 275
薬物犯罪 …………………………………… 168
薬物犯罪収益等 …………………………… 202
闇金融 ……………………………… 220, 274
「闇金融」業者 …………………………… 206

ゆ

有害税制 …………………………………… 32
有害な税の競争 …………………………… 32
ユーザンス金利 …………………………… 47
融資 ………………………………… 40, 101
優秀な頭脳集団 …………………………… 275
有責性 ……………………………… 9, 172
優先株式 ………………… 128, 131, 137, 139
優先ユニット ……………………… 136, 137
ユーロクリアバンク ……………………… 238
ゆすり ……………………………………… 274
譲受法人の株式の帳簿価額 ……………… 120

よ

様式8300情報 …………………………… 270
預金の振替 ………………………………… 238
40(の)勧告 ………………………… 182, 184

ら

来日外国人 ………………………………… 213
ラツラフ事件最高裁判決 ………………… 264
濫用的国際的租税回避 …………………… 257
濫用的申告書 ……………………………… 250
濫用的申告書作成業 ……………………… 250
濫用的信託スキーム ……………………… 250
濫用的租税回避 …………………………… 98
「濫用的租税回避」基準 ………………… 98
濫用的タックス・シェルター ……… 117, 118
濫用的タックス・シェルター・スキーム
 …………………………………………… 252
濫用的タックス・シェルター・スキームおよびそのプロモーターに関する情報の報告 …………………………… 252
濫用的タックス・シェルターを利用した大企業の脱税 ……………………… 177
濫用的タックス・スキーム ……………… 250

※ 索　引

り

リースイン・リースアウト ……… *137, 143*
リース契約 ………………………………… *137*
リース・ストリップ ……………… *122, 145*
リース取引 ………………………………… *151*
リースバック ……………………………… *137*
リースを利用した租税回避スキーム …… *48*
利益処分 …………………………………… *35*
利益説 ……………………………………… *63*
利益積立金の分配 ……………………… *129*
利益積立金を超える分配 ……………… *129*
利子 …………………………… *40, 46, 80*
利子に関する会計方法 ………………… *140*
立法上の抜け穴 …………………………… *30*
立法の意図 ………………………………… *30*
リミテッド・パートナーシップ ……… *128*
リミテッド・ライアビリティ・カンパニー
　………………………………… *84, 123, 127*
領域権 ……………………………………… *64*
両替 ………………………………………… *217*
両替商 …………………………… *195, 267*
量刑 ………………………………………… *9*

る

累進税率 ……………………………… *31, 33*
ルクセンブルグ法人 …………………… *135*

れ

令状なき逮捕 …………………………… *283*
連邦大陪審 ……………………………… *280*

ろ

ロイヤル・カナディアン・マウンテッド
　・ポリス ………………………………… *256*
ローディング・ディビデンド ………… *144*
ロシア・マフィア ……………… *231, 245*
ロシコ事案 ……………… *111, 112, 115*

わ

ワイヤーカッター作戦 ………………… *190*
賄賂 ………………………………………… *259*
割引金融債 ……………………………… *223*
割引債の償還差益 ………………………… *80*

313

著者紹介

本庄　資（ほんじょう・たすく）

昭和39年京都大学法学部卒業
以後、大蔵省主税局国際租税課外国人係長、日本貿易振興会カナダ・バンクーバー駐在、大蔵省大臣官房調査企画課（外国調査室）課長補佐、国税庁調査査察部調査課課長補佐、広島国税局調査査察部長、東京国税局調査第1部次長、大蔵省証券局検査課長、国税庁直税部審理室長、国税庁調査査察部調査課長、税務大学校副校長、金沢国税局長、国税不服審判所次長
現在、国士舘大学政経学部教授、慶應義塾大学大学院商学研究科特別研究教授、税務大学校客員教授、経済学博士

著書　国際租税法（大蔵財務協会）
　　　ゼミナール国際租税法（大蔵財務協会）
　　　国際取引課税の実務（大蔵財務協会）
　　　租税回避防止策－世界各国の挑戦（大蔵財務協会）
　　　アメリカの租税条約（大蔵省印刷局）
　　　アメリカ法人所得税（財経詳報社）
　　　アメリカの州税（財経詳報社）
　　　アメリカ税制ハンドブック（東洋経済新報社）
　　　租税条約（税務経理協会）
　　　国際租税計画（税務経理協会）
　　　国際的租税回避－基礎研究－（税務経理協会）
　　　タックス・シェルター事例研究（税務経理協会）
　　　アメリカン・タックス・シェルター基礎研究（税務経理協会）

著者との契約により検印省略

平成16年10月1日　初版発行

国境に消える税金

著　者	本　庄　　　資
発行者	大　坪　嘉　春
印刷所	税経印刷株式会社
製本所	株式会社　三森製本所

発行所　東京都新宿区下落合2丁目5番13号　株式会社　税務経理協会
郵便番号　161-0033　振替　00190-2-187408
FAX (03)3565-3391
電話 (03)3953-3301（編集部）
　　 (03)3953-3325（営業部）
URL http://www.zeikei.co.jp/
乱丁・落丁の場合はお取替えいたします。

Ⓒ本庄　資　2004　　　　　　　Printed in Japan

本書の内容の一部又は全部を無断で複写複製（コピー）することは、法律で認められた場合を除き、著者及び出版社の権利侵害となりますので、コピーの必要がある場合は、予め当社あて許諾を求めて下さい。

ISBN4-419-04449-7　C2032